A Library of Academics by PHD Supervisors

博士生导师学术文库

财务会计研究

周国光　著

中国书籍出版社
China Book Press

图书在版编目（CIP）数据

财务会计研究/周国光著 . —北京：中国书籍出版社，2019.1

ISBN 978 - 7 - 5068 - 7115 - 0

Ⅰ . ①财…　Ⅱ . ①周…　Ⅲ . ①财务会计—研究
Ⅳ . ①F234.4

中国版本图书馆 CIP 数据核字（2018）第 268215 号

财务会计研究

周国光　著

责任编辑	毕　磊
责任印制	孙马飞　马　芝
封面设计	中联华文
出版发行	中国书籍出版社
地　　址	北京市丰台区三路居路 97 号（邮编：100073）
电　　话	（010）52257143（总编室）　　（010）52257140（发行部）
电子邮箱	eo@ chinabp. com. cn
经　　销	全国新华书店
印　　刷	三河市华东印刷有限公司
开　　本	710 毫米×1000 毫米　1/16
字　　数	305 千字
印　　张	17
版　　次	2019 年 1 月第 1 版　2019 年 1 月第 1 次印刷
书　　号	ISBN 978 - 7 - 5068 - 7115 - 0
定　　价	86.00 元

前　言

目前,中国的财务会计改革正在以会计准则国际趋同为目标向纵深发展,会计国际化的发展已取得可喜成就。

到2017年底,中国财政部先后通过发布和修订发布了《企业会计准则——基本准则》《企业会计准则第1号——存货》等42项具体准则、32项会计准则应用指南和12项会计准则解释,还印发了规范优先股、永续债等金融工具会计处理的《金融负债与权益工具的区分及相关会计处理规定》、《商品期货套期业务会计处理暂行规定》、《增值税会计处理规定》、《企业破产清算有关会计处理规定》等会计处理的专门规定,初步形成了较为完整的中国企业会计标准体系,在深化中国企业财务会计改革的进程中迈出了新的步伐。

除了企业会计标准体系以外,中国会计标准体系还有政府会计标准体系以及其他会计核算制度或规范。到2017年底,财政部公布了《政府会计准则——基本准则》;先后印发了关于存货、投资、固定资产、无形资产、公共基础设施和政府储备物资六项政府会计具体准则,以及固定资产准则应用指南和《政府会计制度——行政事业单位会计科目和报表》等规范性文件,标志着政府会计标准体系建设取得了重要进展。

现代会计涉及四方面的工作,即会计要素确认、计量、记录和报告。其中会计准则规范的内容,包括会计要素确认、计量和报告。由于会计要素确认和计量是为了适应会计要素报告的需要,故越来越多的国际和境外会计组织发布的准则,采取了"财务报告准则"的表述。

在美国、英国、澳大利亚、新西兰、加拿大等西方国家,如何进行交易或事项的账务处理,取决于会计师依据会计准则的原则规定所作出的职业判断;对此不同的财务会计书籍中对同一交易或事项,有可能采取不同的会计处理方式。与此不同,目前中国仍通过国家统一发布的会计核算制度来规范主体的会计处理行为,这是由中国会计立法的现行体制所决定的。对此,在会计准则国际趋同的改革与发展进程中,能够进行国际借鉴的会计处理行为,应当是会计要素的确认、计量和报告;这样针对会计要素确认、计量和报告的讨论,就构成了本书的主要内容。

本书侧重于按照企业会计准则的规范要求展开对企业会计要素确认、计量和报告的讨论。

尽管《企业会计准则——基本准则》中涉及的会计要素有资产、负债、所有者权益、收入、费用和利润六项,但按照会计准则国际趋同的要求,并参照2012年以来政府会计标准体系改革与发展中体现的改革思路,可以认为,未来企业会计要素也应由资产、负债、所有者权益、收入和费用所构成,以便与国际会计准则理事会对会计要素的界定保持趋同。对此本书涉及的主要内容,是有关资产、负债、所有者权益、收入和费用的确认、计量与报告中涉及相关理论与实务问题的讨论。

进入20世纪以来,尽管西方国家的民间会计组织是通过发布会计准则来限定会计师的职业判断行为,使不同企业提供的财务会计信息具有空间上的可比性,以适应经济区域化发展并进一步向经济全球化发展方向延伸;但在中国则是通过不断深化财务会计改革,来逐步扩大会计师的职业判断空间范围。现代社会的会计工作,既不能允许会计师"随心所欲",不受限制;也无法做到让会计准则的规范"事无巨细"。随着企业规模不断扩大,经营业务日趋繁杂,允许会计师做出职业判断的空间范围还有可能进一步扩大。会计师针对不同交易或事项是通过相应的会计政策和会计估计来体现的,对此现代会计对企业会计政策和会计估计的披露就提出了越来越高的要求。在本书中,也安排了一章的篇幅来讨论会计政策、会计估计及其变更等事项。

本书中的有关国际借鉴,主要涉及国际会计准则理事会发布的国际财务报告准则、国际会计准则及其解释;美国财务会计准则理事会发布的财务会计概念公告和会计准则汇编;英国财务报告理事会发布的财务报告准则;澳大利亚会计准则理事会发布的与国际财务报告准则趋同的澳大利亚会计准则以及新西兰外部报告理事会发布的与国际财务报告准则趋同的新西兰会计准则;等等。由于会计准则国际趋同已成为不可逆转的发展方向,故本书中主要借鉴的是国际财务报告准则、国际会计准则及其解释。

由于理论水平有限,加之财务会计理论与方法仍处于不断发展与完善的进程中,本书又成稿仓促,不足或者错误或所难免,敬请业内专家学者和广大读者不吝赐教。

周国光

2018 年 1 月 24 日于西安

目　录
CONTENTS

第一章

现代会计的产生与发展

现代会计产生与发展的历史进程对研究财务会计问题有重要的影响。现代会计500多年的发展演变历史进程充分表明,现代会计的理论与方法是为了适应现代经济管理的需要而产生与发展的;同时现代会计的理论与方法又在一定程度上推动与促进着经济与社会的发展。明确两者之间的依存关系,对研究财务会计理论与实务问题具有重要的作用。

第一节　国际现代会计的产生与发展

1994年国内外会计学界隆重举行意大利数学家卢卡·帕乔利《算术、几何、比及比例概要》(简称《数学大全》)问世500周年的纪念活动,反映了一个重要的事实:1494年帕乔利的这本名著在意大利威尼斯城出版发行,标志着现代会计学的产生。现代会计学500年的发展史充分说明,社会生产力的发展、科学技术进步以及相应产生的经济管理需要,是现代会计学产生与发展的根本原因。500多年来,科技革命推动着经济社会向前发展,也促使着现代会计理论与方法在实践中不断地充实与完善。成本会计学与管理会计学的产生与发展,使现代会计学进入了新的发展阶段,极大地丰富了会计理论与方法宝库。实践证明,会计具有能够推动经济乃至全社会进步与发展的巨大作用。会计的产生与发展是基于经济发展的需要,反过来会计又能够在相当程度上推动科技发展与经济社会的进步。当前,中国正处于完善社会主义市场经济体制的关键时期,正在为建立适应社会主义市场经济发展的新会计模式而进行一场伟大的会计革命。研究科技革命与会计发展的关系对搞好中国的会计改革工作具有重要的促进作用①。

---

① 周国光.科技革命与现代会计学的改革与发展[J].西安公路交通大学学报,1998(3)

一、现代会计的产生及其原因

会计学也像其他任何学科一样,有着其产生、发展、形成、演进的历史过程。会计学的发展史表明,经济发展与管理的需要,是现代会计学产生与发展的基础。13世纪初的意大利北部城邦佛罗伦萨、热那亚、威尼斯等地出现了发达的商业与金融业;商业与金融业经营管理上的需求使复式簿记得以产生并流转开来。1494年11月10日在意大利威尼斯城出版发行的划时代巨著《算术、几何、比及比例概要》,全面、系统地总结了复式簿记方法,使复式簿记成为一门完整的科学,拉开了现代会计学发展的序幕。

二、现代会计的发展

(一)簿记以及成本会计的产生与发展

簿记学的发展与创立,从15世纪末到19世纪中叶经历了近400年的风雨沧桑。在此期间,尽管于18世纪发生了以蒸汽机发明为标志的产业革命,工厂化的机器生产方式开始登上历史舞台,但以作坊、工场手工业为主的生产方式,以独资或合伙经营为主的企业组织形式,仍占主导地位。人们最为重视的仍是企业的财务状况和财富积累,这就使得反映经济业务的簿记学和反映企业债权债务情况的资产负债表在此期间得以较快地发展。

17世纪初,荷兰数学家、会计学家西蒙．斯蒂文最早提出了编制资产负债表的设想。在其思想影响下,英国的东印度公司在1671年4月30日的股东大会上,报出了第一份准公开的资产负债表。1844年,英国发布了世界上第一部认可公司独立法人地位的法律:合作股份公司法,明确要求合作股份公司编制年度资产负债表;1857年,德国法律也明确要求编制年度资产负债表。

19世纪铁路的诞生和以内燃机发明为标志的第二次产业革命,使得大规模生产经营成为可能。大规模生产所需的巨额资金决非独资或合伙所能承担得了的。生产力发展的需要,导致了由较多的私人投资者或财团共同提供资金的股份有限公司组织形式的形成。这样就产生了两个新的问题:一是股份公司要在法律上成为"法人",并明确其在投资、经营、交易等方面所有债权、债务的权利和责任;二是要准确地核算损益,定期向投资者和债权人反映经营状况和财务成果,并对企业的损益进行分配。这一系列新的业务导致了成本会计学的出现,使现代会计学从19世纪中下叶开始进入了发展的第二阶段,即成本会计学的发展演进历史时期。

早期成本会计的主要目的在于为确定损益提供成本数据。美国哈佛大学企业管理研究院的成本会计学权威尼克逊教授曾经认为,成本会计在其发展的早期,主要是对工厂产品成本的计算,用于存货计价、决定损益和制订售价。这意味着,早期的成本会计以满足确定损益和编制财务报表需要为限,并未形成健全的成本会计制度。根据美国联邦商务委员会1916年的一份调查报告,当时美国工商业仅10%有产品成本;40%有约略的估计;50%连估计成本也没有。由于企业只注重成本核算,不注重成本管理,难免造成产品成本高,缺乏竞争能力。随着生产发展,规模扩大,企业表面一片"兴旺",实际上危机四伏。20世纪20年代发生的经济大危机,使美国有40%以上的企业垮台倒闭。原因有许多,但缺少对生产耗费的监督,不重视经济效益,是导致企业经营失败的重要因素之一。

从20世纪30年代初开始,成本会计学进入了以成本控制为中心的新的历史发展阶段。这个时期的成本会计工作,主要围绕着以下三方面展开。

1. 建立标准成本制度

制定标准成本,建立标准成本会计制度,是企业控制产品和劳务成本的一种重要手段。通过制订与完善产品和劳务的标准成本,有助于企业对生产经营过程中的各项实际耗费实行有效的监督与控制。

2. 实行预算管理

企业在建立产品和劳务的标准成本和预定间接费用分配率的基础上,通过编制营业预算以反映产品和劳务成本控制的总目标;并运用弹性预算方法与标准成本相配合,以控制费用支出,降低产品和劳务成本。

3. 建立责任会计制度

企业在制订产品标准成本、实行生产过程成本控制和业绩考核的基础上,开始建立与实施责任会计制度。

在这一阶段,成本会计处理技术、程序和原则不断改进;成本计算方法由制造业推广到其他行业;成本会计的实务从记录、归集历史成本向以成本控制为主发展;成本会计的作用由确定产品成本扩展作为管理的工具和制订产品售价的依据;等等。这些标志着一个健全、完善的成本会计制度正在逐步形成。如果说早期的成本会计学仍然是普通会计学的附带部分的话,则这一阶段成本会计理论与实践的发展,足以表明成本会计学已从普通会计学中分离出来,形成一门相对独立的会计学科。

第二次世界大战期间,由于民用物品奇缺,物价高涨,获利容易;而军用产品,则以保证供应为目的,价格从宽。为了保证军火数量与质量,美国政府采用了实际成本加成的定价制度,这意味着成本越高,利润越大。这种做法容易使企业忽视内部管理和成本控制,也在一定程度上阻碍了成本会计学的进一步发展。战时会计人员缺乏,先进的会计理论与实务难以建立和实施,也是会计理论与实务停滞不前的重要原因之一。

（二）管理会计的产生与发展

管理会计的产生与管理科学的发展有密切的关系。20世纪初，由于生产专业化、社会化程度的提高以及市场竞争日趋激烈，使得企业强烈地意识到，要想在竞争中生存和发展，必须加强内部管理，提高生产效率，努力降低成本、费用，获取最大限度的利润。适应该阶段社会经济发展的客观要求所产生的科学管理理论（泰罗制），为管理会计概念的提出提供了理论基础。1922年，奎因坦斯在其编著的《管理会计：财务管理入门》一书中，首次提出了管理会计的概念。但鉴于当期的历史环境，管理会计单独成科的条件并未成熟。

第二次世界大战以后，特别是自20世纪50年代以来，资本主义经济发展出现了新的形势：一方面，现代科学技术突飞猛进并大规模地应用于生产，使生产力获得了十分迅速的发展；另一方面，生产规模不断扩大与国内市场相对狭小的矛盾日益突出，迫使企业去寻找国外市场并不断提高自身的市场竞争能力，这导致了市场竞争国际化。随着世界市场的扩大，国际大资本、跨国公司的形成，国际金融不稳定，生产经营日趋复杂，市场情况瞬息万变，资本收益下降等等，都不断地扩大了矛盾，加剧了竞争，加深了危机。在新的形势下，企业的生产技术如果不发展，管理工作如果没有新的提高，就会被挤垮、淘汰。为了在竞争中求得生存，对于在企业管理中以提供财务成本信息为主的管理实践，就迫切要求进行理论总结以求不断提高，在新的基础上形成相对独立的会计管理领域。现代科学技术的发展，为新的会计领域形成奠定了基础，提供了条件。为了适应企业内部管理的需要，为了促使企业管理部门重视预测与决策工作，加强生产经营过程的控制与业绩考核，以提供未来的财务成本信息为主、服务于企业内部管理的管理会计就从传统会计中独立出来，成为与财务会计（传统会计中对外服务部分）并驾齐驱、相对独立的现代会计领域。传统会计划分为对外为主的财务会计和对内为主的管理会计两大部分，传统会计学划分为财务会计学与管理会计学两大理论体系，标志着现代会计学进入了新的发展阶段。1952年，国际会计师联合会年会正式采纳了"管理会计"的表述并用来统称企业内部会计体系，标志着管理会计的正式形成①。

现代管理会计是在传统会计中的成本会计的基础上发展起来的。早期的成本会计侧重于成本的记录与计算，而现代成本会计则以成本计算为基础，但侧重于对成本概念的理解，向成本规划、预测、决策、控制等方面发展。成本会计的作

---

① 李天民. 管理会计研究［M］. 上海，立信会计出版社，1994：16

用从侧重于提供过去的成本信息向侧重于提供未来的成本信息、为企业内部管理服务的方面发展,这就使得成本会计与现代管理会计产生了密切的关系。原来从属于成本会计学的一部分内容如标准成本、预算控制、差异分析、成本特性分析、本量利分析等等,已成为现代管理会计的重要组成部分。为了适应社会主义市场经济体制的建立与发展,中国会计改革的一项重大举措,就是将成本费用管理完全纳入企业内部管理。这意味着,现代成本会计已完全成为现代管理会计领域的一部分。应当指出的是,确定与损益有关的财务成本费用与确定产品成本是两项完全不同的工作。前者需严格遵循会计准则以及有关规定,以保证据以编制的财务报表具有一致性和可比性;而后者则是完全为企业内部管理服务的。在管理会计中对产品成本的计算与反映,取决于企业内部成本规划、成本决策、成本控制以及业绩评价与考核的需要。从这一意义上,成本会计学在很大程度上是根据加强企业内部管理的需要来研究产品成本计算方法及其选择的;变动成本计算、标准成本计算、责任成本计算、制造成本计算、作业成本计算等成本计算方法的产生及运用,就是这一基本思路的具体体现。将材料采购过程中的非合理损耗从材料采购成本中剔除;将停工待料损失、生产人员闲置、非正常性废品损失等与生产人员责任无关的经济损失不列入产品成本,有利于对产品成本的有效控制与考核。而这些损失,则属于财务成本费用的组成部分。将成本会计学纳入管理会计学的范畴,是中国社会主义市场经济发展的客观需要,也是由管理会计的性质决定的。

财政部于 2014 年 10 月 27 日印发了《财政部关于全面推进管理会计体系建设的指导意见》(财会[2014]27 号),提出了全面推进管理会计体系建设、在企事业和行政单位大力发展管理会计的基本要求。2016 年 6 月 22 日,财政部印发了《管理会计基本指引》(财会[2016]10 号),明确了管理会计指引体系、管理会计的目标、单位应用管理会计应当遵循的原则、管理会计应用环境、对管理会计活动的定义以及单位应用管理会计涉及的相关工作、管理会计工具方法及其主要应用领域以及管理会计信息与报告等内容。2017 年 9 月 29 日,财政部印发了《管理会计应用指引第 100 号——战略管理》(财会[2017]24 号)等 22 项具体指引,标志着中国管理会计体系建设取得了新的成效。

(三)国际会计标准的产生与发展

社会经济的发展,国际经济交往的扩大,国内国际金融市场与资本市场的形成等,在客观上对会计信息的社会化、标准化提出了要求。美国会计师协会于1938 年成立了会计程序委员会,负责制订会计准则,标志着美国公认会计原则的正式形成。1959 年美国注册会计师协会成立了会计原则委员会;1973 年 6 月成立的财务会计准则理事会取代了原来的组织,成为独立的权威性财务会计准则的制定机构。在美国会计准则的影响下并源于对会计趋同的需要,英国、法国、日本、加拿大、澳大利亚、德国等国家,也纷纷根据本国的具体情况开始着手制定各自的会计准则。1973 年 6 月,由澳大利亚、加拿大、法国、德国、荷兰、日本、墨西哥、英国和美国等 9 个国家的 16 个主要会计职业团体发起,在英国伦敦成立了国际会计准则委员会,开始制定与发布国际会计准则,标志着国际会计准则一体化开始形成。

2001 年 4 月,国际会计准则理事会取代了国际会计准则委员会,开始发布国际财务报告准则。到 2017 年底,共发布了 17 项国际财务报告准则。

(四)物价变动会计的产生与发展

第二次世界大战结束至 20 世纪 60 年代中期,是资本主义经济发展的黄金时期。然而从 20 世纪 60 年代末开始,以美国为首的一些发达资本主义国家出现了较严重的通货膨胀,这促使了通货膨胀会计理论与实务的发展。现行购买力会计模式、现行成本会计模式、现行销售价格会计模式等通货膨胀会计模式的发展,丰富了现代会计理论,也对传统会计原则惯例等提出挑战。例如,通货膨胀是导致"实物资本保全"理论产生与发展的重要原因之一;通货膨胀使人们开始重视对"利润概念及其确定"问题的再认识,并将此纳入高级财务会计研究的重要内容。国际会计准则第 15 号和 29 号,原美国财务会计准则公告第 33 号及其补充和修订、第 89 号(代替第 33 号),原英国标准会计实务公告第 16 号等会计准则中已涉及通货膨胀会计处理问题,对规范通货膨胀会计实务、丰富通货膨胀会计理论发挥了重要的作用。

第二节　中国现代会计的产生与发展

一、中国现代会计的产生

1840 年以后中国经济与社会管理体制的多次变革,导致了三次重大的会计改革。1840 年鸦片战争和帝国主义列强的入侵,使中国沦为半殖民地半封建社会。外国侵略破坏了封建的自给自足的自然经济基础,加速了自然经济的解体,同时造成了发展资本主义的某些客观条件,促进了资本主义现代工业的产生,也加快了中国商品经济的发展。与自给自足经济相适应的传统中式簿记,已难以适应当时经济管理的需要。西方复式簿记的传入,导致了中国近代史上第一次重大的会计改革。1905 年清代著名学者蔡锡勇所著《连环账谱》一书,将西方借贷记账法正式引入中国,掀起了中国会计发展史上第一次会计改良、改革运动。20 世纪 20、30 年代,以中国著名会计学家、教育家潘序伦先生为首的改革中式簿记学派和以中国著名会计学家徐永柞先生为代表的改良中式簿记学派为借贷复式簿记在中国工商界的推广使用做出了巨大的贡献。但由于中国地广人多,经济发展不平衡,且受传统思想的束缚,西方复式簿记的推广使用仅限于大城市和沿海经济发达地区,改良与改革的争议并未真正解决,大部分地区仍沿用传统的中式簿记。这意味着这一时期的会计改革是不彻底的,改革的任务并未完成,这是由当时仍以自然经济为主导的社会经济发展水平所决定的。

二、中国现代会计的发展

1949 年中华人民共和国成立以后,开始建立以公有制为基础的社会主义计划经济体制。为了适应高度集中统一的计划经济的特点和要求,引进了苏联的会计模式,结合中国的特点,有所创新,形成了为计划产品经济服务的会计学体系。苏联模式的引入是对旧中国会计理论、制度、方法的变革,是中国历史上第一次全面、彻底的会计改革,也是中国会计发展史上第二次重大的会计改革。在当时特定历史条件下,这次会计改革对于在全国范围内统一会计方法、建立会计秩序、提供会计信息、培养会计人才等方面,具有重要的作用。在此期间于 1962 年所作出的"经济越发展,会计越重要"的科学论断至今仍具有重要的意义。在 1979 年以前 30 年中,根据不同时期经济发展与管理的需要对会计学体系和会计制度体系进行了若干改革,并开展了关于社会主义会计理论问题的研究,结合中国的特点创立了增减复式记账法,并进行了借贷记账、收付记账和增减记账等三种复式簿记的对比、分析和应用,这些都是对苏联会计模式结合中国特点所进行的发展与变革,也是由计划经济体制下经济管理的需要所决定的。

三、中国现代会计的改革

(一)中国从 20 世纪 80 年代初开始进行的会计改革

1978 年 12 月十一届三中全会做出了进行国民经济管理体制改革的战略决策,使中国的会计工作进入了一个新的历史发展时期。1980 年 10 月 29 日至 11 月 7 日召开的全国会计工作会议,改变了"会计是经济管理必不可少的重要工具"的提法,指出"会计是经济管理的一个重要组成部分",这对中国的会计改革具有重要的指导意义。根据国民经济管理体制改革与经济发展的要求,这一阶段的会计改革工作主要围绕着以下几方面进行:(1)通过颁布《中华人民共和国会计法》和制定、修订有关会计规章制度,初步形成了一个以《会计法》为主体的中国会计法规体系;(2)通过颁发《会计人员职权条例》《会计专业技术资格考试暂行规定》及其《实施办法》等文件,对会计人员专业技术任职问题进行了规范;(3)注重会计人才的培养和会计人员业务素质的提高;(4)开展会计工作达标升级活动,全面提高会计工作水平;(5)建立注册会计师制度,推动注册会计师业务的发展;(6)通过颁布有关规定,规范会计电算化行为,促进会计电算化事业的发展;(7)开展会计理论研究与学术交流,注重中国会计学整体水平的不断提高。

1991年7月财政部印发了《会计改革纲要(试行)》,明确了中国会计改革的方向、目标和主要任务。《纲要》指出:"会计改革的指导思想是,坚持改革的社会主义方向,强化会计的经济管理职能,促进双增双节,提高经济效益。"该纲要对指导会计改革沿着正确的轨道前进,发挥了重要的作用。

从20世纪80年代初期开始,针对改革开放的需要和改革开放中出现的需要进行会计核算的新生事物(例如基本建设借款、对外投资、无形资产等),中国曾三次修订印发了企业会计核算制度。

(二)中国从20世纪90年代初开始进行的会计改革

1992年十四大提出的建立社会主义市场经济体制的总目标,使中国的会计改革找到了新的立足点。《企业会计准则》和分行业会计制度的颁布实施,标志着中国第三次重大会计改革迈出了转轨变型的关键性一步。如果说自1979年以来在会计改革上所做的一切努力属于第三次重大会计改革的预演和基础准备的话,则围绕看社会主义市场经济体制的建立所取得的一系列会计改革的突破性进展,表明第三次会计改革已全面展开。

为了适应建立社会主义市场经济体制的需要,经国务院批准,1992年11月30日财政部发布了《企业财务通则》(财政部令第4号)和《企业会计准则》(财政部令第5号),随后又先后印发了《工业企业财务制度》等10个分行业财务制度和《工业企业会计制度》等13个分行业会计制度,从1993年7月1日起施行。

中国从1995年开始印发具体会计准则的征求意见稿。1997年5月22日印发了中国第一个具体会计准则:《企业会计准则——关联方关系及其交易的披露》(财会〔1997〕21号),自1997年1月1日起在上市公司执行。

到2003年底为止,中国陆续出台并逐步修订了16个具体准则,包括现金流量表,资产负债表日后事项,收入,债务重组,建造合同,投资,会计政策、会计估计变更和会计差错更正,非货币交易,或有事项,无形资产,借款费用,租赁,中期财务报告,存货固定资产。

中国曾在1998年1月5日印发了《股份有限公司会计制度》(财会〔1998〕7号),从1998年1月1日起施行,进行了统一企业会计核算制度的积极尝试。

中国在 2000 年 12 月 29 日印发了《企业会计制度》(财会[2000]25 号),从 2001 年 1 月 1 日起施行,取代了试行了 3 年的股份有限公司会计制度。

除了《企业会计制度》以外,中国还曾分别出台了《金融企业会计制度》(财会[2001]49 号)和《小企业会计制度》(财会[2004]2 号),分别适用于金融类企业和小企业的会计核算。

为了适应特殊行业和特殊业务会计核算的需要,中国从 2001 年开始出台专业会计核算办法。财政部 2001 年 9 月 12 日印发的《证券投资基金会计核算办法》(财会[2001]53 号),是中国第一个专业会计核算办法。以后,还陆续出台了《电信企业会计核算办法》(财会[2002]17 号)、《民航企业会计核算办法》(财会[2003]18 号)、《从事银行卡跨行信息转接业务的企业会计核算办法》(财会[2002]23 号)、《施工企业会计核算办法》(财会[2003]27 号)、《新闻出版业会计核算办法》(财会[2004]1 号)、《铁路运输企业会计核算办法》(财会[2004]4 号)、《保险中介公司会计核算办法》(财会[2004]10 号)、《投资公司会计核算办法》(财会[2004]14 号)、《电影企业会计核算办法》(财会[2004]19 号)、《水运企业会计核算办法》(财会[2004]20 号)、《信托业务会计核算办法》(财会[2005]1 号)、《担保企业会计核算办法》(财会[2005]17 号)等专业会计核算办法。按照财政部的规定,企业需要在执行《企业会计制度》的同时,执行专业会计核算办法。

(三)中国从 21 世纪初开始进行的会计改革

中国从 21 世纪开始进行以会计准则国际趋同为主要目标的改革。2005 年 11 月中国会计准则委员会通过与国际会计准则理事会签署协议,做出了中国企业会计准则国际趋同的承诺。2006 年 2 月 15 日包括基本准则和 38 项具体准则在内的新企业会计准则体系的发布,意味着中国在会计准则国际趋同方面迈出了实质性的步伐。

2010 年 4 月 2 日,财政部正式印发了《中国企业会计准则与国际财务报告准则持续趋同路线图》(财会[2010]10 号),提出了中国企业会计准则与国际财务报告准则持续全面趋同路线图的主要项目和时间安排。

到 2017 年底为止,伴随着 12 个企业会计准则解释以及公允价值计量,合营安排,在其他主体中权益的披露,持有待售的非流动资产、处置组和终止经营四项具体准则和修订后的基本准则以及职工薪酬、财务报表列报、合并财务报表、长期股权投资、金融工具确认和计量、金融资产转移、套期会计、金融工具列报、政府补助、收入等具体准则的陆续公布或印发,中国逐步跟上了国际财务报告准则体系变革的步伐。

中国还将通过修订和完善企业会计准则体系,在与国际财务报告准则全面趋同上取得新的进展。

中国会计准则国际趋同取得的实质性进展得到了国际上的充分肯定。2007年12月16日,中国内地与香港签署了两地会计准则等效联合声明,确认两地会计准则实现了等效。2008年12月12日,欧盟委员会就第三国会计准则等效问题发布规则,决定自2009年起至2011年底的过渡期内,允许中国企业进入欧盟境内市场时采用中国企业会计准则编制财务报告。2012年4月12日欧盟委员会做出2012年第194号实施决定,通过了对2008年第961号实施决定进行的修改,从2012年1月1日起,按照中国会计准则编制的年报和中期报告,应被认为与按照欧盟认可的国际财务报告准则编制的年报和中期报告等效①。

2015年11月18日,财政部与国际财务报告准则基金会在北京发表联合声明,重申了全面趋同的目标,以及通过成立联合工作组进一步深化合作的意向。

第三节　中国现行会计标准体系

2017年底中国的会计标准体系,包括企业会计标准体系、行政事业单位会计标准体系、基本建设会计标准体系、政府会计标准体系和其他会计标准体系。

一、企业会计标准体系

（一）基本准则

在现行体制下,除了《中华人民共和国会计法》以外,企业会计基本准则属于规范企业会计核算行为的最高层次。

经国务院批准,财政部1992年11月30日发布的《企业会计准则》(财政部令第5号),实际上就是基本准则。该准则于1993年7月1日起施行。由于新准则体系的出台,该准则于2007年被国务院令第516号公布的《国务院关于废止部分行政法规的决定》宣布作废。

财政部2006年2月15日发布的《企业会计准则——基本准则》(财政部令第33号)(以下简称《基本准则》),于2007年1月1日起施行。2014年7月23日对其中的公允价值概念的表述进行了修改(财政部令第76号),自公布之日起施行。

---

① Official Journal of the European Union: Commision Implementing Decision of 11 April 2012 [R/OL]. http://eur-lex. europa. eu/oj/2012

（二）企业会计具体准则

财政部于 2006 年 2 月 15 日以财会［2006］3 号印发了存货（CAS 1），长期股权投资（CAS 2），投资性房地产（CAS 3），固定资产（CAS 4），生物资产（CAS 5），无形资产（CAS 6），非货币性资产交换（CAS 7），资产减值（CAS 8），职工薪酬（CAS 9），企业年金基金（CAS 10），股份支付（CAS 11），债务重组（CAS 12），或有事项（CAS 13），收入（CAS 14），建造合同（CAS 15），政府补助（CAS 16），借款费用（CAS 17），所得税（CAS 18），外币折算（CAS 19），企业合并（CAS 20），租赁（CAS 21），金融工具确认和计量（CAS 22），金融资产转移（CAS 23），套期保值（CAS 24），原保险合同（CAS 25），再保险合同（CAS 26），石油天然气开采（CAS 27），会计政策、会计估计变更和差错更正（CAS 28），资产负债表日后事项（CAS 29），财务报表列报（CAS 30），现金流量表（CAS 31），中期财务报告（CAS 32），合并财务报表（CAS 33），每股收益（CAS 34），分部报告（CAS 35），关联方披露（CAS 36），金融工具列报（CAS 37）和首次执行企业会计准则（CAS 38）等 38 项具体准则，自 2007 年 1 月 1 日起首先在上市公司范围内执行，然后逐步推广到所有的大中型企业。

从 2014 年初到 2017 年底，财政部先后印发了公允价值计量（财会［2014］6 号）（CAS 39），合营安排（财会［2014］11 号）（CAS 40），在其他主体中权益的披露（财会［2014］16 号）（CAS 41）和持有待售的非流动资产、处置组和终止经营（财会［2017］13 号）（CAS 42）4 项具体准则，并对职工薪酬、财务报表列报、合并财务报表、长期股权投资、金融工具列报、政府补助、金融工具确认和计量、金融资产转移、套期会计、金融工具列报、政府补助和收入 12 项具体准则进行了修订。

（三）企业会计准则解释

从 2007 年到 2017 年底为止，财政部先后印发了企业会计准则解释第 1 号至第 12 号，对企业会计核算中涉及的一些专门问题做出了解释。

（四）其他会计核算规定

2014 年 3 月 17 日，财政部印发了《金融负债与权益工具的区分及相关会计处理规定》（财会［2014］13 号），自发布之日起施行。该办法在企业执行 CAS 37 (2017)时被废止。

财会［2014］13 号文的规定属于对 CAS 22(2006)和 CAS 37(2006)规范内容的补充，适用于经相关监管部门批准，企业发行的优先股、永续债、认股权、可转换公司债券等金融工具的会计处理。

2015 年 11 月 26 日，财政部印发了《商品期货套期业务会计处理暂行规定》（财会［2015］18 号），自 2016 年 1 月 1 日起施行。该办法在企业执行 CAS 24

（2017）时被废止。

2016 年 12 月 3 日，财政部印发了《增值税会计处理规定》（财会［2016］22号），自发布之日起施行。

2016 年 12 月 20 日，财政部印发了《企业破产清算有关会计处理规定》（财会［2016］23 号），自发布之日起施行。

二、基本建设会计标准体系

到 2017 年底，实行独立核算的国有建设单位从事基本建设业务的会计核算，执行的仍是 1995 年 10 月 4 日财政部印发的《国有建设单位会计制度》（财会字［1995］45 号）。

1998 年 6 月 8 日，财政部印发了《国有建设单位会计制度补充规定》（财会字［1998］17 号），对国有建设单位基本建设业务会计核算中涉及的相关会计科目的设置、相关业务的账务处理以及会计报表编制等事项做出了补充规定。

财政部于 2017 年 10 月 24 日印发了《政府会计制度——行政事业单位会计科目和报表》（财会［2017］25 号）（以下简称"政府会计制度"），要求自 2019 年 1月 1 日起施行。执行《政府会计制度》的行政事业单位，其基本建设业务核算不再执行《国有建设单位会计制度》。由于企业的基本建设业务也基本执行了企业会计准则的规定，故《国有建设单位会计制度》将逐步退出历史舞台。

三、政府会计标准体系

按照财政部负责人的解释，政府会计标准体系由基本准则、具体准则及其应用指南和政府会计制度组成。基本准则属于政府会计的概念框架。

（一）政府会计准则

1. 基本准则

2015 年 10 月 23 日，财政部公布了《政府会计准则——基本准则》（财政部令第 78 号），自 2017 年 1 月 1 日起施行。这标志着政府会计标准体系开始建立。

按照《政府会计准则——基本准则》的规定，政府会计由预算会计和财务会计构成。其中，预算会计实行收付实现制，国务院另有规定的，依照其规定；财务会计实行权责发生制。

政府会计主体应当编制决算报告和财务报告。

决算报告的目标是向决算报告使用者提供与政府预算执行情况有关的信息，综合反映政府会计主体预算收支的年度执行结果，有助于决算报告使用者进行监督和管理，并为编制后续年度预算提供参考和依据。政府决算报告使用者包括各级人民代表大会及其常务委员会、各级政府及其有关部门、政府会计主体自身、社会公众和其他利益相关者。

财务报告的目标是向财务报告使用者提供与政府的财务状况、运行情况和现金流量等有关信息,反映政府会计主体公共受托责任履行情况,有助于财务报告使用者做出决策或者进行监督和管理。政府财务报告使用者包括各级人民代表大会常务委员会、债权人、各级政府及其有关部门、政府会计主体自身和其他利益相关者。

2015 年 11 月 16 日,财政部印发了《政府财务报告编制办法(试行)》(财库[2015]212 号),从 2017 年 1 月 1 日起施行。

2015 年 12 月 2 日,财政部还分别印发了《政府部门财务报告编制操作指南(试行)》(财库[2015]223 号)和《政府综合财务报告编制操作指南(试行)》(财库[2015]224 号)。

2. 具体准则

到 2017 年底,财政部共印发了存货、投资、固定资产、无形资产、公共基础设施和政府储备物资六项具体准则。

3. 具体准则指南

到 2017 年底为止,财政部只印发了固定资产一项具体准则应用指南。

(二)政府会计制度

1. 财政总预算会计制度

1997 年,财政部印发了《财政总预算会计制度》(财预字[1997]287 号),为统一规范财政总预算会计核算行为提供了制度依据。

2015 年 10 月 10 日,财政部印发了修订后的《财政总预算会计制度》(财库[2015]192 号),自 2016 年 1 月 1 日起施行,并同时废止了财预字[1997]287 号以及《财政部关于地方政府专项债券会计核算问题的通知》(财库[2015]91 号)等规范性文件。

2. 政府会计制度

2017 年 10 月 24 日,财政部印发了《政府会计制度》,自 2019 年 1 月 1 日起施行。实施范围是行政事业单位。该文鼓励行政事业单位提前执行《政府会计制度》。

以上政府会计标准的陆续印发,标志着中国政府会计准则体系建设已取得重大进展。

四、其他会计标准体系

(一)小企业会计标准体系

1. 小企业会计制度

2004 年 4 月 27 日,财政部印发了《小企业会计制度》(财会[2004]2 号),要求从 2005 年 1 月 1 日起施行。

财政部对施行小企业会计制度有以下要求:(1)《小企业会计制度》适用于在中华人民共和国境内设立的不对外筹集资金、经营规模较小的企业;(2)所谓"不对外筹集资金、经营规模较小的企业",是指不公开发行股票或债券,符合原国家经济贸易委员会、原国家发展计划委员会、财政部、国家统计局 2003 年制定的《中小企业标准暂行规定》(国经贸中小企[2003]143 号)中界定的小企业,不包括以个人独资及合伙形式设立的小企业;(3)符合《小企业会计制度》规定的小企业可以按照《小企业会计制度》进行核算,也可以选择执行《企业会计制度》。

2. 小企业会计准则

2011 年 10 月 18 日,财政部印发了《小企业会计准则》(财会[2011]17 号),自 2013 年 1 月 1 日起在小企业范围内施行。《小企业会计制度》届时废止。

《小企业会计准则》适用于在中华人民共和国境内依法设立的、符合《中小企业划型标准规定》所规定的小型企业标准的企业。但不包括以下小企业:(1)股票或债券在市场上公开交易的小企业;(2)金融机构或其他具有金融性质的小企业;(3)企业集团内的母公司和子公司。

按照财政部的规定,符合规定的小企业,可以执行《小企业会计准则》,也可以选择执行《企业会计准则》。

(二)民间非营利组织会计标准体系

2004 年 8 月 18 日财政部印发的《民间非营利组织会计制度》(财会[2004]7 号),于 2005 年 1 月 1 日起执行。该制度的适用范围是:在中华人民共和国境内依法设立的符合制度规定特征的民间非营利组织,包括依据国家法律、行政法规登记的社会团体、基金会、民办非企业单位、宫观、清真寺、教堂等。

该制度规定的民间非营利组织应当同时具备的特征有:(1)该组织不以营利为目的;(2)资源提供者向该组织投入资源不取得经济回报;(3)资源提供者不享有该组织的所有权。

第四节　国际会计标准的产生与发展

一、国际会计标准的产生与发展

国际会计标准包括由国际会计准则理事会发布的规范企业和民间非营利组织会计处理行为的国际财务报告准则体系,以及由国际公共部门会计准则理事会发布的国际公共部门会计准则体系。本书侧重于国际财务报告准则体系的讨论。

1973 年 6 月,经澳大利亚、加拿大、法国、德国、日本、墨西哥、荷兰、英国和美国等九个国家的 16 个主要会计职业团体发起,在伦敦成立了国际会计准则委员会(IASC),开始从事制定国际会计准则的工作。

中国于 1998 年成为 IASC 的成员。

自 1973 年 6 月 IASC 成立至 2001 年 3 月底为止,IASC 共发布了 41 项国际会计准则(IAS)。到 2017 年底,有 13 项被取代或取消,在用的有 28 项国际会计准则,其中,《国际会计准则第 11 号:建造合同》和《国际会计准则第 18 号:收入》将从 2018 年 1 月 1 日开始的报告年度实施 IFRS 15 的同时被取代;《国际会计准则第 17 号:租赁》将从 2019 年 1 月 1 日开始的报告年度实施 IFRS 16 的同时被取代。

2001 年 4 月 1 日,IASC 被正式改组为国际会计准则委员会基金会(IASC Foundation),其下设的国际会计准则理事会(IASB)替代了 IASC,开始发布国际财务报告准则(IFRS),并对国际会计准则进行修订。截至 2017 年底,共发布了 17 项国际财务报告准则。

二、国际财务报告准则基金会及其各组成机构

国际会计准则委员会基金会于 2010 年 7 月 1 日正式更名为国际财务报告准则基金会(IFRS Foundation)。该基金会属于为公共利益工作的独立的非营利性私营组织。

国际财务报告准则基金会的各组成机构如下。

(一)受托人

受托人的主要工作职责是推动 IASB 的工作和 IFRS 的应用。受托人每三年重新任命一次。其中 6 名委托人来自亚洲地区;6 名来自欧洲;6 名来自北美洲;1 名来自非洲;1 名来自南美洲;2 名来自其他地区。2017 年底有 22 位受托人。中

国注册会计师协会原会长、前财政部部长刘仲藜、原财政部部长助理李勇等曾先后被任命为受托人。中国国际投资有限公司前董事长、亚洲开发银行前副总裁金立群作为受托人的任期,到2016年12月31日为止。经2017年2月13日国际财务报告准则基金会监督委员会批准,财政部副部长朱光耀成为国际财务报告准则基金会受托人,任期为2017年2月1日至2019年12月31日。

（二）国际会计准则理事会（IASB）

IASB成员由国际财务报告准则基金会受托人任命。2009年1月受托人投票决定将理事会成员由原来的15人增加到16人。名额分配情况为:美国4人;英国2人;法国、德国、瑞典、澳大利亚、南非、日本、中国、印度、巴西、和韩国各委派1人。其中4人承担在准则制定的职责;3人承担报表编制的职责;三人承担报表使用的职责;3人承担报表审计的职责;2人承担监管职责。

2017年底IASB成员由14名成员构成。前中国证监会首席会计师张为国从2007年7月1日开始连续两期担任理事。来自中国的陆建桥（曾任财政部会计司准则一处处长）从2017年8月开始成为新的理事。

（三）国际财务报告准则咨询委员会（IFRS Advisory Council）

国际财务报告准则咨询委员会是国际财务报告准则基金会受托人和IASB的正式咨询机构,其成员由国际财务报告准则基金会受托人任命。中国财政部原副部长王军、财政部企业司司长刘玉廷等曾担任该机构的委员。2017年12月31日中国财政部会计司司长高一斌和上海财经大学教授陈信元为该机构的委员。高一斌任期到2018年12月;陈信元从2017年开始担任委员,任期到2019年12月。

（四）国际财务报告准则解释委员会（IFRS Interpretations Committee）

国际财务报告准则解释委员会曾叫作国际财务报告解释委员会（IFRIC）,2017年底由国际财务报告准则基金会受托人任命的14人构成。其中中国海洋石油有限公司财务部总监李飞龙从2010年5月4日开始被任命为国际财务报告解释委员会委员,任期到2016年6月30日为止。现任委员为中国人寿保险公司副总裁兼财务总监陈阳,任期到2019年6月30日。

（五）国际财务报告准则基金会监督理事会

国际财务报告准则基金会监督理事会（Monitoring Board,MB）成立于2009年1月。成立监督理事会的主要目的旨在通过与全球公共权力部门建立联系,以增强国际财务报告准则基金会的公共受托责任。监督理事会是IFRS制定机构的最高权力机构,主要职责是监督受托人,确保受托人按照基金会章程履职,同时还参与受托人的任命过程,并负责任命受托人。

2017年底监督理事会的成员包括:国际证券委员会组织（IOSCO）的理事会及

其增长和新兴市场委员会、日本金融厅(JFSA)、美国证券交易委员会(SEC)、欧盟委员会(EC)、巴西证券委员会(CVM)、韩国金融服务委员会(FSC)和中国财政部。巴塞尔银行监管委员会作为观察员参加相关活动。

2016年8月19日,国际财务报告准则基金会监督理事会公开宣布,中国财政部成为监督理事会成员。

三、现行国际会计准则体系

《国际会计准则第8号:会计政策、会计估计变更和差错》中对IFRS有以下定义:

IFRS是指由IASB采纳的准则和解释,包括IFRS、IAS以及由国际财务报告解释委员会(IFRIC)或其前身常务解释委员会(SIC)制定并经国际会计准则理事会批准的解释。

目前IFRS体系由以下内容构成。

(一)国际财务报告准则

到2017年底,共发布了17项IFRS,包括首次采纳IRFS(IFRS 1);以股权为基础的支付(IFRS 2);企业合并(IFRS 3);保险合同(IFRS 4);持有待售非流动资产和终止经营(IFRS 5);矿产资源的勘探和评价(IFRS 6);金融工具:披露(IFRS 7);经营分部(IFRS 8);金融工具(IFRS 9);合并财务报表(IFRS 10);合营安排(IFRS 11);其他主体中权益的披露(IFRS 12);公允价值计量(IFRS 13);规制递延账户(IFRS 14);与客户之间的合同产生的收入(IFRS 15);租赁(IFRS 16)和保险合同(IFRS 17)。

其中,IFRS 16和IFRS 17将分别从2019年1月1日和2021年1月1日开始的年度生效;IFRS 4将在IFRS 17生效之日起被废止。

(二)国际会计准则

2017年底仍有效的IAS有28项,包括财务报表列报(IAS 1);存货(IAS 2);现金流量表(IAS 7);会计政策、会计估计变更和差错(IAS 8);报告期后事项(IAS 10);建造合同(IAS 11);所得税(IAS 12);不动产、厂房和设备(IAS 16);租赁(IAS 17);收入(IAS 18);员工福利(IAS 19);政府补助会计处理与政府援助的披露(IAS 20);外汇汇率变动的影响(IAS 21);借款费用(IAS 23);关联方披露(IAS 24);退休福利计划的会计处理和报告(IAS 26);单独财务报表(IAS 27);对联营企业的投资(IAS 28);恶性通货膨胀经济中的财务报告(IAS 29);金融工具:列报(IAS 32);每股收益(IAS 33);中期财务报告(IAS 34);资产减值(IAS 36);准备金、或有负债和或有资产(IAS 37);无形资产(IAS 38);金融工具:确认和计量

（IAS 39）；投资性房地产（IAS 40）和农业（IAS 41）。

其中，IAS 39 在 IFRS 9（2014）生效之日起被废止；IAS 11 和 IAS 18 在 IFRS 15 生效之日起被废止；IAS 17 在 IFRS 16 生效之日起被废止。

（三）国际财务报告准则解释

国际会计准则解释和国际财务报告解释由国际财务报告解释委员会（IFRIC）制定。IFRIC 于 2002 年 3 月取代了其前身常设解释委员会（SIC）。根据国际会计准则委员会基金会章程的规定，IFRIC 的任务是为国际会计准则和国际财务报告准则的运用提供解释并定期为在国际会计准则、国际财务报告准则以及国际会计准则理事会框架中没有专门解释的财务报告事项提供指南，并承担国际会计准则理事会要求的其他工作。

2011 年，IFRIC 更名为国际财务报告准则解释委员会（IFRS Interpretations Committee）。

2017 年底有效的国际财务报告准则解释有两套体系。

1. 常设解释委员会解释公告

到 2002 年 2 月底，常设解释委员会共发布了 33 项解释公告。

到 2017 年底，SIC 1、SIC 2、SIC 3、SIC 5、SIC 6、SIC 8、SIC 9、SIC 11、SIC 12、SIC 13、SIC 14、SIC 16、SIC 17、SIC 18、SIC 19、SIC 20、SIC 22、SIC 23、SIC 24、SIC 28、SIC 30、SIC 33 已分别被取代。SIC 31 将在 IFRS 15 于 2018 年 1 月 1 日开始的会计年度生效时被废止；SIC 15 和 SIC 27 将在 IFRS 16 于 2019 年 1 月 1 日开始的会计年度生效时被废止。

2. 国际财务报告准则解释委员会解释公告

从 2002 年 3 月至 2017 年底，国际财务报告准则解释委员会共发布了 23 项解释公告。其中，IFRIC 3 在 2005 年 6 月举行的 IASB 会议上被取消；IFRIC 8 和 IF-RIC 11 在 2009 年 6 月 18 日修订 IFRS 2 时被取消，从 2010 年 1 月 1 日开始的会计年度生效；IFRIC 13、IFRIC 15 和 IFRIC 18 被 2014 年 5 月 28 日发布的 IFRS 15 取代，从 2018 年 1 月 1 日开始的会计年度生效；IFRIC 4 被 2016 年 1 月 13 日发布的 IFRS 16 取代，从 2019 年 1 月 1 日开始的会计年度生效。

（四）中小企业国际财务报告准则

《中小企业国际财务报告准则》（IFRS for SMEs）由 IASB 于 2009 年 7 月 9 日发布，自发布之日起施行。

在 2003 年 9 月举行的会议上，IASB 决定有必要为中小企业制定适用的会计准则，中小企业会计准则的内容应当包括 IASB 概念框架中涉及的基本概念、原则以及相关的国际财务报告准则指南及其解释。

2004 年 6 月 24 日,IASB 发布了有关中小企业会计准则的初步意向公开征求意见;2005 年 4 月 5 日,IASB 进一步印发了对中小企业确认与计量的修改意见;2007 年 2 月 15 日,ISAB 发布了 IFRS for SMEs 的征求意见稿。

IFRS for SMEs 正式发布后,IASB 于 2013 年 10 月 3 日发布了对其进一步修改的征求意见稿。(ED/2013/9)。

四、英国会计准则

(一)英国会计准则的产生与发展

长期以来,英国是通过其《公司法》中的相关条款,来规范企业的会计行为的。随着公司发展环境的变化以及受到美国发展会计准则的影响,20 世纪 30 年代中期,英国通过成立"会计研究会",开始从事会计准则的研究。从 1942 年开始,由英格兰和威尔士特许会计师协会(ICAEW)陆续发表一些不具备约束力的《会计原则建议书》,作为企业会计实务的指导性规范。到 1969 年,共发布了 29 项建议书。

1969 年 12 月 12 日,ICAEW 发布了一项打算在 20 世纪 70 年代制定会计准则的公告,随即英国从 1970 年开始成立的会计标准筹划指导委员会(ASSC)从 1971 年开始陆续发布《标准会计实务公告》(SSAP)。1976 年 2 月,会计标准筹划指导委员会改组为会计标准委员会(ASC)。到 1990 年底,共发布了 25 项标准会计实务公告。

英国《公司法 1989》通过对《公司法 1985》进行修订,首次明确了会计准则的地位,并要求公司董事会公告中说明编制的财务报表是否采纳了适用的会计准则。这意味着英国的会计准则取得了相应的法律地位。

1990 年 8 月,英国财务报告理事会(FRC)下属的会计准则理事会(ASB)取代了会计标准委员会,开始陆续发布《财务报告准则》(FRS),逐步替代原来的SSAP。到 2011 年底为止,共发布了 30 项财务报告准则。其中 8 项财务报告准则直接采用了 IASB 采纳或发布的 IAS 和 IFRS,逐步迈出了会计准则国际趋同的步伐。

2014 年底以前英国会计准则由以下四部分构成。

1. 财务报告原则公告

财务报告原则公告相当于美国的"财务会计概念公告"和 IASB 的"财务报告概念框架"等文件,属于制定会计准则的概念框架。ASB 从 20 世纪 90 年代起开始研究《财务报告原则公告》,并于 1995 年发布了《财务报告原则公告》第一份完整的征求意见稿。1999 年 3 月,ASB 又发布了《财务报告原则公告》的第二次征求意见稿。在以上两次征求意见稿的基础上,《财务报告原则公告》最终于 1999 年 12 月获得正式发布。

2. 具体会计准则

英国的具体会计准则由 30 项 FRS 和尚未被废止的 SSAP 构成。仍然有效并实施到 2014 年底的 SSAP 有 8 项。

3. 小型主体财务报告准则

考虑到上市公司与非上市公司、大中型企业与小型企业,以及一般的企业与特殊行业的企业的会计要求应有所不同等情况,为了减轻小型报告主体的负担,简化小型报告主体的会计处理方法,ASB 从 20 世纪 90 年代中期起就开始研究关于《小型主体会计准则》(FRSSE)的问题。ASB 于 1997 年 11 月正式发布了 FRSSE,并在以后对其进行了多次修订。FRSSE 实际上是英国会计准则的简化版本,它的要求虽然比会计准则的要求低,但 FRSSE 对小型报告主体设立了严格的确定标准,并且明确指出 FRSSE 不适用于以下报告主体:(1)大中型公司、集团和其他报告主体;(2)上市公司;(3)银行、建筑互助协会或保险公司等。

4. 紧急问题工作小组摘要

紧急问题工作小组摘要(UITF Abstracts)是由 ASB 发布的紧急问题工作小组对某些特殊问题形成的一致意见的摘要。制定和发布 UITF 摘要的主要目的是:当现有的会计准则或有关会计立法对某些重要会计问题的处理存在不尽人意或矛盾之处时,对采用什么样的会计处理方法形成一致意见。ASB 前后陆续发布了 46 项 UITF 摘要,其中有 15 项已先后被废止。已发布的 UITF 摘要只要没有被新的会计准则所取代或被取消,就必须如同遵守 SSAP 与 FRS 那样被遵守。

(二)英国财务报告准则改革

英国改革财务报告准则体系的设想源于欧盟在 2002 年第 1606 号法令做出的决定。按其决定,欧盟成员国的上市公司应当从 2005 年开始的会计年度采纳 IF-RS 编制合并财务报表。对此有必要对现行两套准则构成的英国财务报告准则体系进行根本性的改变,以适应其他报告主体编制高质量、可理解财务报表的需要。

从 2002 年开始,ASB 开始着手对会计准则进行更新。FRC 从 2012 年 7 月 2 日起通过改组 ASB 直接承担了发布 FRS 的职责后,开始着手对现行财务报告准则进行根本性改革。从 2012 年开始先后发布了以下 6 项新的财务报告准则,取代了所有的现行准则①:

1. 财务报告准则第 100 号(FRS 100):财务报告规范的应用,2012 年 11 月

---

① 周国光. 英国财务报告准则的最新发展与启示[J]. 财会学习,2015(3)

发布。

FRS 100 规范了 FRS 的适用范围并明确规定,新的财务报告准则体系从 2015 年 1 月 1 日开始的会计年度生效。FRS1~30①,尚未被废止的 8 项 SSAP(包括 SSAP 4、SSAP 5、SSAP 9、SSAP 13、SSAP 19、SSAP 20、SSAP 21 和 SSAP 25)以及 31 项紧急问题工作小组摘要(UITF Abstracts)都在主体执行新的财务报告体系时废止。

《财务报告原则公告》《财务报告原则公告——公共利益主体②解释》和《报告公告:退休福利–披露》三个公告也在主体执行新的财务报告体系时被废止。

FRS 100 将主体划分为四类:执行欧盟采纳的 IFRS 编制财务报表的主体、分别执行 FRS 101 和 FRS 102 编制财务报表的主体以及执行 FRSSE 编制财务报表的主体。

执行 FRSSE 或者 FRS 102 编制财务报表的主体,还需要执行相关的推荐实务公告(SORPs),并在财务报表中予以披露。推荐实务公告的相关条款对特定业务的会计处理及其披露做出了相关建议。

FRS 100 还对 FRSSE 的相关内容进行了修订,并提供了相当于财务报告准则解释的引用指南。

在 2012 年版的基础上,根据随后相关的修订内容,2015 年 9 月和 2017 年 12 月先后发布了对 FRS 100 的修订。

2. 财务报告准则第 101 号(FRS 101):简化披露框架,2012 年 11 月发布;2014 年 8 月发布了修订版;2015 年 9 月和 2017 年 12 月分别发布了对 FRS 101 的修订。

该准则为需要编制个别财务报表③的子公司和母公司提供了披露豁免条款。按照 FRS 101 的表述,执行 FRS 101 编制个别财务报表的企业,除了执行 FRS 101 的豁免条款以外,应按照欧盟采纳的 IFRS 进行确认、计量和披露。

3. 财务报告准则第 102 号(FRS 102):应用于英国和爱尔兰共和国的财务报告准则,2013 年 3 月 19 日首次发布;2014 年 8 月 7 日发布的修订版,体现了以下修订内容:(1)2014 年 3 月 19 日根据金融工具列报的要求对基本金融工具和其他

---

① 2012 年 11 月发布的 FRS 100 中并没有要求废止 FRS 27,但 2014 年 3 月发布的 FRS 103 中提出在开始实施时取代 FRS 27。

② 按照 FRS 100 中的解释,公共利益主体是指以对外公开提供产品和服务,而不是以向股东提供财务回报为主要目的的主体。

③ 个别财务报表是英国《公司法 2006》中的表述。按照 FRS 100 的解释,个别财务报表的含义中包含了单独财务报表(Separate financial statement)的概念。可以认为,依据 IFRS 编制的个别财务报表就是单独财务报表。

金融工具内容进行了修订;(2)2014 年 3 月 19 日针对服务特许权安排事项的修订;(3)2014 年 7 月根据 IFRS 9 的修订对基本金融工具和套期会计内容进行的修订;(4)修改了一些低级印刷错误。

该准则提供了一套完整的对相关会计行为进行规范的准则体系,包括财务报表列报;财务状况表;综合收益表和利润表;权益变动表;利润与保留盈余表;现金流量表;财务报表附注;合并与单独财务报表;会计政策、估计和差错;基本金融工具;其他金融工具发行;存货;在联营企业的投资;在合营企业的投资;投资性房地产;不动产、厂房和设备;除了商誉的无形资产;企业合并与商誉;租赁;准备金与或有事项;负债与权益;收入;政府补助;借款费用;股份支付;资产减值;员工福利;所得税;外币折算;恶性通货膨胀;报告期后事项;关联方披露;特殊活动等主题内容。特殊活动具体涉及农业、采掘活动、服务特许权安排、金融机构、退休福利计划、财务报表、遗产等内容。

FRS 102 的第二部分规范了相关概念和一般原则,包括财务报表的目标、财务报表信息的质量特征、相关概念和基本原则等,相当于财务报告概念框架的构成内容。

FRS 102 采取了类似于 IFRS for SMEs 的范式和构成内容,用单一的文本替代了大多数英国会计准则。

按照 FRC 的要求,不执行欧盟采纳的 IFRS 以及 FRS 101 和 FRSSE 的企业,应当按照 FRS 102 的规定编制财务报表。

在 2014 年版的基础上,根据随后相关的修订内容,2015 年 9 月、2016 年 3 月、2016 年 9 月、2017 年 5 月和 2017 年 12 月还先后发布了对 FRS 102 的修订。

4. 财务报告准则第 103 号(FRS 103):保险合同,2014 年 3 月发布。施行 FRS 102 并具有保险合同业务的企业,应当施行 FRS 103。随后,还于 2017 年 2 月和 2017 年 12 月对 FRS 103 进行了修订。

FRS 103 基于 IFRS 4 和 FRS 27(人寿保险)中的条款进行编制,并在实施之日废止 FRS 27。

5. 财务报告准则第 104 号(FRS 104):中期财务报告,2015 年 5 月发布;2016 年 1 月 1 日起施行。2017 年 12 月发布了对 FRS 104 的修订。

6. 财务报告准则第 105 号(FRS 105):用于微型主体的财务报告准则,2015 年 7 月发布;2016 年 1 月 1 日起施行。2016 年 5 月和 2017 年 12 月发布了对 FRS 105 的修订。

FRC 修订发布的 6 项 FRS 依据了英国《公司法 2006》相关条款的规定。例如,按照 FRS101 和 FRS102 编制个别财务报表依据的是《公司法 2006》第 395 款

(1)(a)的规定;按照欧盟采纳的 IFRS 编制个别财务报表依据的是《公司法 2006》第 395 款(1)(b)的规定。此外《公司法 2006》还明确禁止了一些企业执行欧盟采纳的 IFRS,例如第 395 款(2)要求从事慈善事业的公司应按照公司法的规定编制个别财务报表。

FRC 属于英国承担会计准则制定和实施的独立机构,其组织形式是一家有限责任公司;但其主席和副主席由负责商务、技术革新与技能的国务大臣任命。

FRC 下设三个委员会:规范与准则委员会、执行委员会和指导委员会。规范与准则委员会下设的会计理事会承担着制定 FRS 100 等财务报告准则的职责,并经 FRC 批准后正式发布。

五、美国会计准则

美国的会计准则体系,包括由 FASB 发布的规范企业和民间非营利组织的财务会计准则体系,以及由美国联邦会计准则咨询委员会发布的联邦财务会计准则体系,和美国政府会计准则理事会发布的州政府和地方政府会计准则体系。本书侧重于讨论财务会计准则体系。

美国是世界上着手制定会计准则最早的国家。早在 20 世纪 30 年代,美国联邦议会根据《证券交易法》成立的证券交易委员会(SEC),开始发布《会计系列文告》(ASR)、《财务报告文告》(FRR)和《工作人员会计文告》(SAR)。

1939 年,美国注册会计师协会下设的会计程序委员会(CAP)开始发布公认会计原则公告——《会计研究公报》(ARB),开创了由民间机构制定会计准则的范例。

会计程序委员会的后继者——会计原则委员会(APB)从 1958 年开始发布《会计原则委员会意见书》。

1973 年成立的 FASB 开始发布《财务会计准则公告》(SFAS)和《财务会计准则委员会解释》。到 2009 年 6 月底为止,FASB 共发布了 168 项 SFAS,7 项财务会计概念公告和 48 项 FASB 解释。其中概念公告第三号已经被概念公告第六号取代。

考虑到所发布太多的、格式不一的准则对遵循 GAAP 的不利影响,FASB 在 2004 年就考虑建立会计准则汇编来简化权威 GAAP 文献的问题。2009 年 6 月 30 日发布的《SFAS 168:财务会计准则理事会会计准则汇编和公用会计原则等级》中明确表示,FASB 不再发布 SFAS,而是通过发布会计准则更新公告(ASU),来更新会计准则汇编(The Codification)。

从 2009 年 7 月 1 日起,FASB Codification 成为发布非政府美国公用会计原则的唯一官方来源。除了 SEC 发布的指南外,只存在一个级别的权威性公认会计原则。所有其他的会计文献不再具有权威性①。

FASB 提出,会计准则汇编建设具有以下三个主要目标②。

1. 通过将权威性美国公认会计原则汇编成册以方便用户的使用。

2. 保证汇编的内容能够正确地反映 2009 年 7 月 1 日权威性的美国公认会计原则。

3. 通过创立汇编研究制度来保证对汇编内容进行及时更新。

美国会计准则汇编成册后,原来数千项单独的准则被按照主题进行了分类。2009 年 7 月 1 日 FASB 首次发布的准则汇编中包括了原来发布的所有准则,被划分为 9 个大类大约 90 个主题,包括以下几类。

第一类:一般原则类的公认会计原则,涉及的主题代码为 105～199 号,包括公认会计原则(105)等。

第二类:列报类,涉及的主题代码为 205～299 号,包括财务报表列报(205);资产负债表(210);股东权益表(215);综合收益(220);利润表(225);现金流量表(230);财务报表附注(235);会计变更和差错更正(250);变动物价(255);每股收益(260);分部报告(270);有限责任主体(272);个人财务报表(274);风险与不确定性(275);分部报告(280)等。

第三类:资产类,涉及的主题代码为 305～399 号,包括现金及现金等价物(305);应收款项(310);投资:债务与权益证券(320);投资:权益法与合营企业(323);投资:其他(325);存货(330);其他资产和递延费用(340);无形资产:商誉与其他(350);不动产、厂房与设备(360)等。

第四类:负债类,涉及的主题代码为 405～499 号,包括负债(405);资产报废与环境义务(410);退出或处置费用义务(420);递延收入(430);承诺事项(440);或有事项(450);担保(460);债务(470);区分负债与权益(480)等。

第五类:权益类,涉及的主题代码为 505～599 号,包括权益(505)等。

第六类:收入类,涉及的主题代码为 605～699 号,包括收入确认(605);与客户之间的合同产生的收入(606)等。

第七类:费用类,涉及的主题代码为 705～799 号,包括销售与劳务成本(705);补偿:通则(710);补偿:非退休离职后福利(712);补偿:退休福利(715);补偿:股票补偿(718);其他费用(720);研究与开发(730);所得税(740)等。

---

① 周国光. 美国财务会计准则改革对我国的启示[J]. 财会通讯(综合),2012(1)上

② FASB: Notice to Constituents about the Codification, April 30, 2010 [R/OL]. www. fasb. org

第八类:广泛交易类,涉及的主题代码为 805 ~ 899 号,包括企业合并(805);合作性协议(808);新设合并(810);衍生工具与套期(815);公允价值计量(820);金融工具(825);外汇(830);利息(835);租赁(840);关联方披露(850);重组(852);服务特许权安排(853);后续事项(855);转移与服务(860)等。

第九类:产业类,涉的主题代码为 905 ~ 999 号,包括农业(905);航空(908);环境:博彩业(924);企业(926);采掘活动:石油和天然气(932);金融服务:保险(944);金融服务:投资公司(946);不动产(970);医疗卫生主体(954);非盈利主体(958);计划会计:退休金计划(966);管制性业务(980);软件(985)等①。

汇编中不含非权威性美国公认会计原则,例如在会计实务、教科书、相关文献中表述的公认会计原则以及其他相关内容。

在已经发布的财务会计准则公告中,除了《第 164 号——非营利组织:兼并与收购》《第 166 号——金融资产转移会计处理》和《第 167 号——对财务会计准则公告解释第 46 号(R)的修订》以外,其他一律被取代。其他发布的财务会计准则公告解释等文件也一律被取代。到 2010 年底为止,所有发布财务会计公告已全部被取代,但保留了财务会计概念公告。

FASB 从 2009 年 7 月 1 日起,通过发布会计准则更新公告(ASU),对会计准则汇编的内容进行修订和更新。例如,FASB 在 2014 年 5 月通过发布会计准则更新公告 2014 年第 9 号,增加了涉及与客户之间的合同产生的收入的主题内容(主题代码为 606);在 2016 年 2 月通过发布会计准则更新公告 2016 年第 2 号,对租赁会计处理行为(主题代码为 842)进行了修订;在 2017 年 9 月通过发布会计准则更新公告 2017 年第 13 号,对收入确认(主题代码为 605)、与顾客之间合同产生的收入(主题代码为 606)、租赁(主题代码为 840)等进行了修订。

FASB 于 1973 年由美国财务会计基金会建立。FAF 是一家独立的民间组织,负责为 FASB 提供资金。FASB 由七名成员组成,这些成员由 FAF 任命,任期为 5年。可连续任职两期。

六、澳大利亚会计准则

从 20 世纪 60 年代开始,澳大利亚迈出了制定会计准则的步伐。1966 年,澳大利亚成立了澳大利亚会计研究基金会(AARF),并通过下设的会计准则委员会

---

① 汪祥耀,邵毅平. 美国会计准则研究——从经济大萧条到全球金融危机[M]. 上海:立信会计出版社,2010:626

开始制定澳大利亚会计准则(AAS)。1991 年 1 月,根据《澳大利亚证券及投资委员会法案 1991》成立的澳大利亚政府机构:澳大利亚会计准则理事会(AASB),开始替代 AARF 承担制定澳大利亚会计准则的职责。到 1999 年底,共发布了 38 项 AAS。

1999 年 AASB 进行改组,并从 2000 年 1 月 1 日起制定和发布 AASB 准则,并逐步替代 AAS。AASB 作为政府机构履行制定与发布会计准则的职责在《澳大利亚证券及投资委员会法案 2001》中再次得到了确认。

按照《澳大利亚公司法 2001》的规定,澳大利亚财务报告理事会(FRC)为 AASB 制定了会计准则国际趋同的战略发展导向。按其要求,澳大利亚从 2005 年开始全面采用 IFRS 作为其国内财务报告准则,逐步取代了澳大利亚原来的会计准则。澳大利亚采取与 IRFS 全面趋同的主要意图是降低澳大利亚企业在国际资本市场上的筹资成本。

2004 年 7 月,AASB 发布了将在 2005 年开始施行的与 IFRS 等效的澳大利亚会计准则(A - IFRS),包括与 IFRS 等效的系列和与 IAS 等效的系列以及与 IASB 采纳的会计准则解释相对应的 AASB 会计准则解释。

澳大利亚政府要求按照《澳大利亚公司法 2001》编报财务报告的企业,都必须采纳澳大利亚会计准则。此外,政府、慈善机构等非营利经济组织,也需要执行澳大利亚会计准则。考虑到 IFRS 并不能完全适应非营利组织的需要,对此澳大利亚允许这些机构同时采用 AASB 专门针对非营利组织的一些附加指南。

与 IFRS 体系以及美国会计准则体系不同,澳大利亚是通过出台一套会计准则体系,双重地规范企业、民间非营利组织以及公共部门的会计处理行为。

2017 年底澳大利亚会计准则体系如下。

1. 会计准则

2017 年底的澳大利亚会计准则包括与 IFRS 等效的澳大利亚会计准则理事会准则(编号为 AASB 1 ~ 17 号)、与 IAS 等效的澳大利亚会计准则理事会准则(编号为 AASB 101 ~ 141 号)以及其他澳大利亚会计准则理事会准则(AASB 1004 ~ 1059 号)。

2. 会计准则解释

2006 年以前,澳大利亚会计解释由紧急问题小组发布。从 2006 年中期开始,AASB 开始替代紧急问题小组,直接履行发布澳大利亚与国际财务报告准则解释等效的解释和国内会计准则解释。2017 年底,与国际财务报告准则解释等效的解释 23 项;其他解释 17 项。

3. 概念框架

AASB 于 2004 年 7 月 15 日发布了与《国际会计准则理事会框架》趋同的《财务报表编制与列报框架》。2007 年 9 月 24 日和 2007 年 12 月 13 日两次修订后,于 2009 年 1 月 1 日开始的会计年度生效。按照 IASB 于 2010 年 9 月发布的概念框架,AASB 于 2013 年 12 月 20 日和 2014 年 6 月 4 日再次进行了修订编纂。最新修订版本从 2014 年 7 月 1 日开始的会计年度执行。

除此以外,1990 年 8 月发布的《会计概念公告第 1 号——报告主体的定义》(SAC 1)在 2017 年底仍然有效。

1990 年 8 月发布的《会计概念公告第 2 号——通用财务报告的目标》(SAC 2)和《会计概念公告第 3 号——财务信息质量特征》(SAC 3)以及 1995 年 3 月发布的《会计概念公告第 4 号——财务报表要素定义与确认》(SAC 4)已分别被废止。

AASB 是澳大利亚会计准则的制定机构。2000 年成立的财务报告理事会(FRC)和 AASB 和都属于澳大利亚的政府机构。AASB 主席由负责金融服务、公积金与公司法事务的部长任命;理事会成员由 FRC 任命。

七、新西兰会计准则

在 20 世纪 90 年代初期以前,原新西兰会计师协会承担着制定新西兰会计准则的职责。新西兰会计师协会后更名为新西兰特许会计师协会(NZICA)。按照 1993 年财务报告法案的规定成立的新西兰会计准则审查理事会(ASRB),承担了批准但不是制定会计准则的职责。按照财务报告法案的规定,任何个人和组织都可以制定会计准则,并提交给 ASRB 审核批准。但是在实务中,只有 NZICA 在制定准则,并提交 ASRB 批准。

考虑在实施过程中存在的问题,2011 年通过对财务报告法案进行修订,设立了新西兰对外报告理事会(XRB)。XRB 的 9 名成员由政府任命。

XRB 下设两个理事会:新西兰会计准则理事会(NZASB)以及新西兰审计与鉴证准则理事会(NZAuASB)。新西兰会计准则理事会成员由 XRB 任命。

NZASB 的主要工作职责,是制定与发布新西兰会计准则。

2004 年以前,新西兰会计准则属于适用于国内营利部门、公共部门和非营利部门等不同主体的单一会计准则体系。这种做法,在国际上只有澳大利亚和新西兰采用。2002 年,ASRB 决定新西兰应采纳与 IFRS 趋同的新西兰会计准则,以取代国内会计准则。这一决定与澳大利亚和欧盟的决定保持一致。

为了适应公共部门和非营利部门主体报告信息使用者的不同需要,NZICA 和

ASRB 将利润导向主体和公共利益主体的区别,作为建立与 IFRS 等效的新西兰会计准则的一部分。这与英国的做法是一致的。公共利益主体被界定为以社会利益而不是营利为目标的主体;有关公共利益主体的专门条款写入了 NZ IFRS 中。

其结果是,形成了适用于各部门所有主体的一套基于 IFRS 的会计准则体系,但其中包括有专门针对公共利益主体的内容。

在 2007 年,ASRB 决定符合规定条件的小型主体,应被允许继续执行国内准则或旧的通用会计实务(Old GAAP)而不是 NZ IFRS。

由于 IFRS 的发展主要是为了适应资本市场主体的需要,与非资本市场主体使用者的关联性不强,这引起了新西兰公共利益主体部门的关注。对此认为有必要建立两套会计准则体系,一条适应营利主体的需要;一套适应公共利益主体的需要。

《新西兰会计准则框架》产生于 2004 年。按照 1993 年新西兰财务报告法案的规定,经新西兰商务部部长 2012 年 4 月 2 日批准,XRB 发布了修订后的会计准则框架。其中规定,新西兰会计准则框架由适用于两个部门和不同层级的会计准则体系构成。2015 年 12 月,对 2012 年版的会计准则框架进行了修订。

两个部门涉及营利主体和公共利益主体。

(一)适用于营利主体的会计准则体系

营利主体进一步划分为两个层级:

1. 承担对外公开信息职责的主体和公共部门营利性大型主体,执行与 IFRS 趋同的新西兰会计准则体系(NZ IFRS)以及其他所需的新西兰会计准则。

2017 年底该层级的会计准则体系包括:XRBA1、A2;NZIFRS 1 ~ 17;NZIAS 1 ~ 41;FRS 42 ~ 44;NZIFRIC 1 ~ 23;NZSIC - 7、NZSIC - 10、15、25、27、29、31 和 32。

公共部门主体可划分为营利主体和公共利益主体。按照《框架》中的解释,新西兰国有企业属于公共部门的营利主体。

公共利益主体也可进一步划分为公共部门的公共利益主体和私营部门的公共利益主体。

大型主体是指按照 NZ IFRS 的规定在利润表和其他综合收益表中确认的费用超过 3000 万新元的主体。

2. 无须承担对外公开信息职责的主体和公共部门的营利性非大型主体,可选择执行简化信息披露要求的与 IFRS 趋同的新西兰会计准则体系(NZIFRS RDR)。

(二)适用于公共利益主体的会计准则体系

1. 需要对外公开会计信息的主体和大型主体,执行公共利益主体会计准则体系(PAS)。

2017 年底的 PAS 包括:XRBA1、A2;PBE IPSAS 1 ~ 39;PBEIFRS 3、4、5、9;PBS IAS 12、34;PBE FRS 42、43、45、46、47 和 48。

2. 无须对外公开会计信息的主体和非大型主体,执行简化信息披露要求的公共利益主体会计准则(PAS RDR)。

3. 对于无须会计信息公开并且其费用不超过 200 万新元的主体,执行应计基础下简化的公共利益主体会计准则(PSFR - A)。

2017 年底的 PSFR - A 包括:XRBA1、A2;PBE SFR - A。

4. 法律允许现金会计的主体,执行现金基础下简化的公共利益主体会计准则(PSFR - C)。

2017 年底的 PSFR - C 包括:XRBA1、A2;PBE SFR - C。

本章小结

在概述国内外现代会计产生与发展历史进程的基础上,本章主要讨论了国内外会计核算制度体系。其中,国外主要涉及的是会计准则体系,包括国际财务报告准则体系、美国财务会计准则体系、英国财务报告准则体系、澳大利亚会计准则体系、新西兰会计准则体系等。相比较之下,中国现行会计核算制度体系仍包括企业会计准则体系和企业会计制度体系。尽管财政部要求所有的企业应分别施行企业会计准则体系和小企业会计准则,但有一些企业仍在施行企业会计制度和专业会计核算办法。除了符合条件的小企业需要施行小企业会计准则外,其他大中型企业施行与国际财务报告准则趋同的企业会计准则体系,应当是大势所趋。对此在本书中,主要结合中国企业会计准则体系和国际财务报告准则体系,并适当借鉴美国、英国、澳大利亚、新西兰等国家的会计准则,来对特定的财务会计问题进行研究。

第二章

概念框架研究

财务会计概念框架或财务报告概念框架是国际财务会计重要的理论基础,是 IASB、FASB、ASB、AASB、XRB 等国际或境外会计组织制定财务会计准则或财务报告准则的依据或指南。与此不同,中国采取了不同的表述方式,将类似于国际上的概念框架界定为"基本准则",并发挥着统驭各项具体准则制定的作用。什么是概念框架?概念框架对制定会计准则都发挥着怎样的作用?国际上的概念框架与中国的基本准则关系如何?中国有否必要建立概念框架体系?等等,成为本章讨论的主要内容。

第一节 概念框架简述

一、概念框架涉及的基本概念

在国内外会计学界,围绕着概念框架问题的讨论,已有超过40年的历史。财务会计中的概念框架涉及两种表述:(1)财务会计概念框架;(2)财务报告概念框架。概念框架是财务会计理论的核心内容之一。

从理论研究的角度,由于概念框架涉及全部财务会计活动,故采取财务会计概念框架的表述是适当的。与此不同,现代会计准则侧重于对财务报告编制、列报和相关信息披露的规范;对会计要素确认和计量的规范实际上是为规范财务报告的编报服务的。故为会计准则的制定提供理论依据或原则规范的概念框架,采取了财务报告概念框架的表述。

(一)国际上对概念框架的界定

在国际上,财务会计概念框架的表述最早是由 FASB 提出的,并通过发布有关概念框架的公告,对概念框架进行了界定和规范。从1978年至2000年,FASB 发布的1~7号公告,均采取了"财务会计概念公告"的表述。在2010年9月发布的第 8 号公告中,采取了"财务报告概念框架"的表述。

FASB 曾在 1976 年对概念框架下过这样的定义:"概念框架是由一部章程、一套目标和基本原理组成的互相之间具有内在关联的逻辑体系,这个逻辑体系能够表明财务会计和财务报表的性质、作用以及局限性,明确会计的根本目的与意图是财务会计的目标;会计内容涵盖的基本概念是财务会计的基本原理,并且在会计处理各事项的选择、计量、汇总中始终以原理贯通,最后将结果传递给具有利益关系的集团的过程"。

而在 1980 年 5 月发布的财务会计概念公告第 2 号中,FASB 将概念框架的定义调整为"概念框架是由目标和相互关联的基本概念组成的连贯的理论体系。这些目标和基本概念导致前后一致的准则"。该定义将概念框架表述为一套理论体系,不仅发挥着指导财务会计准则制定的作用,而且对这方面的研究有重要的影响。

到 2017 年底为止,FASB 共发布了八项概念公告,在国际上取得了最权威的有关概念框架的研究成果。

IASC 在 1989 年 4 月批准并于当年 7 月发布了《财务报表编制与列报框架》(以下简称《框架 1989》)。2001 年 4 月《框架 1989》被 IASB 采纳。

2010 年 9 月 28 日,IASB 发布了《财务报告概念框架 2010》(以下简称《概念框架 2010》),主要修订了《框架 1989》中的"财务报告的目标"和"财务信息质量特征"等内容。

IASB 对概念框架的解释是:IASB《框架》表述了为外部使用者编制和列报财务报表的基本概念。《框架》为理事会发展未来的财务报告准则提供指南,以及指导解决在 IAS 或 IFRS 或解释中没有直接表述的会计问题。

2015 年 5 月 18 日,IASB 发布了《财务报告概念框架(征求意见稿)》,面向全球公开征求意见。

ASB 在 1999 年 10 月批准、1999 年 12 月发布的《财务报告原则公告》中,表述了编制财务报表的一些基本要求。可以认为,该公告相当于英国的概念框架。

ASB 发布的《财务报告原则公告》,参考了 IASC 发布的《框架 1989》和《会计师公共部门委员会国际联合会》发布的《国际公共部门有关财务报表列报的会计准则》等文件。

从 2015 年 1 月 1 日开始的会计年度,FRC 废止了《财务报告原则公告》,开始在 FRS 102 中体现财务报告概念框架的相关内容。

AASB 于 2004 年 6 月发布了与 IASC《框架 1989》趋同的《财务报表编报框架》,成为澳大利亚正式的概念框架。澳大利亚概念框架于 2007 年 12 月对该框架进行了修订。

根据 IASB 于 2010 年 9 月出台的概念框架,AASB 先后于 2013 年 12 月和 2014 年 6 月对其概念框架进行了修订,并自 2014 年 7 月 1 日开始的会计年度生效。

在新西兰,XRB 出台的《新西兰会计准则框架》,其中涉及的只是会计准则体系的构架结构,而不是概念框架的内容。到 2017 年底,新西兰出台的概念框架,只有新西兰会计准则理事会于 2016 年 5 月 19 日发布的《公共利益主体概念框架》。

总体来看,IASB 和 FASB、AASB 等均将概念框架界定为指导会计准则制定的一种理论体系。与其不同,英国似乎将其概念框架纳入了准则的范畴。

这样的表述对中国学者的概念框架问题研究也产生了重要的影响。

(二)中国学术界对概念框架的讨论

葛家澍先生在 1984 年撰写的《美国财务会计理论发展的新阶段——评价〈财务会计概念公告〉(1~3 号)》一文,也许是我国最早探讨财务会计概念框架的学术论文。随之,有大量的中国学者和实务工作者,对财务会计概念框架问题进行了积极的探讨。有学者于 2004 年撰文,提出了建立中国财务会计概念框架的设想[1]。葛家澍先生认为,概念框架不是会计准则,它应是会计理论的组成部分,但这个理论是密切联系实际,直接用来评估、制定和发展准则的理论[2]。他赞同 FASB 的观点,并以此为基础来讨论概念框架问题[3]。陈少华先生认为:"财务会计概念框架实质上是由财务会计中最基本的一系列相互关联的概念组成的一个完整的框架体系,目的在于指导会计准则的制定或者应用。"这些观点无疑受到了IASB、FASB 等的影响,也在很大程度上代表了目前国内大多数会计学者的观点和看法。

目前,中国尚未制定出台概念框架。但按照中国财政部的解释,中国发布的《基本准则》,具有财务会计概念框架的特征。但沈颖玲、汪祥耀仍认为,基本准则替代不了概念框架,待条件成熟后,我国仍需要构建财务会计概念框架[4]。章雁先生在比较美国财务会计概念框架和中国基本准则主要差异的基础上,提出了进

---

①　葛家澍. 建立中国财务会计概念框架的总体设想[J]. 会计研究,2004(1):9–19
②　葛家澍. 会计准则制定中的若干理论问题[J]. 上海会计,1996(5)
③　葛家澍. 中级会计学(上)(第三版)[M]. 北京:中国人民大学出版社,2007(3):28~32
④　沈颖玲、汪祥耀. 构建我国财务会计概念框架的设想[J]. 财会月刊(理论),2007(10)

一步发展基本准则并积极实现由基本准则向财务会计概念框架顺利过渡的建议①。与此不同,俸芳女士则认为,尽管中国许多会计专业工作者也认为概念框架属于理论体系,并通过相关论文发出了构建中国概念框架的呼吁,但中国财政部采取的基本态度是:将类似于概念框架的基本准则界定为用于指导会计准则制定的高层次部门规章,而不是一种理论体系。中国用于指导会计准则制定与实施的概念框架应属于会计准则,而不是一个理论体系。这是由中国会计立法的国情所决定的。中国不需要独立于基本准则的概念框架。用基本准则替代概念框架也许并非是指导具体准则制定与实施的理想选择,但却是现行体制下的一种最优选择。如果要坚持走与国际趋同的中国概念框架构建之路,将涉及对中国会计法的修订和中国现行会计管理体制的改革②。针对这些问题的讨论,无疑将对丰富与完善中国财务会计理论体系发挥重要的影响。

二、概念框架的性质

讨论概念框架性质涉及的主要问题是,概念框架是一个理论体系,还是一项准则? 关于概念框架的性质,陈少华先生认为,财务会计概念框架属于财务会计理论的一部分。财务会计概念框架可以作为制定会计准则的理论基础,用于评估和发展会计准则,但本身不属于会计准则③。这实际上是对财政部看法提出的不同意见。

IASB 认为,其发布的《框架 1989》不是一项准则,而是用来指导解决在准则中没有直接表述的会计问题的。然而在缺乏专门应用于某交易的准则或解释的状况下,IAS 8 要求一项交易在提供和运用会计政策时必须使用其判断标准以保证会计政策所产生的信息是关联和可靠的。为了制定这些判断标准,IAS 8 要求管理当局去考虑在《框架 1989》中提供有关资产、负债、收益和费用的定义、确认标准和计量的概念。

AASB 也认为,框架不属于澳大利亚的会计准则,因而也不作为任何计量和披露的标准。框架中的任何条款都不优先于任何澳大利亚会计准则。

与以上观点不同,财政部认为,中国基本准则类似于 IASB《框架 1989》和FASB 的《财务会计概念公告》,在企业会计准则体系建设中扮演着同样的角色,它

---

① 章雁. 美国财务会计概念框架对发展我国基本准则的启示[J]. 生产力研究,2010(10):
 216 – 217
② 俸芳. 对概念框架理论问题的再思考[A]. 中国会计学会论文集,2014
③ 陈少华. 财务会计研究[M]. 北京:中国金融出版社,2007:3

在整个企业会计准则体系中起着统驭作用。基本准则规范了包括财务报告目标、会计基本假设、会计信息质量要求、会计要素的定义及其确认、计量原则、财务报告等在内的基本问题,是会计准则制定的出发点,是制定具体准则的基础①。

由于英国 FRC 是通过发布的 FRS 102 来体现财务报告概念框架的,表明概念框架也属于财务报告准则的一项构成内容。

需要明确的是,中国的基本准则类似于国际上通用的概念框架,但并不是概念框架。需要进一步讨论的相关问题是:除了基本准则以外,中国是否需要构建自身的概念框架? 中国能否用基本准则替代国际上通用的概念框架? 如果需要构建中国概念框架体系,概念框架的地位如何,与基本准则的关系如何? 等等,针对这些问题的讨论,将对丰富与完善中国财务会计理论体系发挥重要的影响。

三、概念框架的作用

(一)对概念框架作用的一般性认识

一般认为,制定概念框架具有以下作用。

1. 可为分析、评估和指导会计准则的制定提供理论基础

制定与发展会计准则体系,需要有上位法的统驭,或者相关理论的指导。国际准则与美国准则等是由民间会计组织独立承担建设职责,不受相关法律法规的规范与限制,故具有理论指导性质的概念框架的出台,可为民间组织制定各项会计准则提供理论基础。故 FASB 认为,概念公告设立的目标和基本概念,可以为财务会计和财务报告的发展提供依据②。

2. 可以节约财务报告准则的制定成本

IFRS 体系是由若干个既相互独立、又相互联系的具体准则所构成的。与 CAS 体系不同,IFRS 体系中没有统驭全局的基本准则,这样如果再缺乏一个用于指导各准则制定的概念框架理论体系,各准则起草小组在制订准则时,就难免会顾此失彼,难以协调各准则之间的关系,并进一步影响准则的质量。一个科学有效的概念框架体系有助于为制定准则提供指南,协调各准则之间的规范行为,不仅有利于缩短准则制定出台的时间,而且有利于降低制定准则的经济代价。

3. 有助于使用者理解财务报告

现代财务会计是通过编制财务报告来向使用者提供用于经济决策的财务信

---

① 财政部会计司:企业会计准则——基本准则简介[R/OL],2007 - 01 - 25,www. mof. gov. cn
② FASB:Statement of Financial Accounting Concepts No. 8 Conceptual Framework for Financial Reporting[R/OL],2010 - 09,www. fasb. org

息。一个科学有效的概念框架体系有助于增强财务报告提供者与使用者之间的沟通,帮助使用者了解财务报告涉及的一些基本概念与基本原理,理解基于财务报表提供相关财务指标和相关信息的含义和局限性,这对使用者制定经济决策是非常必要的。

4. 有助于抵制利益集团的压力

有了概念框架,财务报告准则的制定就有了明确的方向。由于财务报告准则对财务报告编制的规范涉及不同利益主体或利益集团的切身利益,对此一些有权势的利益集团往往希望通过对财务报告准则制定的影响甚至一定程度的干预,来维护自身的利益。为了使出台的财务报告准则更具有公平性,更能够体现全社会公众而不是少数利益集团的利益,就需要有一个明确的理论体系来予以指导,这有助于在一定程度上减少来自利益集团的批评和压力,以利于达到制定准则体系的目标。

(二)基本准则的作用

财政部认为,《基本准则》具有以下两方面的作用。

1. 统驭具体准则的制定

随着中国经济发展迅速,会计实务问题层出不穷,会计准则需要规范的内容日益增多,体系日趋庞杂。在这样的背景下,为了确保各项准则的制定建立在统一的理念基础之上,基本准则就需要在其中发挥核心作用。基本准则规范了会计确认、计量和报告等一般要求,是准则的准则,它对各具体准则的制定起着统驭作用,可以确保各具体准则的内在一致性。基本准则第三条明确规定,"企业会计准则包括基本准则和具体准则,具体准则的制定应当遵循本准则(即基本准则)"。在企业会计准则体系的建设中,各项具体准则也都严格按照基本准则的要求加以制定和完善,并且在各具体准则的第一条中作了明确规定。

2. 为处理会计实务中出现的、具体准则尚未规范的新问题提供会计处理依据

在会计实务中,由于经济交易事项的不断发展、创新,具体准则的制定有时会出现滞后的情况,一些新的交易或者事项在具体准则中尚未规范但又急需处理。这时,企业不仅应当对这些新的交易或者事项及时进行会计处理,而且在处理时应当严格遵循基本准则的要求,尤其是基本准则关于会计要素的定义及其确认与计量等方面的规定。因此,基本准则不仅扮演着具体准则制定依据的角色,也为处理会计实务中出现的、具体准则尚未做出规范的新问题提供了会计处理依据,从而确保了企业会计准则体系对处理所有会计实务问题的规范作用。

第二节　中国财务会计核算制度中的概念框架内容

中国从 1992 年 11 月开始，先后通过发布《企业会计准则》《企业会计制度》《基本准则》等，开始涉及并规范了概念框架中涉及的相关内容。但最权威并与 IASB《框架 1989》的表述趋同的内容，是体现在《基本准则》中的。在本节中，主要讨论《基本准则》中的概念框架内容。

一、财务会计报告的目标

财务报告的目标定位十分重要，它决定着财务报告应向谁提供有用的会计信息，应当保护谁的经济利益，决定着财务报告所要求会计信息的质量要求，决定着会计要素的确认与计量原则，是财务会计系统的核心与灵魂。基本准则规定，财务报告的目标是向财务报告使用者提供与企业财务状况、经营成果和现金流量等有关的会计信息，反映企业管理层受托责任履行情况，有助于财务报告使用者做出经济决策。这样的表述，与 IASB《框架 1989》中的表述基本是一致的。

财务报告使用者主要包括投资者、债权人、政府及其有关部门和社会公众等。

概括而言，中国企业财务报告的目标是向财务报告使用者提供对制定经济决策有用的信息，并兼有反映受托责任履行情况的要求。其中，满足投资者、债权人决策的要求是会计准则的主要目标，这是与 1992 年 11 月发布的《企业会计准则》中将会计信息应当满足国家宏观经济管理的需要作为首要目标的显著区别，也是我国资本市场的核心定位。

二、会计假设讨论

假设是科学研究中所需的前提设定。对此可以认为，会计假设是会计处理应当明确的前提条件。这些前提条件或者会计假设对交易或事项的会计处理有重要的影响。但既然是假设，就意味着存在着与假设条件不同的可能性。

《基本准则》中界定的会计假设，包括会计主体、持续经营、会计分期和货币计量。我国自 1992 年 11 月 30 日发布的《企业会计准则》中开始明确会计假设的概念和内容以来，这方面的规范基本没有变化。

但这四项会计假设中，真正符合会计假设要求的只有持续经营一项。

持续经营是指在可以预见的将来，企业将会按当前的规模和状态继续经营下去，不会停业，也不会大规模削减业务。在这一假设下，会计确认、计量和报告应以企业持续、正常的生产经营活动为前提。

《基本准则》规定,企业会计确认、计量和报告应以持续经营为前提。可以认为,持续经营假设为企业计提固定资产折旧、确认无形资产摊销等会计处理提供了基本前提。

企业有可能采取的、与持续经营假设不同的经营活动是有期限经营。如果企业实行的是有期限的经营活动,尽管其持有的固定资产的经济寿命有可能比经营期限长,也只能按照经营期限计提折旧。

会计主体、会计分期和货币计量这三项似乎不符合会计假设的基本要求,因为不存在发生其他情况的可能性。

会计主体体现的是对企业会计确认、计量和报告空间范围的限定。按此要求,企业只能对其本身发生的交易或者事项进行会计确认、计量和报告。企业不能对其他会计主体(例如企业股东、债权人、职工等)发生的交易或事项进行确认、计量和报告。所以会计主体不应被界定为一项会计假设。在 IFRS《概念框架 2010》中,采取的是"报告主体"的表述。

会计分期要求将一个企业持续经营的生产经营活动划分为一个个连续的、长短相同的期间,通过按期编报财务报告,及时向财务报告使用者提供有关企业财务状况、经营成果和现金流量的信息。如果不划分会计期间,就无法按照权责发生制的要求确认经营损益和向投资者分配利润。故会计分期也不应被界定为一项会计假设。

会计主体在财务会计确认、计量和报告时只能采取货币计量方式,来反映会计主体的各项生产经营活动。如果采取了其他计量方式,就有可能将会计与统计、计划以及其他管理行为混为一谈。所以故货币计量也不应被界定为一项会计假设。

在理论界,也有一些学者提出了不同的观点。例如戴德明先生等就认为,权责发生制也属于会计核算的基本前提①。

三、会计基础

会计基础包括应计基础(权责发生制)和现金基础(收付实现制)。

(一)收付实现制

收付实现制是指以实际收取或支付现金为标志来确认企业的收入和费用。采用收付实现制,企业如果没有收到现金,不应确认收入;取得了现金,尽管尚未

---

① 戴德明等. 财务会计学[M]. 北京:中国人民大学出版社,2015(8):9

提供产品和服务,同样需要确认为企业的一项收入。没有支付现金,不应确认为企业的费用;支付了现金,不管是否取得了资产或者接受了劳务,都应确认为企业的一项费用。

如果会计核算针对的是从事某项业务或某工程项目在整个寿命周期内的收支情况,可采用收付实现制;如果会计核算只是为了体现会计主体财富的增长变动情况,则收付实现制也算是一个不错的选择。

现金流量表中有关现金流动的信息,是按照收付实现制的要求提供的。

现行体制下,采用收付实现制核算基础的单位,主要是实行预算会计核算的行政单位和事业单位。

(二)权责发生制

权责发生制是指以实际取得的收取现金的权利或者实际确认的支付现金的责任为标志来确认企业的收入和费用。对此,是否确认收入和费用,与企业是否收到或者支付了现金没有必然联系。"应收账款""应收票据""预付账款""存货"等资产类科目,以及"应付账款""应付票据""预收账款"等负债类科目,就成为与权责发生制核算基础相关的会计科目。

19世纪中叶逐步开始的"所有权与经营权的分离"产生了分期确认损益以适应分期向投资者分配利润的需要。不可否认,只有权责发生制才有利于满足这一核算要求。对此尽管伴随着会计信息失真、会计舞弊等现象的逐步披露从而导致会计学界的一些学者对权责发生制颇有微词,但在现阶段权责发生制仍具有难以撼动的主体地位。

《基本准则》中规定的企业会计核算基础是权责发生制。除了编制现金流量表所需的信息以外,企业应采用权责发生制核算与提供编制其他财务报表所需的资料和财务数据。

四、会计要素及其确认和计量

(一)会计要素

会计要素是根据交易或者事项的经济特征对所确定的财务会计对象的基本分类,它既是会计确认和计量的依据,也是确定财务报表结构和内容的基础。

《基本准则》规定,我国企业会计要素按照其性质分为资产、负债、所有者权益、收入、费用和利润。其中,资产、负债和所有者权益要素侧重于反映企业的财务状况,收入、费用和利润要素侧重于反映企业的经营成果。

会计要素的界定和分类使财务会计系统更加科学严密,并可为使用者提供更加有用的信息。

利润是否属于一个独立的会计要素值得商榷。利润是指企业在一定会计期间的经营成果,在利润表中体现为收入减去费用后的净额;利润的计量取决于收入和费用的计量。在资产负债表中,除了利润分配以外,利润计入了所有者权益。这意味着利润要素并不独立存在。伴随着企业会计准则体系的发展和完善,利润要素将被逐步淡化并有可能被取消。

《基本准则》还引入了利得和损失的概念,来体现企业非日常活动形成或发生的经济利益的流入或流出。利得和损失划分为直接计入所有者权益的利得和损失,以及计入当期损益的利得和损失。有必要关注利得和损失的具体构成内容。

(二)会计要素确认和计量

《基本准则》中分别规范了各会计要素确认的条件。

会计要素计量划分为初始计量和后续计量。但《基本准则》中主要规范的是会计计量属性。

《基本准则》中规定的会计计量属性,包括历史成本、重置成本、可变现净值、现值和公允价值。同时规定,企业在对会计要素进行计量时,一般应采用历史成本;采用重置成本、可变现净值、现值、公允价值计量的,应保证所确定的会计要素金额能够取得并可靠计量。

2014 年 1 月 26 日财政部印发的 CAS 39 中对公允价值的定义是:公允价值,是指市场参与者在计量日发生的有序交易中,出售一项资产所能收到或者转移一项负债所需支付的价格。2014 年修订后的《基本准则》中规定:"在公允价值计量下,资产和负债按照市场参与者在计量日发生的有序交易中,出售资产所能收到或者转移负债所需支付的价格计量。"这与 IFRS 13 中对公允价值的定义基本上保持了一致。

五、会计信息质量要求

财政部认为,会计信息质量要求是对企业财务报告中所提供会计信息质量的基本要求,是使财务报告中所提供会计信息对使用者决策有用应具备的基本特征。在 1992 年出台的《企业会计准则》中,会计信息质量要求曾被表述为"会计核算的一般原则";在 2000 年 12 月出台的《企业会计制度》中,采取的是"会计核算基本原则"的表述。

《基本准则》涉及的会计质量特征,包括可靠性、相关性、可理解性、可比性、实质重于形式、重要性、谨慎性和及时性①,与 IASB《框架 1989》中的表述基本一致。

---

① 财政部会计司:企业会计准则——基本准则简介[R/OL],2007 - 01 - 25,www.mof.gov.cn

针对未来的不确定性,谨慎性强调的是"做最坏的会计处理准备"。按照谨慎性或稳健性的要求,从 1992 年开始明确了计提应收账款坏账准备和存货跌价准备的会计处理规定;并随后将计提资产减值准备的要求扩大到固定资产、无形资产、在建工程、可供出售金融资产等资产项目。

与"谨慎性"相适应的计量要求是历史成本法和摊余成本。

但《基本准则》中明确的"公允价值"计量属性实际强调的是"中性",这与"谨慎性"的要求并不不符。

六、财务会计报告

财务会计报告包括会计报表及其附注和其他应当在财务会计报告中披露的相关信息和资料。会计报表至少应当包括资产负债表、利润表、现金流量表等报表。

《小企业会计准则》发布后,小企业编制财务报表执行《小企业会计准则》的规定。

《基本准则》突出了附注的作用,将附注作为财务报表的有机组成部分,要求企业在附注中对重要的报表列示项目以及未能在这些报表中列示项目作有关说明,以更加全面、系统地反映企业财务状况、经营成果和现金流量的全貌,有助于使用者做出更加科学合理的决策。此外还规定,财务报告还应当包括除财务报表之外的其他相关信息,具体可以根据有关法律法规的规定和外部使用者的信息需求而定。

与以前的表述相比,《基本准则》不再要求编制"财务情况说明书",但规定财务会计报告应当包括"其他应当在财务会计报告中披露的相关信息和资料"。

第三节　有关国家的财务会计概念框架

一、美国财务会计概念框架

美国从 20 世纪 70 年代开始发布对财务会计概念框架的研究成果。到 2017 年底为止,共发布了 8 项财务会计概念公告。

美国财务会计概念框架的主要内容如下。

(一)关于财务报告的目标

FASB 在 1978 年 11 月通过发布《财务会计概念公告第 1 号:企业财务报告的

目标》,明确了企业财务报告目标的概念。

FASB 在 1980 年 12 月通过发布《财务会计概念公告第 4 号:非企业组织财务报告的目标》,明确了非企业组织财务报告目标的概念。

2010 年 9 月 28 日 FASB 发布了《概念公告第 8 号:财务报告概念框架》。其中的第一章《通用财务报告的目标》替代了概念公告第 1 号。

(二)关于有用财务信息质量特征

FASB 在 1980 年 5 月通过发布《财务会计概念公告第 2 号:会计信息质量特征》,明确了会计信息质量特征的概念。

2010 年 9 月 28 日 FASB 发布了《概念公告第 8 号:财务报告概念框架》。其中的第三章《有用财务信息的质量特征》替代了概念公告第 2 号。

该公告将质量特征划分为基本质量特征和增强性质量特征。基本质量特征包括相关性和忠实表达两个质量特征;增强性质量特征包括可比性、可验证性、及时性和可理解性,与 IASB《概念框架 2010》中的表述是一致的。

(三)关于财务报表要素

FASB 在 1980 年 12 月通过发布《财务会计概念公告第 3 号:企业财务报表要素》,明确了企业财务报表要素的概念。

FASB 在 1985 年 12 月发布了《财务会计概念公告第 6 号:财务报表要素》,替代了概念公告第 3 号,并对概念公告第 2 号的内容进行的修改。

(四)关于企业财务报表的确认和计量

FASB 在 1984 年 12 月通过发布《财务会计概念公告第 5 号:企业财务报表的确认和计量》,明确了企业财务报表确认和计量的要求。

FASB 在 2000 年 2 月通过发布《财务会计概念公告第 7 号:在会计计量中使用现金流量信息和现值》,对这一特殊计量事项做出了界定。

二、英国财务报告理事会概念框架

英国财务报告理事会(FRC)于 2015 年 9 月发布的 FRS 102 修订版第二部分:"概念和普遍原则"中涉及的有关概念框架的主要内容如下。

(一)财务报表的目标

财务报表的目标是向广泛领域里的用户提供对决策有用的有关企业财务状况、业绩和现金流动等信息。财务报表也体现有关受托管理责任的结果。

(二)财务报表信息质量特征

在 FRS 102 中列举的质量特征,包括可理解性、相关性、重要性、实质重于形式、稳健、完整性、可比性、及时性、效益与成本平衡等。

FRS 认为,财务信息产生的效益,应当超过为提供这些信息发生的成本。需要进一步考虑的问题是,享有财务信息效益的往往是广阔领域里的外部用户,而这些用户也许并不需要负担提供财务信息的成本。

(三)财务状况

财务状况是指在财务状况表中列报的某特定日期的资产、负债和权益之间的关系。FRS 102 中对资产、负债和权益进行了定义。这些定义与 IASB 概念框架中的定义基本一致。

在财务状况表中确认的权益,可划分为股东投入的权益、保留盈余和确认为其他综合收益的利得或损失。满足定义和确认条件的资产、负债和权益才能在财务状况表中确认。

(四)经营业绩

经营业绩是指报告期企业收益和费用的关系。FRS 允许企业编制一张反映业绩的财务报表(综合收益表)或两张财务报表(利润表和综合收益表)。

FRS 102 将收益定义为"报告期经济利益的增加,可具体表现为资产的流入或增加,负债的减少"。收益将导致权益的增加,但不包括权益投资者的投入。

FRS 102 将收益划分为收入和利得:(1)收入是指企业正常活动中产生的收益,包括销售收入、收费收入、利息收入、股利收入、使用费收入、租金收入等;(2)利得是指符合收益定义但不属于收入的其他项目。利得需要在综合收益表中单独列报。

(五)资产、负债、收益和费用的确认

FRS 102 认为,确认是将符合定义和确认条件的资产、负债、权益、收益和费用计入财务状况表和综合收益表的过程。

应满足的确认条件有:(1)与该项目有关的未来经济利益很有可能流入或流出企业;(2)该项目具有能够可靠计量的成本或价值。

(六)资产、负债、收益和费用的计量

FRS 102 认为,计量是指确定计入财务报表中的资产、负债、收益和费用的货币金额的过程。计量涉及对计量基础的选择。计量不同的资产、负债、收益和费用需要采用不同的计量基础;历史成本和公允价值是两种通用的计量基础。

(七)普遍确认与计量原则

FRS 102 要求企业按照 IASB 概念框架和欧盟采纳的 IFRS 中的普遍原则来确认和计量资产、负债、收益和费用。

(八)应计基础

企业应采用应计基础编制财务报表,现金流量表除外。采用应计基础,企业应当在满足其定义和确认条件时确认资产、负债、权益、收益和费用。

（九）财务报表确认

该部分内容具体涉及对资产、负债、收益、费用、综合收益和损益确认的具体要求。

按其要求，除了企业合并中被合并方的或有负债以外，企业不应将或有负债确认为一项负债。

（十）初始计量

按其要求，企业应当按照历史成本对资产和负债进行初始计量。按照 FRS 的要求应当以其公允价值或其他计量基础计量的除外。

（十一）后续计量

该部分内容具体涉及对金融资产和金融负债、非金融资产、除了金融负债的其他负债等的后续计量要求。

三、澳大利亚会计准则理事会概念框架

（一）澳大利亚财务会计概念框架的产生与发展

澳大利亚财务会计概念框架的研究从 1987 年开始起步。在 20 世纪 80 年代至 90 年代，澳大利亚会计研究基金会曾先后发布了四个会计概念公告，初步形成了澳大利亚的会计概念框架体系。四个公告的内容如下：

会计概念公告第 1 号：报告主体的定义。

会计概念公告第 2 号：通用财务报告的目标，1990 年 8 月发布。

会计概念公告第 3 号：财务信息质量特征，1990 年 8 月发布。

会计概念公告第 4 号：财务报表要素的定义和确认，1995 年 3 月发布。

按照澳大利亚会计准则与国际财务报告准则趋同的发展要求，AASB 在 2004 年 7 月发布了《财务报表编制与列报框架》，与 IASB 的《框架 1989》保持了趋同。2007 年 9 月 24 日和 2007 年 12 月 13 日进行了修订编纂，于 2009 年 1 月 1 日开始的会计年度生效。按照 IASB 于 2010 年 9 月发布的概念框架，AASB 于 2013 年 12 月 20 日和 2014 年 6 月 4 日两次对该框架进行了修订和编纂。最新修订编纂的版本从 2014 年 7 月 1 日开始的会计年度起施行。

（二）AASB 概念框架的主要内容

修订后《框架》的主要内容如下。

1. 引言

在引言部分，明确了发布《框架》的目的和适用范围，并说明《框架》不是一项准则。如果《框架》的内容与准则有矛盾，应执行准则的规定。《框架》的主要作

用,是指导准则的制订。伴随着时间的推延,将逐步消除《框架》与准则之间的差异。

2. 标的假设

伴随着应计基础的取消,《框架》中涉及的标的假设只有一个:持续经营。

3. 财务报表要素

涉及的主要内容有:(1)与财务状况相关的要素。与财务状况相关的要素是资产、负债和权益。《框架》中对资产、负债和权益的概念进行了定义。(2)与经营业绩相关的要素。与经营业绩有关的要素是收益和费用。《框架》中对收益和费用的概念进行了定义。(3)资本保全调整。

4. 财务报表要素的确认

《框架》中明确了报表要素确认的一般条件;对未来经济利益的可能性以及计量可靠性进行了说明;并明确了资产、负债、收益和费用等要素的确认要求。

5. 财务报表要素的计量

主要内容是计量基础的选择。涉及的计量基础包括历史成本、现行成本、可实现(清算)价值和现值。

6. 资本与资本保全的概念

涉及的主要内容有:(1)资本的概念。资本的概念划分为财务资本和实物资本。(2)资本保全的概念和利润的确定。资本保全划分为财务资本保全和实物资本保全。财务资本保全和实物资本保全对利润的确定有重要的影响。

《框架》附录属于《框架》的组成部分。附录主要讨论了目标与质量特征。其中的第一章讨论了通用财务报告的目标;第三章讨论了有用财务信息的质量特征。

第三章中涉及的质量特征包括基本质量特征和增强性质量特征。

基本质量特征包括相关性和忠实性表达。其中,与相关性有关的概念是重要性。

增强性质量特征包括可比性、可验证性、及时性和可理解性。

第四节　国际财务报告准则理事会概念框架的主要内容

2010 年 9 月 28 日,IASB 发布的《概念框架 2010》,主要涉及以下内容:(1)财务报告的目标;(2)有用财务信息的质量特征;(3)报告主体;(4)构成财务报表要素的定义、确认和计量;(5)资本的概念和资本保全

IASB 于 2015 年 7 月 18 日发布了《财务报告概念框架（征求意见稿）》。其中包括第一章"通用财务报告的目标"、第二章"有用财务信息质量特征"、第三章"财务报表与报告主体"、第四章"财务报表要素"、第五章"确认与终止确认"、第六章"计量"、第七章"列报与披露"和第八章"资本与资本保全的概念"。

一、财务报告的目标

IASB 采用的是"财务报告目标"的表述，并在《概念框架 2010》的第一章，具体讨论了通用财务报告的目标。

IASB 认为，通用财务报告的目标是：为目前和潜在的投资者、贷款人和其他债权人提供对决策有用的有关报告主体的财务信息，这些决策是为向该主体提供资源而制定的。

这表明了以下两层含义：（1）财务报告提供的财务信息是对目前和潜在的投资者、债权人等报告使用者制定经济决策有用的财务信息；（2）这些经济决策涉及的主要内容，是如何向提供财务信息的报告主体提供经济资源。与报告主体无关的经济决策所需的信息，报告主体的财务报告没有必要提供。

IASB 指出，通用财务报告不能提供使用者制定经济决策所需的所有信息，对此有必要通过其他渠道获取相关信息。

很显然，IASB 采纳的是决策有用观。

二、报告主体

IASB 采用了"报告主体"的表述。《概念框架 2010》第二章涉及的主要内容是报告主体，但其内容到 2017 年底尚未正式发布。

IASB 曾在 2010 年 3 月发布了《报告主体》的征求意见稿，并提出该部分内容正式发布后将构成第二章的内容。其中对报告主体的界定是："报告主体是现有及潜在权益投资者、贷款人及其他资源提供者所关注的经济活动的特定领域，而且这些资源提供者不能直接获得是否需要向企业提供资源和这些资源是否被管理层有效利用的决策有用的信息。"

充分考虑了国际学术界一些专家的意见和建议，IASB《财务报告概念框架（征求意见稿）》中将报告主体重新界定为"选择或者被要求编制通用财务报表的主体"。按其解释，报告主体可以不是一个法律主体而是一个法律主体的一部分，或者由两个或以上主体所构成。

IASB 提出，由两个或者两个以上的不具有母子控制关系的主体联合编制的财务报表，属于汇总财务报表。

科学界定报告主体的边界,是报告主体理论的重要内容。

三、标的假设

《框架1989》中曾讨论的标的假设,包括权责发生制和持续经营;但没有涉及会计主体(或报告主体)、会计分期、货币计量等会计假设。这也许是我国的一些学者也提出权责发生制属于会计假设的重要原因之一。

但《概念框架2010》中涉及的标的假设,只有持续经营假设一项。没有再将权责发生制视为一项标的假设。

IASB有关持续经营假设的表述是:财务报表假设企业将持续经营。如果这一假设不正确,需要进行披露并采用不同的报告基础。

看来《概念框架2010》的表述更为科学一些,确实只有持续经营符合会计假设的基本特征。

IASB《财务报告概念框架(征求意见稿)》第三章中的财务报表部分,也只界定了持续经营假设。IASB认为,框架基于了报告主体能够在可预计的未来持续经营的假设,即报告主体既不打算也不需要清算或停止经营。如果报告主体打算或需要清算或者停止经营,则需要采取不同的基础编制财务报表并将其在财务报表中披露。

四、有用财务信息的质量特征

《概念框架2010》的第三章,具体讨论了有用财务信息的质量特征。

关于有用财务报表的质量特征,IASB认为,质量特征是指使财务报表提供的信息对使用者有用的那些属性。

《框架1989》中界定了可理解性、相关性、可靠性和可比性四个质量特征,同时提出重要性和及时性是相关性的组成部分;并在可靠性中引入稳健的理念。

相比较之下,《概念框架2010》认为,有用财务信息的质量特征包括基本质量特征和增强性质量特征。

财务信息如果是相关的并且能够忠实地予以表达其内容,则该财务信息就是有用的财务信息;如果这些财务信息同时还是可比的、可验证的、及时的以及可理解的,则这些财务信息的有用性就增强了。

(一)基本质量特征

《概念框架2010》中界定的基本质量特征是相关性和忠实性表达。其中,重要性和计量不确定性被认为是相关性的重要方面。

IASB实际上是用忠实表达替代了可靠性这一质量特征。IASB删除"可靠性"的主要原因,是认为可靠性这一概念并没有直接表达出它意图表达的含义;可靠性的含义比较复杂而且不够准确,容易产生理解上的歧义;容易与可验证性等质量特征产生混淆。

IASB 认为,如果信息是有用的,必须是相关的并需要忠实地予以表达。

要完全做到忠实表达,应体现完整、中性和无差错三个特征。其中的"无差错"并非意味着要求对外报告的财务信息必须是准确无误的,而是主体应当对自身的选择做出准确无误的解释和说明。

(二)增强性质量特征。

《概念框架 2010》中界定的增强性质量特征包括可比性、可验证性、及时性和可理解性。

IASB 认为,可比性、可验证性、及时性和可理解性是有助于增强具有相关性和可忠实表达的信息有用性的质量特征。

与《框架 1989》相比,《概念框架 2010》中不再采用"稳健性"的主要理由,是因为稳健性与中性的要求是矛盾的。中性质量特征要求财务报告提供的信息不应当带有倾向性,不应当被主观地予以强化或者弱化。但 IASB 也承认,目前多个具体准则(例如资产减值准则)中仍在体现对稳健性的应用。故目前 IASB 也在考虑再次强调稳健性的可能性。

五、财务报表构成要素

IASB 在其概念框架中,将财务报表要素划分为反映财务状况或资产负债表要素(资产、负债和权益),以及反映业绩或利润表的要素(收益和费用)。

(一)资产

资产是指由于过去事项的结果而由主体控制的、预期会导致未来经济利益流入主体的一种资源。

鉴于在讨论中 IASB 倾向于认为资产必须能够产生经济利益的流入,故在《财务报告概念框架(征求意见稿)》中将资产的定义调整为:"资产是由过去事项形成的,主体所控制的现时经济资源,经济资源是具有产出经济利益潜在能力的权利。"

(二)负债

负债是指由于过去事项而承担的一种现实义务,该义务的履行预期会导致含有经济利益的资源流出主体。

鉴于在讨论中 IASB 倾向于认为负债必须能够导致经济利益的流出,故在《财务报告概念框架(征求意见稿)》中将负债的定义调整为:"负债是过去事项形成的,主体所承受转移经济资源的现时义务。"

（三）权益

权益是指主体资产在扣除企业全部负债后的一种剩余利益。

权益索取权是指对剩余利益的索取权。权益索取权包括对股利的索取权利、对清算时剩余资产的索取权利和其他权利。普通股股东、优先股股东、确认为一项权益工具的永续债持有者等也许拥有不同的权益索取权。权益索取权是通过有关法律法规、合同等方式予以规定或约定的。

IASB 采取权益,而不是所有者权益的表述,有必要引发对这两个概念是否存在区别的思考。例如,如果将符合条件的永续债确认为一项所有者权益,是否意味着永续债的持有人属于所有者?

（四）收益

收益是指会计期间内经济利益的增加,其形式表现为因资产流入、资产增加或是负债减少而引起的权益增加,但不包括与权益参与者出资有关的权益增加。

由于收益不局限于日常活动,故 IASB 对收益的界定意味着计入其他综合收益的利得也属于收益的范畴。

（五）费用

费用是指在会计期间经济利益的减少,其形式表现为因资产流出、资产折耗或是产生负债而导致的权益减少,但不包括与权益参与者分配有关的权益减少。

由于费用也不局限于日常活动,故 IASB 对费用的界定也意味着计入其他综合收益的损失属于费用的范畴。

六、财务报表要素的确认和终止确认

（一）确认

关于财务报表要素的确认,IASB 指出:确认是指将满足要素定义和以下确认标准的项目列入资产负债表或损益表的过程:与该项目有关的任何未来利益可能会流入企业或流出企业;该项目的成本或价值能够可靠计量。

1. 资产的确认

如果一项资产的未来经济利益很有可能流入企业,并且其成本或价值能够可靠地加以计量,则应在资产负债表中确认该项资产。

2. 负债的确认

如果由于一项现时义务的履行,含有经济利益的资源很有可能流出企业,并且其结算金额能够可靠地加以计量,则应在资产负债表中确认该项负债。

3. 收益的确认

如果与资产的增加或负债的减少相关的未来经济利益的增加已经发生,并且能够可靠地加以计量,则应在收益表中确认收益。这实际意味着,在确认收益的同时,也要确认资产的增加或负债的减少。

4. 费用的确认。

如果与资产的减少或负债的增加相关的未来经济利益的减少已经发生,并且能够可靠地加以计量,则应在收益表中确认费用。这意味着,在确认费用的同时,也要确认资产的减少或负债的增加。

(二)终止确认

终止确认是指将原确认为一项资产或者负债的全部或一部分从财务状况表中移除的行为。

终止确认的主要原因,是由于一些交易或事项的发生,使得原确认为一项资产或负债的项目丧失或不再具备确认的条件。例如主体丧失了对原确认的一项资产的控制权;主体不再承担原确认一项负债的偿还义务;等等。

七、财务报表要素的计量

(一)计量属性的选择

关于财务报表要素的计量,IASB 采取了计量基础的表述,并对计量所做的定义是:计量是指为了在资产负债表和收益表中确认和列示有关财务报表的要素而确定其货币金额的过程。这一过程涉及具体计量基础的选择。IASB 讨论了历史成本、现行成本、可变现(结算)价值、现值等四种计量基础,但没有涉及公允价值计量基础。

IASB 认为,历史成本仍然是编制财务报表时最常用的计量基础。虽然它有时也可以与其他的计量基础结合使用。此外,有些企业为了处理非货币资产价格变动的影响,还采用了现行成本基础,以弥补历史成本会计模式的不足。

20 世纪 90 年代以后,伴随着一些新准则的发布和对现行准则的修订,越来越多的会计要素计量采取了公允价值计量基础。这也许是 IASB 选择用"中性"替代"稳健性"的重要原因之一。

2011 年 5 月 12 日,IASB 发布了 IFRS 13,成为最新的有关公允价值计量的会计规范。

在 IFRS 13 中对公允价值进行了界定,建立了单一的计量公允价值的国际财务报告准则框架,并对公允价值计量披露提出了要求。

IFRS 13 对公允价值的定义是:公允价值是指市场参与者在计量日发生的有

序交易中,出售一项资产所能收到或转移一项债务所需支付的价格。

《财务报告概念框架(征求意见稿)》中将计量基础划分为历史成本和现行价值两个类别。

历史成本计量基础中包括了现行成本的概念。IASB 认为,现行成本和历史成本都属于取得价值,不同于现行价值计量基础。

现行价值包括公允价值、资产的使用价值和债务履约价值。资产的使用价值是指主体打算持续使用资产预期产生的现金流量的现值;债务履约价值是指主体打算偿还债务所预期产生的现金流量的现值。

八、资本和资本保全的概念

(一)资本的概念

资本保全的概念关系到主体如何定义力求保全的资本。因为它提供了计量利润的参照点,从而也就规定了资本概念和利润概念的联系。它是区别主体资本回报和资本回收的前提。资产的流入必须大于保全资本所需的金额,才可以作为利润。也才可以作为资本回报。利润是从收益中扣除费用(包括适当的资本保全调整)以后的余额。如果费用大于收益,这一余额就是亏损。

IASB 认为,绝大多数主体在编制财务报表中采纳了财务资本的概念。按照财务资本的概念,资本体现为主体的净资产或权益;按照实物资本的概念,资本被界定为主体的生产能力。

(二)资本保全的概念和利润的确定

1. 财务资本保全

在财务资本保全概念下,扣除该期间业主的投入以及向业主的分配,如果主体期末净资产的货币金额超过了期初净资产的货币金额,就意味着赚取了利润。

2. 实物资本保全

在实物资本保全概念下,扣除该期间业主的投入以及向业主的分配,如果主体期末的实物生产能力或经营能力超过期初的实物生产能力或经营能力,就意味着赚取了利润。

资本保全的概念关注的是主体如何界定自身的资本得以保全。

实物资本保全理念的提出,主要源于 20 世纪 60 年代至 20 世纪 90 年代初期在英美等主要西方国家出现的通货膨胀问题。自 20 世纪 90 年代初期以来,伴随着通货膨胀问题在主要发达国家的有效遏制,有关实物资本保全问题的讨论在逐步淡化。

IASB 承认,在为数不多的情况下,《概念框架》和具体国际会计准则之间可能存在矛盾。在存在矛盾的情况下,具体国际会计准则高于《概念框架》。然而,由于理事会在制定新准则和审议现有准则的过程中,将受到《概念框架》的指引,《概念框架》和具体国际会计准则之间的矛盾情况将随着时间的推移而减少,《概念框架》将以 IASB 的工作积累为基础不断地进行修订。

本章小结

财务报告概念框架是现代会计的一个重要领域。IASB、FASB、AASB 等会计组织均将概念框架视为在制定会计准则的理论基础并对制定与修改会计准则发挥指引作用。与此不同,中国财政部发布的基本准则,虽然具有类似概念框架的特征并主要涉及的是概念框架中的具体内容,却不是理论基础,而是一项层次高于具体准则的制度规范。概念框架(或基本准则)中涉及(或规范)的主要内容有:财务报告(财务会计)目标、财务报告主体、会计假设、财务报告信息质量特征、财务报告要素、财务报告要素确认与计量、财务报告构成、资本保全等。

第三章

资产确认、计量与报告（一）

资产是资产负债表构成要素。有关资产的确认、计量和报告的讨论，是现代财务会计理论的重要组成部分。除了对资产的定义、确认和报告的一般要求外，对资产各具体组成部分，包括存货、投资性房地产、固定资产、无形资产、金融资产等的确认、计量和报告的规范，是通过各相关具体准则进行的。在本章中，主要结合概念框架以及各具体准则中对各资产项目的确认、计量和报告规范的具体内容，侧重于讨论金融资产的确认、计量和报告的理论与方法。

第一节　资产概述

资产概述部分的主要内容，是讨论资产的定义、确认、计量、报告等事项。其中，有关资产的定义、确认和计量，在 CAS 体系中，是通过基本准则进行规范的；在 IFRS 体系内，是通过财务报告概念框架予以明确的。

一、资产的界定

（一）国际财务报告概念框架中对资产的界定

IASB 发布的《概念框架 2010》中对资产的定义是：资产是指由于过去事项的结果而由主体控制的、预期会导致未来经济利益流入主体的一种资源。

该定义的重要意义之一在于：企业确认的资产，重在企业可以控制，并不强调在法律形式上对资产拥有所有权。

例如，企业采取融资租赁方式取得的设备或建筑物，需要确认为企业的一项资产，但企业并非在法律上拥有其所有权；相反，虽然以融资租赁方式出租的固定资产，出租人企业仍在法律形式上保留了其所有权，但在会计上需要进行终止确认的账务处理。

该定义的重要意义之二在于：资产预期会导致未来的经济利益流入主体。对此,最科学计量资产价值的方法应当是现值法,即根据使用该项资产在未来预期获得的现金流入量的现值来确定该项资产的价值。

(二)中国企业会计准则中对资产的界定

1992 年 11 月 30 日财政部发布的《企业会计准则》中对资产的定义是:资产是企业拥有或者控制的能以货币计量的经济资源,包括各种财产、债权和其他权利。

2000 年 12 月印发的《企业会计制度》中对资产的定义是:资产,是指过去的交易、事项形成并由企业拥有或者控制的资源,该资源预期会给企业带来经济利益。这与国务院 2000 年 6 月 21 日公布的《企业财务会计报告条例》(国务院令第 287号)中对资产的定义是完全一致的。

《基本准则》中对资产的定义是:资产是指企业过去的交易或者事项形成的、由企业拥有或者控制的、预期会给企业带来经济利益的资源。

通过比较可以看出,中国企业会计准则与 IASB 概念框架在对资产定义上的主要区别:是否强调了对资产的拥有。

葛家澍先生曾经提出,关于"拥有"和"控制"问题可以不必两者同时并提,只要企业能够控制该资源或权利,就拥有最主要的使用权和处置权,就能使未来的经济利益流入企业,成为企业的资产[1]。

预期会给企业带来经济利益或导致经济利益流入企业,是把握一项资源是否符合资产定义的关键点。

(三)对资产概念的讨论

1. IASB 对修改资产定义的建议

针对一些对资产定义的误解,IASB 认为仍有必要明确以下观点:(1)资产是标的资源,而非经济利益的最终流入。(2)资产必须能够带来经济利益的流入,这些流入可以是不确定的。

对此 IASB 提出的修改后的资产定义的建议如下:(1)资产是过去事项形成的由主体控制的现实经济资源;(2)经济资源是一项权利或者能够带来经济利益的其他有价值资源。

IASB 认为,资产的定义不应当保留"预期"流入的概念;资产必须能够产生未来经济利益[2]。IASB 在 2015 年 5 月 18 日发布的《财务报告概念框架(征求意见稿)》中仍基本保留了该定义。

---

① 葛家澍. 建立中国财务会计概念框架的总体设想[J]. 会计研究,2004(1),12

② IASB:A Review of the Conceptual Framework for Financial Reporting [R/OL], July 2013, www. ifrs. org

2. 对长期待摊费用会计处理的思考

在一些西方国家财务会计学教科书中,长期待摊费用是一个与权责发生制相关的费用归集科目,但是在 IAS 1 中,长期待摊费用并非财务状况表的列报项目。在 CAS 30 应用指南中设定的资产负债表中,具有长期待摊费用这一资产项目;在《会计科目及主要账务处理》中,明确了"长期待摊费用"的会计科目及其核算内容。2017 年 12 月 25 日,财政部印发的《财政部关于修订印发一般企业财务报表格式的通知》(财会[2017]30 号)中的资产负债表项目,仍保留了长期待摊费用。可以认为,与 20 世纪 90 年代曾使用的"递延资产"科目以及《股份有限公司会计制度》和《企业会计制度》中设置的"长期待摊费用"科目的核算内容相比,财政部虽然仍允许在资产负债表中列报长期待摊费用项目,但对"长期待摊费用"科目的核算内容有着越来越严格的限定。

在企业会计核算实务以及在资产负债表中列报的长期待摊费用,往往具有比规定更广泛的核算内容。

不可否认,长期待摊费用核算的内容实际上是指尚未摊销计入损益的支出;这些未摊销的支出不可能产生任何未来流入企业的经济利益,因而长期待摊费用项目似乎并不符合资产的定义和确认条件。

但核算长期待摊费用确实符合权责发生制以及收入与费用配比的要求。如果一项支出产生的效益能够递延到未来若干会计期间,就没有理由要求将该项支出全部计入当期损益。

也许有必要通过设置"长期待摊费用"科目来核算长期待摊费用;但在资产负债表中,将长期待摊费用作为所有者权益的备抵项目也许比列示为一项资产更符合准则的规定。

3. 针对一些特殊资产概念的初步讨论

(1)环境资产。在环境会计的学术研究中,一些学者提出了环境资产的概念,以及将环境资产计入资产负债表的设想[①]。但如果企业持有某项环境保护资源的主要作用是为了改善环境条件,也许不会实质性地导致经济利益流入企业,这样的经济资源,似乎并不符合资产的定义和确认条件。

(2)人力资源资产。在人力资源会计的学术研究中,一些学者也提出了将人力资源确认为企业一项资产的设想[②]。但企业似乎既无法"拥有人力资源",也不能"取得了对人力资源的控制权",这意味着人力资源似乎也不符合资产的定义和

---

① 李端生等.会计理论研究[M].北京:中国财政经济出版社,2007(1),404
② 李端生等.会计理论研究[M].北京:中国财政经济出版社,2007(1),486

确认条件。

这些问题仍有必要通过进一步深入研究来予以明确。

以上讨论的前提条件,是认为人力资源会计、环境会计等属于财务会计体系中的专门会计研究领域。如果将人力资源会计、环境会计等视为与财务会计并驾齐驱、相对独立的会计学科,则这些讨论超出了本书的范围。

二、资产的特征

符合定义的资产一般具有以下基本特征。

(一)资产是能够带来未来经济利益的经济资源

企业的资产应当能够给企业带来未来的经济利益;无法带来未来经济利益的经济资源,不符合资产的定义。对此,可以采用收益现值法,根据能够带来未来经济利益的多少及其时间分布,对资产的价值进行初始计量。

企业发生的存货盘亏,在未明确责任以前,计入"待处理财产损溢"科目;但"待处理财产损失"不能带来未来的经济利益,所以需要在会计期末处理完毕,不能在资产负债表上确认为一项资产①。

待摊费用、长期待摊费用等费用性项目虽然属于权责发生制的产物,但由于不能带来未来的经济利益,故不应在资产负债表中确认为一项资产。

(二)资产应当由特定主体所控制,但并非需要拥有

一般认为,拥有某项资产意味着企业取得了该项资产的所有权,取得了占有、使用、收益和处分该项资产的权利,也意味着企业控制了该项资产。

但在一定条件下企业对某项资产的所有权有可能与其控制权相分离。对于企业拥有却无法控制的资产,意味着企业实际上已丧失了(或者暂时丧失了)使用、收益和处分该项资产的权利。

"控制"某项资产意味着在合同约定的控制期间,控制方取得了被控制资产使用和收益的权利。但控制也许并不意味着取得了被控制资产的处分权利。

IASB 概念框架中对资产的定义只强调了"控制",意味着更关注企业是否取得了该项资产的使用权和收益权。

按照 CAS 21(2018)的规定,企业通过租赁方式取得的设备,由于取得了在租赁协议约定期限内的使用权和控制权,对此应当确认为企业的一项资产(使用权资产)。但无可置疑,企业并未在法律形式上取得其所有权。

相比较之下,融资租赁公司采取融资租赁方式将本企业的固定资产对外出

---

① 财政部会计司编写组. 企业会计准则讲解 2006[M]. 北京:人民出版社,2007:9

租,虽然在法律形式上仍保留了其所有权,但由于转移了在租赁协议约定期限内的使用权和控制权,对此需要终止确认该项固定资产。

（三）资产由过去的交易或者事项所产生

过去的交易或事项是指报告期发生的交易或事项。只有由于过去的交易或事项形成的资产,才应当在财务报表中列报。有可能在未来获得的资产,例如捐赠人承诺在未来某特定期间内捐赠给企业的资产,不能界定为企业的资产。

三、资产的分类

（一）有形资产与无形资产

按照 IAS 38 和 CAS 6 中对无形资产的定义,除了货币性资产以外,有形资产和无形资产的主要区别在于是否具有实物形态。对此可以认为,无形资产一般包括商誉、专利权、商标、特许权、研究与开发费用、自然资源开采权等。

由于 IAS 38 和 CAS 6 中定义的无形资产,是指可辨认非货币性资产,而商誉具有不可辨认性;所以商誉不属于无形资产准则中界定的无形资产。《中华人民共和国企业所得税法实施条例》（国务院令第 512 号）、《资产评估准则——无形资产》（中评协［2017］37 号）中均将商誉界定为不可辨认的无形资产。在一些执行IFRS 的西方国家企业的财务报表中（例如本章案例 3 - 1 和案例 3 - 2 中分别讨论的意大利 ASTM 公司和法国 VINCI 集团的资产列报）,也一律将商誉界定为无形资产。对此财政部将商誉在资产负债表单独列报的规定,有可能误导对商誉的理解。

但除了无形资产以外的其他资产,也许并非都属于有实物形态的资产（有形资产）。存货、投资性房地产、固定资产等固然具有实物形态,但除了现金以外的其他金融资产,也许更多体现的是企业持有的股权和债权。租赁准则中界定的使用权资产应界定为一项无形资产还是有形资产,仍有待商榷;递延所得税资产可能更多体现的是一项费用性资产。

（二）流动资产与非流动资产

流动资产与非流动资产的划分似乎是明确的。在 IAS 1 和 CAS 30 中,都用是否"可以在企业正常经营周期内回收、销售或者耗用以及用于在未来 12 个月内交易",来作为区别流动资产和非流动资产的主要标准。按此界定,货币资金、应收款项、持有待售资产、存货等,都符合流动资产的定义。对非流动资产的定义采取了排他法,既不符合流动资产定义的均属于非流动资产。故非流动资产（或长期资产、递延资产）,包括投资性房地产、固定资产、长期投资、无形资产、递延所得税资产等。

但流动资产和非流动资产的划分似乎仍存在值得进一步研究的空间。

按照 CAS 30 的规定，在资产负债表中单独设置了"一年内到期的非流动资产"项目，列报预计自资产负债表日起一年内变现的非流动资产。但按照相关会计准则的规定采用折旧、摊销等方法进行后续计量的投资性房地产、固定资产、无形资产等非流动资产，折旧或摊销年限只剩一年或不足一年的，目前仍在各该非流动资产项目中列报。这似乎并不符合 CAS 30 的规定。递延所得税资产按照 CAS 30 的规定需要列报为一项非流动资产，但其中一部分有可能在自资产负债表日起一年内发挥抵扣企业所得税的作用。按照 IAS 1 的规定，这部分金额应在流动资产项目中列报为一项流动所得税资产。此外，衍生金融资产是否都应当归属流动资产？是否存在需要单独在非流动资产栏目中列报的衍生金融资产？有必要进行讨论。可参考案例 3－2 中的法国 VINCI 集团的资产列报。

（三）货币性资产与非货币性资产

货币性资产概念的提出是为了适应规范企业非货币交换会计处理行为的需要。货币性资产一般是指企业持有的货币资金和将以固定或可确定的金额收取的资产，包括现金、应收账款、应收票据、其他应收款、长期应收款以及准备持有至到期的债券投资等。

货币性资产并非货币资产。在中国，货币资产可理解为 CAS 30 中规范的需要在资产负债表列报的货币资金，包括库存现金、各种存款和其他货币资金；在西方国家则一般使用"现金"的概念，包括库存现金和各种存款。此外编制现金流量表时采用的"现金"概念，包括现金和现金等价物，具有与货币性资产、现金等不同的界定。

四、资产确认

（一）IASB 对资产确认的规定

IASB 对资产确认的表述，是在财务报告概念框架中进行的。IASB《概念框架2010》中认为：如果一项资产的未来经济利益很有可能流入主体，并且其成本或价值能够可靠地加以计量，则应在资产负债表中确认该项资产。

这属于确认资产应具备的基本条件。符合资产定义和确认条件的各项经济资源，才能在财务状况表中列报为一项资产。

（二）财政部对资产确认的规定

依据《基本准则》的规定，符合资产定义的资源，在同时满足以下条件时，确认为资产：（1）与该资源有关的经济利益很可能流入企业；（2）该资源的成本或者价值能够可靠地计量。

符合资产定义和资产确认条件的项目,应当列入资产负债表;符合资产定义,但不符合资产确认条件的项目,不应当列入资产负债表。

这说明要确认一项资产,应同时符合资产的定义和确认条件。如果某项企业过去交易形成的、由企业拥有的资源,预期会给企业带来经济利益,这符合资产的定义;但与该资源有关的经济利益流入具有不确定性,则不符合资产确认的条件。或有资产预期会给企业带来经济利益,符合资产的定义;但是带来的经济利益具有不确定性,并且其金额不能可靠地计量,不符合资产确认的条件,所以企业不应当将或有资产确认为资产。

五、资产计量

（一）计量属性的选择

国际上普遍采取的计量属性有历史成本、重置成本(现行成本)、可变现净值、现值、公允价值等。

《基本准则》中规定的会计计量属性,包括历史成本、重置成本、可变现净值、现值和公允价值。

按照 IASB 的导向,如果符合规定条件,资产计量应尽量选择公允价值。IASB 发布的 IFRS 13,为选择公允价值进行资产计量提供了准则依据。

与此不同,虽然财政部在《基本准则》中就规定了公允价值计量属性,并通过印发 CAS 39 对企业公允价值计量行为进行了规范,但似乎并非大力提倡选择或采用公允价值计量。其主要原因也许是中国的市场化发展还不够成熟,还无法客观地提供资产的公允价值数据。故目前企业的公允价值计量,局限于 CAS 22 规范的部分金融资产,以及投资性房地产等特定的资产项目。

资产计量包括初始计量和后续计量。

（二）资产的初始计量

资产的初始计量是指取得资产时的计量。一般来说,资产需要按照取得时的成本进行初始计量。如果是通过交易市场公平取得的资产,则取得资产的成本可视为其公允价值,对此也可表述为按公允价值进行初始计量。

但以下资产也许有必要采取其他计量基础。

1. 分期付款购买固定资产的初始计量

按照 CAS 4 的规定,购买固定资产的价款超过正常信用条件延期支付,实质上具有融资性质的,固定资产的成本以购买价款的现值为基础确定。如何体现融资性质,CAS 4 及其应用指南中均没有解释。

本书认为,判断延期支付或者分期支付是否具有融资性质的关键,在于延期支付或者分期支付的总价款是否明显超过了现付价款或者按照正常信用条件支付的价款。如果明显超过了，则意味着延期支付或者分期支付具有融资性质，超过部分体现为支付价款中的内含利息。至于延期支付的时间或者分期支付的间隔期并非判断的关键因素。

2. 租赁取得的使用权资产的初始计量

按照 CAS 21（2018）的规定，除了短期租赁和低价值资产租赁以外，租赁取得的使用权资产，需要在租赁期开始日，按照尚未支付的租赁付款额的现值以及其他相关支付进行初始计量。

（三）资产的后续计量

资产的后续计量，涉及存货发出、固定资产折旧、无形资产摊销、计提各类资产的减值准备以及用公允价值对期末资产价值计量等事项。

不同资产涉及不同的后续计量事项。企业资产的后续计量一般涉及以下会计事项。

1. 存货的后续计量

发出存货的后续计量具体涉及存货计价方法的选择和按照成本可变现净值孰低的原则计提存货跌价准备等事项。

2. 固定资产和无形资产的后续计量

固定资产和无形资产的后续计量一般涉及的会计事项有：（1）计提固定资产折旧和无形资产价值摊销，具体涉及对固定资产折旧年限和方法以及无形资产摊销年限和方法的选择；（2）按照 CAS 8 的规定计提固定资产和无形资产的减值准备；（3）其他后续计量事项。

执行 IFRS 的企业还涉及选择采用重估模式对固定资产和无形资产进行后续计量等事项。

3. 金融资产的后续计量

金融资产后续计量涉及的主要会计处理事项有：（1）确认与计量投资收益，主要涉及确认利息收益以及分别采用成本法和权益法确认股权投资收益的会计处理事项；（2）资产负债表日的后续计量，主要涉及在资产负债表日用公允价值或摊余成本对金融资产价值进行计量的事项。

4. 其他资产的后续计量

除了以上资产的后续计量以外，投资性房地产、生物资产、租赁取得的使用权资产、持有待售资产等的后续计量，需要分别执行相关会计准则的规定。

六、资产在资产负债表中的列报

在 IFRS 体系中,IAS 1 采用了财务状况表的表述,并规范了财务状况表中资产的列报事项;在 CAS 体系中,CAS 30 规范了资产负债表中资产的列报事项。

（一）国际准则中的资产列报事项

按照 IAS 1 的规定:财务状况表中应当列报的资产项目至少包括:(1) 不动产、厂房和设备;(2)投资性房地产;(3)无形资产;(4)金融资产;(5)生物资产;(6)存货;(7)根据 IFRS 5 被划分为持有待售的资产和包括在处置组中被划分为持有代售的资产的总额;(8)符合 IAS 12 中定义的递延所得税资产。

其中,金融资产划分为采用权益法核算的投资,应收账款、应收票据和其他应收款,现金和现金等价物,以及其他金融资产。

IAS 1 没有要求在流动资产栏目中单独列报"一年内到期的非流动资产"项目。

按照 IFRS 的规定,2013 年 1 月 1 日起采用权益法核算的投资,包括对子公司的投资、对合营企业的投资和对联营企业的投资。在合并财务报表列报的采取权益法核算的投资,包括对合营企业的投资和对联营企业的投资。

2003 年修订后发布的 IAS 27 曾规定,在单独财务报表中列报的对子公司、合营企业和联营企业的投资,不采用权益法核算。

2014 年 8 月 12 日 IASB 发布了题目为"单独财务报表中的权益法"的公告,宣布对 IAS 27 进行了适度修订,再次允许企业在单独财务报表中选择采用权益法核算在子公司、合营企业和联营企业中的投资。修订后的 IAS 27 从 2016 年 1 月 1 日开始的会计年度生效。

按照 IAS 1 的规定,财务状况表中的资产应划分为流动资产和非流动资产进行列报。

IAS 1 只规定了在财务状况表中至少应当列报的资产项目,对此企业可根据自身开始经营业务的实际情况,在财务状况表中列报其他资产项目。实际上,一些西方国家的企业在财务状况表中列报的 IAS 1 规定列报的资产项目,也采取了不同的表述方式。例如,针对所得税会计产生的递延所得税资产,案例 3 - 1 中的 ASTM 公司采取了"递延税款减免"的表述;而案例 3 - 2 中的 VINCI 集团则采取了"递延所得税资产"的表述。

按照欧盟 2001 年出台的规定,欧盟各成员国的上市公司,应当从 2005 年开始,采纳经欧盟专门委员会批准的 IFRS 编制财务报告。未经欧盟专门委员会批准以及尚未生效的 IFRS,允许欧盟成员国的上市公司提前采纳。

对此欧盟成员国上市公司在 2005 年以后编制年度财务报告使用的 IFRS,可能是 IASB 发布并开始生效的全部准则,也有可能只是经欧盟专门委员会批准生效的 IFRS,也有可能是在欧盟专门委员会批准之前提前采纳的 IFRS。具体做法,体现在各上市公司年度报告的附注中。

【案例 3 - 1】意大利都灵米兰高速公路股份有限公司(ASTM)2016 年合并资产负债表显示,其流动资产项目包括、存货、应收账款、当期税款减免、其他应收款、交易性资产、可供出售资产、财务应收款和现金及现金等价物。

非流动资产项目包括、无形资产、有形资产、非流动金融资产和递延税款减免。

公司的无形资产由以下三部分构成:(1)特许权资产—非补偿应归还资产;(2)商誉;(3)其他无形资产。

特许权资产是指企业通过投资建造取得的高速公路特许经营权。由于高速公路项目按照特许经营合同的约定,不能从政府取得补偿,还需要在合同约定的特许经营期限届满,无偿将高速公路归还政府,对此将其界定为一项"非补偿应归还资产"。

有形资产包括:(1)不动产、厂房和设备以及其他资产;(2)融资租入资产。

非流动金融资产包括:(1)采用权益法核算的投资;(2)未纳入合并的投资:可供出售资产;(3)应收款项;(4)其他。

按照该公司的解释,确认为可供出售金融资产的股权,不包括在子公司、联营企业和合营企业的股权。

【案例 3 - 2】法国万喜集团(VINCI)2016 年合并资产负债表显示,其流动资产项目包括:存货与在制品;应收账款和其他应收款;其他经营性流动资产;其他非经营性流动资产;当期所得税资产;其他流动金融资产;衍生金融工具:流动资产;现金管理金融资产和现金及现金等价物。

非流动资产项目包括:特许权无形资产;商誉;其他无形资产;不动产、厂房和设备;采用权益法核算的投资;其他非流动金融资产;衍生金融工具:非流动资产和递延所得税资产。

(二)中国准则中的资产列报事项

CAS 30 规定,资产负债表中至少应当单独列示的资产项目有:(1)货币资金;(2)以公允价值计量且其变动计入当期损益的金融资产;(3)应收款项;(4)预付款项;(5)存货;(6)被划分为持有待售的非流动资产及被划分为持有待售的处置组中的资产;(7)可供出售金融资产;(8)持有至到期投资;(9)长期股权投资;(10)投资性房地产;(11)固定资产;(12)生物资产;(13)无形资产;(14)递延所得税资产。

CAS 30 也要求划分流动资产与非流动资产进行列报。

与 IFRS 的规范不同,财政部不仅通过 CAS 30 规范了资产负债表至少应当单独列示的资产项目,而且还通过规范企业财务报表的格式,明确了在资产负债表列示的具体资产项目。2017 年 12 月 25 日财政部印发了《财政部关于修订印发一般企业财务报表格式的通知》(财会[2017]30 号),对一般企业财务报表列报行为进行了规范。

在财会[2017]30 号文给出的一般企业财务报表格式中,资产负债表中的资产项目包括如下内容。

1. 流动资产

流动资产包括货币资金、以公允价值计量且其变动计入当期损益的金融资产、衍生金融资产、应收票据、应收账款、预付款项、应收利息、应收股利、其他应收款、存货、持有待售资产、一年内到期的非流动资产和其他流动资产。

2. 非流动资产

非流动资产包括可供出售金融资产、持有至到期投资、长期应收款①、长期股权投资、投资性房地产、固定资产、在建工程、工程物资、固定资产清理、生产性生物资产、油气资产、无形资产、开发支出、商誉、长期待摊费用、递延所得税资产和其他非流动资产。

由于设置了"其他流动资产"和"其他非流动资产"的资产列示项目,为会计师通过会计师职业判断在资产负债表列示一些没有具体明确的资产项目或者相关会计处理规定中针对特殊业务的资产列示提供了有限的空间。例如保利房地产(集团)股份有限公司在 2016 年资产负债表的其他流动资产栏目中列示了"待抵扣的进项税额(留抵的进项税)、预缴的增值税"4899.21 万元②,依据的就是《增值税会计处理规定》中的相关规定。

但也有可能导致一些值得讨论或商榷的资产列示行为。

---

① 按照财政部的规定,长期应收款包括分期收款销售形成的长期应收款、融资租赁产生的长期应收款等。按照 IFRS 16 和 CAS 21 的规定融资租赁业务的出租方在租赁开始日确认一项应收租赁款的合理性值得商榷。一个重要的问题需要明确:通过在资产负债表中确认一项长期应收款体现的收取租金的权利,应源于承租方对租赁标的资产的使用。在租赁期开始日,承租方使用租赁标的资产的事项并没有发生,故在未来收取租金的权利,并非是过去的交易或事项所形成的。故租赁期开始日确认租赁应收款似乎并不符合资产的定义。

② 保利房地产(集团)股份有限公司:2016 年年报 PDF 版第 50 页[R/OL],www.cninfo.com.cn

第二节　金融资产概述

一、规范金融资产会计处理行为的准则

(一)国际金融工具准则

2017 年底 IFRS 体系中仍发挥规范金融资产确认、计量和报告的准则,包括 IFRS 7、IFRS 9、IAS 32 和 IAS 39。

1. 国际财务报告准则第 7 号

IASB 于 2005 年 8 月 18 日发布了 IFRS 7,自 2007 年 1 月 1 日开始的会计年度生效。随后还分别于 2008 年 5 月 22 日、2008 年 10 月 13 日、2009 年 3 月 5 日、2010 年 5 月 6 日、2010 年 10 月 7 日、2011 年 12 月 16 日、2013 年 11 月 19 日、2014 年 9 月 25 日对 IFRS 7(2005)进行了修订。

2. 国际财务报告准则第 9 号

IASB 于 2009 年 11 月 12 日发布了 IFRS 9,从 2013 年 1 月 1 日起开始的会计年度生效。2010 年 10 月 28 日发布了修订后的 IFRS 9,增加了对金融负债的规范,以及有关金融资产和金融负债终止确认等内容。原打算从 2013 年 1 月 1 日起开始的会计年度生效,后被取消。2011 年 12 月 16 日 IASB 规定以上修改的内容从 2015 年 1 月 1 日起开始的会计年度生效。2013 年 11 月 19 日 IASB 发布了新增加的套期核算等内容,并取消了原从 2015 年 1 月 1 日开始的会计年度生效的规定。IASB 打算在完成了金融资产减值等内容后再确定这些内容生效的时间。

2014 年 7 月 24 日发布的进行全面修订后的 IFRS 9(2014),属于一个完整的版本。该版本引入了新的资产减值模式,对金融资产分类与计量进行了有限的调整。该版本从 2018 年 1 月 1 日开始的会计年度生效。允许提前采纳。

3. 国际会计准则第 32 号

IASC 于 1995 年 6 月发布了《国际会计准则第 32 号:金融工具:披露和列报》,从 1996 年 1 月 1 日起生效;1998 年 12 月根据 IAS 39 修订的内容从 2001 年 1 月 1 日起生效;2003 年 12 月 17 日修订,2005 年 1 月 1 日起生效;2005 年 8 月 18 日用 IFRS 7 替代了其中的披露条款,从 2007 年 1 月 1 日起生效;IAS 32 的名称也相应修改为现名。2008 年 2 月 14 日再次修订,增加了有关可回售工具和由于清算引发的义务的内容,2009 年 1 月 1 日起生效。这一修改的结果是:一些符合金融负债定义的金融工具,由于表示的是主体净资产中的剩余权益,而被分类为权益。

2009 年 10 月 6 日修改其中有关附权发行的分类,从 2010 年 2 月 1 日生效。2011 年 12 月 16 日针对 IAS 32 中有关金融资产和金融负债抵销的内容进行了修订,2014 年 1 月 1 日开始的年度生效。随后,还于 2012 年 5 月 17 日针对权益分配的税务效应事项对 IAS 32(2003)进行了修订。

4. 国际会计准则第 39 号

IASC 于 1998 年 12 月发布了 IAS 39,自 2001 年 1 月 1 日开始的年度生效。2003 年 12 月 17 日发布了修订版 IAS 39(2003),2005 年 1 月 1 日开始的年度生效。随后还分别于随后还分别于 2004 年 3 月 31 日、2004 年 12 月 17 日、2005 年 4 月 14 日、2005 年 6 月 15 日、2005 年 8 月 18 日、2008 年 5 月 22 日、2008 年 7 月 30 日、2008 年 10 月 13 日、2009 年 3 月 12 日、2009 年 4 月 16 日、2009 年 11 月 12 日、2010 年 10 月 28 日、2013 年 6 月 27 日、2013 年 11 月 19 日对 IAS 39(2003)进行了修订。其中,2009 年 11 月 12 日有关金融资产分类和计量被 IFRS 9 取代;2010 年 10 月有关金融资产终止确认和金融负债的内容被新修订的 IFRS 9 取代。

伴随着 2014 年 7 月 24 日 IASB 发布了全面修订后的 IFRS 9(2014),IAS 39 将在 2018 年 1 月 1 日开始的会计年度实施 IFRS 9(2014)后被废止。

(二)中国金融工具准则

中国会计准则与规范金融资产相关的准则主要是 CAS 22。除此以外,CAS 2、CAS 23、CAS 24. CAS 37 等具体准则中也涉及与金融资产确认、计量和列报相关的规范内容。

财政部 2006 年 2 月 15 日印发的 CAS 22(2006),首次建立了金融工具的概念,定义了金融资产,并采取了与 IAS 39 趋同的规范思路。2017 年 3 月 31 日财政部印发了修订后的 CAS 22(2017)。

CAS 2 规范的长期股权投资,也属于金融资产的范畴。

CAS 23(2006)和 CAS 24(2006)分别规范的金融资产转移以及作为套期工具的金融资产的确认和计量等事项。2017 年 3 月 31 日财政部分别印发了修订后的 CAS 23(2017)和 CAS 24(2017),并将 CAS 24 的名称调整为"套期会计"。

修订后的 CAS 37(2017)主要参照 IFRS 7 和 IAS 32 的思路,规范了金融工具的列示与披露事项。

二、金融资产

目前在有关学术著作中鲜见对金融资产概念的表述。对此也许有必要借鉴 IFRS 9 或 CAS 22 和 CAS 37 中对金融资产定义的表述来理解金融资产。

CAS 22 中对金融资产的定义是:金融资产是指企业持有的现金、其他方的权益工具以及符合下列条件之一的资产:(1)从其他方收取现金或其他金融资产的合同权利;(2)在潜在有利条件下,与其他方交换金融资产或金融负债的合同权利;(3)将来须用或可用企业自身权益工具进行结算的非衍生工具合同,且企业根据该将收到可变数量的自身权益工具;(4)将来须用或可用企业自身权益工具进行结算的衍生工具合同,但以固定数量的自身权益工具交换固定金额现金或其他金融资产的衍生工具合同除外。其中,企业自身权益工具不包括分类为权益工具的可回售工具或发行方仅在清算时才有义务向另一方按比例交付其净资产的金融工具,也不包括本身就要求在未来收取或支付企业自身权益工具的合同。

该定义与 IAS 32 中对金融资产的定义是保持一致的。IFRS 9 发布后,仍采用的是 IAS 32 中对金融资产的定义。

可以认为,金融资产是相对于企业拥有的经营资产而言的。企业拥有经营资产的主要目的是为了从事提供商品和劳务的经营活动。经营资产一般包括存货、固定资产、无形资产等。

与此不同,企业拥有金融资产的主要目的不是为了从事提供商品和劳务的经营活动,而是为了取得现金或通过对外投资获取收益。对此可认为,金融资产一般反映的是企业所拥有的现金、对外股权投资和在未来取得现金的合同权利①。

如果认可这一点,则《国际财务报告准则解释第十二号:服务特许权安排》(IFRIC 12)和《企业会计准则解释第二号》中要求将采取 BOT 方式并符合相应条件取得的基础设施确认为一项金融资产的规定的合理性就值得商榷。由于与应收款相关的义务尚不明确并且尚未履行,故此类应收款并不满足资产和金融资产的定义②。

三、金融资产的构成与分类

(一)金融资产的构成

符合定义的金融资产一般具有以下构成内容。

1. 现金

对现金有三种不同的理解:(1)现金是指库存现金以及随时可动用的银行存款;(2)现金是指现金及现金等价物;在现金流量表准则中具有对现金及现金等价

---

① IAS 32 中也有类似的表述。IRFS 9(AG3~4)认为,现金和银行存款是金融资产;体现未来收取现金的合同权利的金融资产的一般例子是应收账款、应收票据、应收贷款、应收债券等。

② 天职国际会计师事务所(特殊普通合伙)专业技术委员会.会计准则内在逻辑[M].北京:中国财经出版传媒集团 中国财政经济出版社,2016:212

物的界定。(3)现金是指货币资金。CAS 体系中界定的货币资金,包括库存现金、银行存款和其他货币资金。

2. 持有其他单位的权益工具

持有其他单位的权益工具(包括有投票权的权益工具和其他权益工具)一般可界定为对外股权投资。CAS 体系中的对外股权投资一般包括:

(1)长期股权投资。按照 CAS 2 的规定,长期股权投资包括对子公司的股权投资、对合营企业的股权投资以及对联营企业的股权投资。

(2)交易性金融资产中的股权投资。从 2017 年编制年报开始,交易性金融资产在资产负债表中列示为"以公允价值计量且其变动计入当期损益的金融资产",其中的股权投资属于短期股权投资,一般表现为计划在一年内通过活跃市场出售的股权投资。

(3)可供出售金融资产中的股权投资。结合 CAS 2 和 CAS 22 的规定,在资产负债表中列示为可供出售金融资产的股权投资具有非交易性的特征,在性质上应属于长期股权投资,一般表现为除了对子公司、联营企业和合营企业的股权投资以外的其他股权投资,包括具有活跃市场报价和不具有活跃市场报价的其他股权投资。

投资方购买的确认为其他权益工具的优先股、永续债、可回售工具等,可列报为可供出售金融资产。

这些非交易性权益工具,企业可按照 CAS 22 的规定,在初始确认时将其指定为按公允价值计量且其变动计入其他综合收益的金融资产。

3. 从其他单位收回现金的合同权利

从其他单位收回现金的合同权利表现为企业持有的债权投资、非投资性债权、衍生工具等。

(1)债权投资。债权投资体现的是企业购买国债、地方政府债券、公司债券等的投资,包括交易性金融资产中的债权投资、持有至到期投资和可供出售金融资产中的债权投资。

(2)非投资性债权。非投资性债权一般是指应收款项,包括应收账款、应收票据、其他应收款、长期应收款等。

预付账款体现的是企业取得固定资产、存货等实物资产,无形资产以及接受劳务的合同权利。从性质上分析,预付账款不符合金融资产的定义。

(3)确认为一项金融资产的衍生工具。企业作为投资产品购买的期权、认股权证等,属于衍生工具中的金融资产。从 2017 年编制年报开始,该项衍生工具在资产负债表中列示为"衍生金融资产"。

（二）金融资产的分类

IAS 39 中对金融资产的分类采用的四分法。CAS 22（2006）也曾采取了与 IAS 39 趋同的四分法，即将金融资产划分为以公允价值计量且其变动计入当期损益的金融资产、持有至到期投资、贷款和应收款项、可供出售金融资产四类。

2009 年 11 月 IFRS 9 首次发布时，将 IAS 39 中对金融资产的四分法调整为二分法。2014 年 7 月发布的 IFRS 9 的最终版本中，将其调整为三分法。CAS 22（2017）中也采取了三分法。

采取三分法，金融资产在初始确认时划分为以下三类。

1. 以摊余成本计量的金融资产

以摊余成本计量的金融资产应按照其摊余成本进行后续计量。

CAS 22 规定，金融资产同时符合下列条件的，应分类为以摊余成本计量的金融资产：（1）企业管理该金融资产的业务模式是以收取合同现金流量为目标；（2）该金融资产的合同条款规定，在特定日期产生的现金流量，仅为对本金和以未偿付本金金额为基础的利息的支付。

IFRS 9 将以上两项条件，分别表述为业务模式测试，和现金流量特征测试。这意味着，金融资产的分类依赖于企业对业务模式和现金流量特征的判断。不同的会计师职业判断有可能会导致不同的分类结果。

根据以上判断，企业拥有的应收账款、应收票据、其他应收款、长期应收款、持有至到期投资等金融资产，同时符合以上两项条件，应分类为按摊余成本后续计量的金融资产。

2. 按照公允价值计量且其变动计入其他综合收益的金融资产

CAS 22 规定，金融资产同时符合下列条件的，应分类为以公允价值计量且其变动计入其他综合收益（以下简称"按 FVTOCI 计量"）的金融资产：（1）企业管理该金融资产的业务模式既以收取合同现金流量为目标又以出售该金融资产为目标；（2）该金融资产的合同条款规定，在特定日期产生的现金流量，仅为对本金和以未偿付本金金额为基础的利息的支付。

按此理解，可供出售金融资产中的债务工具，应确认为一项按 FVTOCI 计量的金融资产。

3. 按照公允价值计量且其变动计入当期损益的金融资产

除了符合按照摊余成本后续计量以及按 FVTOCI 计量的金融资产外，其他的金融资产都应分类为按公允价值计量且其变动计入当期损益（以下简称"按 FVT-PL 计量"）的金融资产。

按此理解，交易性金融资产（包括可上市交易的股票、债券、基金、认股权证等)属于按 FVTPL 计量的金融资产。

权益工具不符合确认为按照摊余成本后续计量以及按 FVTOCI 计量的金融资产的条件,应分类为按 FVTPL 计量的金融资产。

(三)公允价值和其他综合收益选择权

1. 公允价值选择权

IFRS 9 和 CAS 22 均允许主体可在初始确认时做出不可撤销的选择,将一项金融资产指定为按 FVTPL 计量,前提是该指定将消除或显著减少以其他基础计量金融资产或金融负债并在此基础上确认利得和损失时产生的不一致性。这意味着具备条件的金融资产即使符合确认为按摊余成本计量或者按 FVTOCI 计量的条件,经指定也可分类为按 FVTPL 计量。

会计错配,是指当企业以不同的会计确认方法和计量属性,对在经济上相关的资产和负债进行确认或计量而产生利得或损失时,可能导致的会计确认和计量上的不一致。

2. 其他综合收益选择权

CAS 22 允许企业在初始确认时,可将非交易性权益工具投资指定为按 FVTO-CI 计量的金融资产。该指定一经做出,不得撤销。但企业在非同一控制下的企业合并中确认的或有对价构成金融资产的,该金融资产应当分类为按 FVTPL 计量的金融资产,不得指定为按 FVTOCI 计量的金融资产。

IFRS 9 中也为除了交易性以外的权益工具提供了其他综合收益的选择权。这意味着,企业可将除了交易性金融资产中的权益工具以外的其他权益工具,在初始确认时指定为按 FVTOCI 计量的金融资产。这意味着,可供出售金融资产中的权益工具,可选择按 FVTOCI 计量。

第三节　金融资产确认与计量

一、金融资产确认

金融资产确认,是指将符合金融资产定义和金融资产确认条件的项目计入资产负债表的过程。

关于金融资产的确认,IFRS 9 和 CAS 22 中的规定都比较简单。按照 CAS 22 的表述,企业成为金融工具合同的一方时,应当确认一项金融资产或金融负债。

根据该确认条件的规定,企业需要将现金,以及金融工具合同形成的权利,包括权益工具和收取现金和其他金融资产的权利,确认为企业的一项金融资产。

二、金融资产的初始计量

IFRS 9 规定,在初始确认时,主体应当按照公允价值计量一项金融资产或金融负债。如果一项金融资产或金融负债的公允价值变动不计入损益,则还需要加上或减去直接归属于取得或发行金融资产或金融负债的交易费用。

按照 CAS 22 的规定,企业初始确认金融资产或金融负债,应按照公允价值计量。对于按 FVTPL 计量的金融资产和金融负债,相关交易费用应当直接计入当期损益;对于其他类别的金融资产或金融负债,相关交易费用应当计入初始确认金额。这与 IFRS 9 的规定是一致的。

对此,金融资产应在初始计量时划分为以下两类:

(1)按 FVTPL 计量的金融资产,例如交易性金融资产以及不选择按 FVTOCI 计量的非交易性权益工具,应按其公允价值进行初始计量;发生的交易费用计入当期损益。

(2)其他金融资产,例如应收款项、持有至到期投资、可供出售金融资产中的债务工具以及选择按 FVTOCI 计量的非交易性权益工具等,应按其取得时的公允价值加上其交易费用进行初始计量。

按照 CAS 22 的规定,交易性金融资产属于按 FVTPL 计量的金融资产。如果某企业付款 540 万元购买了确认为交易性金融资产的有价证券,应当在资产负债表中按照 540 万元的金额计量该项金融资产;同时将为购买交易性金融资产支付的交易费用 15 万元计入当期损益(投资收益)。

按照 CAS 22 的规定,可供出售的债务工具属于按 FVTOCI 计量的金融资产。如果某企业将购买的可上市交易的公司债券确认为一项按 FVTOCI 计量的金融资产,并且该企业为购买债券支付的价款为 1480 万元,债券面值为 1500 万元,支付的交易费用 40 万元,则该项资产的入账价值应当为 1520 万元,其中成本 1500 万元;利息调整 20 万元,包括支付的交易费用 40 万元,和获取的债券折价收益 20 万元。

同时需要根据债券利率和存续期计算确定在资产负债表日确认利息收益的实际利率。

如果付款 1480 万元购买的是可上市交易并选择按 FVTPL 计量的股权,同样支付了 40 万元的交易费用,则该项资产的入账价值应为 1480 万元;支付的交易费用 40 万元计入当期损益(投资收益)。

三、金融资产的后续计量

（一）按摊余成本计量

按照 CAS 22 的规定,可按照以下公式确认金融资产的摊余成本:

金融资产的摊余成本 = 金融资产的初始确认金额 − 已经偿还的本金 ± 按照实际利率法确认的摊销额 − 累计计提的减值损失

（1）如果应收账款在初始确认时被分类为一项按照摊余成本计量的金融资产,企业需要在资产负债表日根据未来收回应收账款的可能性采取适当的方法计提坏账准备,并按照应收账款总额(如果不需要摊销)减去坏账准备后的余额(摊余成本)进行后续计量,并计入资产负债表。

（2）持有至到期投资、长期应收款等金融资产的摊余成本,需要按照实际利率法计算的摊销额以及需要计提的减值损失来确定。

按照财政部的规定,资产负债表中的长期应收款项目,应按照"长期应收款"科目的期末余额减去"未实现融资收益"科目的期末余额后的金额进行列示。在资产负债表日,应按照实际利率法摊销"未实现融资收益"。

（二）按公允价值计量

按公允价值进行后续计量的金融资产可划分为两类:

（1）按 FVTPL 计量的金融资产。如果交易性金融资产在初始确认时确认为一项按 FVTPL 计量的金融资产,则企业需要在资产负债表日根据其公允价值进行后续计量,并在资产负债表中列报;并将其变动计入利润表(公允价值变动损益)。

（2）按 FVTOCI 计量的金融资产。如果企业将可供出售金融资产在初始确认时界定为一项按 FVTOCI 计量的金融资产,则企业需要在资产负债表日根据其公允价值进行后续计量,在资产负债表中列报;并将其变动计入利润表(其他综合收益)。

可供出售金融资产包括债务工具和权益工具。根据 IFRS 9 的规定,持有的权益投资不符合按照摊余成本后续计量的条件,必须以公允价值计量。

（三）金融资产减值

以与 IAS 39 趋同的 CAS 22(2006)相比,与 IFRS 9 趋同的 CAS 22(2018)中有关金融资产减值的一个重大变化,就是将金融资产减值会计处理方法由"已发生损失法"修改为"预期损失法",以利于更加及时、足额地计提金融资产减值准备,便于揭示和防控金融资产信用风险[①]。

---

① 刘泉军等. 最新财税政策与实务讲解[M]. 北京:中国商业出版社,2017:103

按照 IAS 39 的规定，除了按 FVTPL 计量的金融资产以外，其他金融资产一律需要进行减值测试，并且减值不得转回。IFRS 9 简化了对金融资产减值的规定，只要求对以摊余成本计量的金融资产计提减值准备，并允许减值转回。

按照与 IFRS 9 趋同的要求，CAS 22（2018）中规定，分类为按 FVTPL 计量的金融资产和选择按 FVTOCI 计量的权益工具，无须计提减值准备。

四、金融资产终止确认

（一）金融资产终止确认的界定

CAS 22 中对终止确认有以下界定：终止确认，是指企业将之前确认的金融资产或金融负债从其资产负债表中予以转出。

CAS 23 中也定义了金融资产终止确认的概念，并专门规范了金融资产终止确认的相关事项。

IFRS 9 中的表述是：当由一项金融资产产生现金流量的合同权利已经到期或发生了需要终止确认的金融资产转移事项时，主体需要终止确认该项金融资产。

CAS 23 规定了金融资产终止确认需要满足的以下条件：

（1）收取该金融资产现金流量的合同权利终止。这方面的典型例子是：企业购买的认股权证的行权期限已到，意味着该项金融资产已经失去了价值，需要终止确认。

如果认股权证可上市交易，可将该项投资界定为一项交易性金融资产（或衍生金融资产）。终止确认该项资产意味着该项资产的公允价值为零。

（2）该金融资产已经转移，且该转移满足准则规定的关于终止确认的规定。这方面的典型例子是：企业拥有的应收款项、持有的其他公司的债券或股权等金融资产出售给他人，则意味着企业已将可能收取款项的权利以及相应风险转移给了购入方，符合了终止确认该项金融资产的条件。

如果不能完全满足金融资产终止确认的条件，则不能终止确认该项金融资产，而需要将转移该项金融资产收取的对价确认为一项金融负债，并且应当分别计量，不得相互抵消。

（二）金融资产终止确认利得和损失的处理

按照 IFRS 9 的规定，按照公允价值后续计量的金融资产的利得和损失一般计入损益；但对于权益工具的投资，主体可以选择将投资的利得和损失计入其他综合收益。

按摊余成本计量的金融资产，其终止确认时的利得和损失，以及减值损失计入损益。

而按照 CAS 23 的规定,无论是按照公允价值后续计量还是按照摊余成本计量,金融资产终止确认产生的利得和损失,一律计入当期损益。

第四节　长期股权投资的确认与计量

除了交易性金融资产、按 FVTPL 计量和按 FVTOCI 计量的其他金融资产中的股权投资以外,长期股权投资是指对子公司、合营企业和联营企业的投资。对长期股权投资确认与计量的规范,IASB 和财政部是分别通过发布 IFRS 10、IAS 27、IAS 28 以及 CAS 2、CAS 20 等来予以明确的。

一、IFRS 中的规范及其分析

IASB 通过出台相关准则来规范长期股权投资确认、计量行为的主要目的是为了编制合并财务报表。规范这方面行为的准则,有 IFRS 10、IAS 27 和 IAS 28。

2011 年 5 月 12 日 IASB 发布的 IFRS 10 替代了 IAS 27 中的合并报表部分,主要用于规范母公司与子公司之间的报表合并事项。按其要求,母公司与子公司之间的报表合并主要采用逐行合并法。至于母公司对子公司投资核算的规范,是通过修订后的 IAS 27 来规范的。

IASB 修订后发布的 IAS 27,主要发挥的是规范企业编制单独财务报表的作用。1989 年 4 月,IASC 发布的《国际会计准则第 27 号:合并财务报表和对子公司投资会计处理》,自 1990 年 1 月 1 日起开始的会计年度生效。IASB 于 2003 年 12 月 18 日对 IAS 27 进行了修订并更名为"合并与单独财务报表",自 2005 年 1 月 1 日起的会计年度生效。由于 IFRS 10 的发布,IAS 27 于 2011 年 5 月 12 日被修订并更名为"单独财务报表",合并报表部分被 IFRS 10 取代,自 2013 年 1 月 1 日起开始的会计年度生效。

IAS 27 对单独财务报表进行严格的界定。按其定义,单独财务报表是指由采用成本法或 IFRS 9 的规定核算对子公司、联营企业和合营企业投资的企业编制的财务报表。采用权益法核算投资的财务报表,以及没有子公司或者没有在联营企业、合营企业中权益的企业编制的财务报表,不是单独财务报表。

IAS 27 曾明确规定了在单独财务报表列报的对子公司、联营企业和合营企业的投资不采用权益法。IAS 27 曾规定,在编制的单独财务报表中,企业对子公司、联营企业和合营企业的投资,可采用成本计量,或者执行 IFRS 9 的规定。

在 2003 年修订前的 IAS 27 和 IAS 28 中,曾允许在主体编制的单独财务报表中,将对子公司、联营企业和合营企业投资的会计处理,可选择采用权益法。

在 2003 年,IASB 取消了这一选择权。但考虑到这一规定与大多数国家的法律规定有冲突以及一些国家会计组织的建议,2014 年 8 月 12 日 IASB 发布公告,宣布对 IAS 27 进行了适度修订,允许企业在单独财务报表中选择采用权益法核算在子公司、合营企业和联营企业中的投资。修订后的 IAS 27 从 2016 年 1 月 1 日开始的会计年度生效。

IASB 发布的 IAS 28 主要用于规范企业采用权益法核算对联营企业和合营企业的投资。IASC 曾于 1989 年 4 月发布了《国际会计准则第 28 号:联营企业中投资的会计处理》,从 1990 年 1 月 1 日起生效。2003 年 12 月 18 日 IASB 对其进行了修订并更名为"在联营企业的投资",从 2005 年 1 月 1 日起生效。2011 年 5 月 12 日修订为"联营和合营企业中的投资",自 2013 年 1 月 1 日起生效。

2014 年 9 月,IASB 发布了《对在子公司、合营企业、联营企业中有报价投资以公允价值计量(征求意见稿)》,并拟据此对 IFRS 10、IFRS 12. IAS 27、IAS 28、IAS 36 和 IFRS 10 进行修订,并在 IFRS 13 中增加释例 13A。

该征求意见稿主要涉及两个问题:(1)投资方在其子公司、合营企业和联营企业有报价的投资,应当按公允价值进行后续计量;(2)有报价投资的公允价值,为单位报价乘以组成投资的金融工具数量的金额确定。

IAS 28 也明确了如果母公司不编制合并报表,即如果编制的是单独财务报表,需要执行 IAS 27 的规定。IAS 28 提出,在单独财务报表中列报的在联营企业和合营企业的投资,应当执行 IAS 27 的规定。

有必要关注到,2011 年修订后的 IAS 28 增加了对合营企业会计处理的内容。因为按照 IFRS 11 的规定,编制合并报表时,对合营企业的投资也需要采用权益法,不再采用比例合并法。

在实务中,意大利 ASTM 公司 2016 年度报告中披露的会计政策中表明:母公司单独财务报表中确认的对子公司和联营企业的投资,采用成本法核算;合并报表中公司集团享有的在未纳入合并范畴的子公司和联营企业中的权益,采取权益法核算①。

二、CAS 体系中的规范及其分析

与 IASB 的要求不同,财政部出台相关准则的主要目的是为了规范投资主体

---

① ASTM:Financial Statements and Consolidated Financial Statements as at 31 december 2016[R/OL]. www. astm. it

在个别财务报表列报的股权投资的会计处理行为①。这方面的规范主要是 CAS 2。除此以外,CAS 20 也涉及了部分这方面的规范内容。CAS 2(2006)中曾规范的股权投资,包括对子公司、合营企业和联营企业的股权投资以及缺乏活跃市场的其他股权投资。2014 年 3 月对 CAS 2 进行修订后,CAS 2(2014)中只规范对子公司、合营企业和联营企业的股权投资,不再规范其他股权投资。其他股权投资核算需要执行 CAS 22 的规定。其中,对子公司投资的初始确认和计量,适用于 CAS 20 的规定。

财政部印发的企业会计准则解释中,涉及一些对股权投资规范的调整。

(一)长期股权投资成本确定与初始计量

一般来说,投资者为取得长期股权投资付出的代价包括为取得股权投资付出的对价和支付的交易费用;这应构成长期股权投资的成本。

但按照 CAS 2 和 CAS 20 的规定,企业取得的长期股权投资,需要分别以下三种情况,来确定其投资成本并进行初始计量。

1. 同一控制下的企业合并

专门规范同一控制下的企业合并事项,是 CAS 20 与 IFRS 3 的主要区别之一。考虑到同一控制下的企业合并有可能采取非市场行为的交易,故有必要对交易行为的计量进行严格规范。

按照 CAS 2 的规定,合并方以支付现金、转让非现金资产或承担债务方式作为合并对价的,应当在合并日按照被合并方所有者权益在最终控制方合并财务报表中的账面价值的份额作为长期股权投资的初始投资成本。长期股权投资初始投资成本与支付的现金、转让的非现金资产以及所承担债务账面价值之间的差额,应当调整资本公积;资本公积不足冲减的,调整留存收益。

合并方以发行权益性证券作为合并对价的,应当在合并日按照被合并方所有者权益在最终控制方合并财务报表中的账面价值的份额作为长期股权投资的初始投资成本。按照发行股份的面值总额作为股本,长期股权投资初始投资成本与所发行股份面值总额之间的差额,应当调整资本公积;资本公积不足冲减的,调整留存收益。

按照《会计科目和主要账务处理》中的解释,这里的资本公积,是指资本溢价或股本溢价。

需要关注的是,按照 CAS 2(2006)的规定,确认为长期股权投资初始投资成本的金额,是被合并方所有者权益账面价值的份额;而 CAS 2(2014)将其修订为

---

① 在 CAS 30 中采用的是"个别财务报表"的表述

"被合并方所有者权益在最终控制方合并财务报表中的账面价值的份额",主要结合的是《企业会计准则解释第 6 号》中的相关解释。同一控制下企业合并的基本原理是:由于参与合并的企业在合并前后均受同一方或相同的多方最终控制,且该控制不是暂时性的,对此合并行为不会对最终控制方的合并财务报表产生影响。如果被合并方是最终控制方以前年度从第三方收购的,并且按照非同一控制下企业合并的规定进行会计处理,故被合并方在最终控制方合并财务报表中体现的资产金额,也许与被合并方所有者权益的份额不等。假设果合并方 A 公司和被合并方 B 公司均为 C 公司的子公司,并且 B 公司为 C 公司以前年度从第三方以 1000 万元的价格收购的其80%股权的子公司。如果 B 公司所有者权益的账面价值为1200万元,无论 A 公司以怎样的价格从 C 公司取得 B 公司80%的股权,应当确认的初始投资成本都应当为1000万元。

投资方企业为取得长期股权投资支付的对价,包括现金、其他金融资产和非金融资产,以及承担债务、发行权益性证券等不同方式。按照 CAS 20 的规定,投资方企业为取得长期股权投资支付的交易费用,计入当期损益。

将同一控制下企业合并行为取得的股权投资成本严格界定为所取得被投资方所有者权益在最终控制方合并财务报表中的账面价值的份额,是为了有效防范关联方交易行为对损益等造成的人为因素影响。

2. 非同一控制下的企业合并

IFRS 3 中规范的企业合并行为,实际上就是非同一控制下的企业合并。IFRS 3 中并未涉及同一控制下的企业合并事项。考虑到中国等发展中国家的利益诉求,IASB 正在考虑是否需要在以后修订 IFRS 3 过程中增加对同一控制下企业合并的规范内容。

CAS 2 规定,非同一控制下企业合并形成的长期股权投资,投资方应当按照 CAS 20 的有关规定确定的合并成本作为长期股权投资的初始投资成本。但 CAS 2 中采取了《企业会计准则解释第 4 号》中的解释,要求将合并方或购买方为企业合并发生的审计、法律服务、评估咨询等中介费用以及其他相关管理费用,于发生时计入当期损益。这与 CAS 20 中的表述有所不同。

结合 CAS 20、《企业会计准则解释第 4 号》和 CAS 2 的规定,合并方企业应当按照为取得长期股权投资实际支付的对价确定其初始投资成本;购买方为企业合并发生的审计、法律服务、评估咨询等中介费用以及其他相关管理费用,应当于发生时计入当期损益;购买方作为合并对价发行的权益性证券或债务性证券的交易费用,应当计入权益性证券或债务性证券的初始确认金额。这与 IFRS 3 的规定保持了一致。

3. 其他长期股权投资

除了企业合并形成的长期股权投资以外,企业采取其他方式取得的长期股权投资,包括对合营企业和联营企业的投资,依据 CAS 2 的规定,应当按照实际支付的对价(包括支付的与投资有关的相关费用)确认长期股权投资成本。

在 IFRS 体系中,对子公司、合营企业和联营企业投资在单独财务报表中的列报行为,是通过 IAS 27 进行规范的;对合营企业和联营企业投资在合并财务报表中的列报行为,是通过 IAS 28 进行规范的。按照 IAS 27 的规定,对子公司、合营企业和联营企业的投资,应按其成本计量,或者执行 IFRS 9 的规定。按 IFRS 9 的规定,权益性投资属于按公允价值计量的金融资产。如果该项金融资产的公允价值变动不计入当期损益,则需要按其公允价值和发生的初始直接费用进行初始计量。

CAS 22(2017)改变了 CAS 22(2006)中的金融资产分类方式,将规范的金融资产划分为按 FVTPL 计量的金融资产、按 FVTOCI 计量的金融资产和按摊余成本计量的金融资产。除了 CAS 2 规范的长期股权投资以外,对其他长期股权投资的规范,全部纳入了 CAS 22 的范围。

CAS 2 中规范的对子公司、合营企业和联营企业的股权投资,包括一部分可上市交易的股权投资。这部分股权投资符合按公允价值计量的条件,对此也可考虑在今后修订 CAS 2 的前提下将其纳入 CAS 22 的范围。

(二)长期股权投资的后续计量

按照 CAS 2 的规定,资产负债表日对股权投资进行后续计量主要涉及的问题有:(1)分别采取成本法和权益法进行后续计量;(2)处置长期股权投资;(3)计提长期股权投资减值损失。

1. 采用成本法和权益法进行后续计量

按照 CAS 2 的规定,对子公司的长期股权投资,采用成本法核算;对合营企业和联营企业的长期股权投资,采用权益法核算。

成本法和权益法是确认投资收益、其他综合收益并相应调整长期股权投资账面价值的方法。由于采用权益法在确认投资收益、其他综合收益以及应收现金股利或利润的同时,还需要调整长期股权投资的账面价值,故权益法也就成为一种长期股权投资的后续计量方法。

由于成本法不涉及对长期股权投资账面价值的调整,故其不属于真正意义上的长期股权投资后续计量方法。CAS 22 中界定的可供出售金融资产中权益工具投资收益的确认方法,具有类似于成本法的特征,但不应界定为成本法。

2. 长期股权投资处置

可以认为,长期股权投资的处置,属于长期股权投资后续计量中的特殊问题。一般来说,处置某项长期股权投资,意味着需要终止在资产负债表中对该项资产的确认。按照处置长期资产的一般要求,处置资产取得的对价与其账面价值之间的差额,应当计入当期损益(投资收益)。

CAS 2 中对处置长期股权投资的规范,是针对出售而言的。出售意味着该项资产的价值(包括采取权益法确认的资产价值)得以实现,故 CAS 2 要求采用权益法调整长期股权投资账面价值时原计入其他综合收益的金额,应当调整计入当期损益。

如果企业使用某项长期股权投资换取其他非货币性资产,例如存货、固定资产、无形资产或者其他长期股权投资,不仅需要执行 CAS 7 中的相关规定,还需要进一步明确相关所有者权益与当期损益之间的调整事项。

3. 长期股权投资减值准备

计提长期股权投资减值准备是对该资产账面价值的一种调整方式,故属于长期股权投资后续计量事项。

按照 CAS 2 的规定,长期股权投资计提减值准备,应执行 CAS 8 的规定。

在 IFRS 体系中,母公司对子公司长期股权投资的减值准备,执行 IFRS 9 的规定;对联营企业和合营企业长期股权投资的减值准备,执行 IAS 28 的规定。

(三)长期股权投资的后续计量方法的变更

CAS 2(2006)中涉及的后续计量方法变更包括成本法变更为权益法,以及权益法变更为成本法。

CAS 2(2014)将其他股权投资纳入 CAS 22 的范畴后,后续计量方法变更除了成本法与权益法之间的相互变更以外,还增加了将可供出售金融资产变更确认为一项长期股权投资以及将长期股权投资变更确认为一项可供出售金融资产的内容。

1. 增加股权投资所导致的后续计量方法的变更

增加股权投资有可能导致以下三方面的情况变化:

(1)将其他股权投资变更为对联营企业和合营企业的股权投资。按照 CAS 2 的规定,投资方企业对被投资方企业的其他股权投资,应当执行 CAS 22 的规定将其确认为一项可供出售金融资产;投资方企业如果增持被投资企业的股权,使得对该企业的股权投资由其他股权投资转变为对联营企业或合营企业的股权投资,按照 CAS 2 的规定,应将其变更确认为一项长期股权投资并采用权益法核算。

(2)将其他股权投资变更为对子公司的股权投资。投资方企业如果增持被投资企业的股权,使得对该企业的股权投资由其他股权投资转变为非同一控制下对子公司的股权投资,按照 CAS 2 的规定,应将其变更确认为一项长期股权投资并采用成本法核算。

(3)将联营企业和合营企业的股权投资变更为对子公司的股权投资。投资方企业如果增持被投资企业的股权,使得对该企业的股权投资由对联营企业或合营企业的股权投资转变为非同一控制下对子公司的股权投资,按照 CAS 2 的规定,应变更采用成本法核算。

2. 减少股权投资所导致的后续计量方法的变更

减少股权投资也有可能导致以下三方面的情况变化:

(1)将子公司的股权投资变更为对联营企业或合营企业的股权投资。母公司对子公司的投资,按照 CAS 2 的规定,应当采用成本法核算;如果母公司由于减持对子公司的股权,使得对子公司的投资转变为对联营企业或合营企业的投资,则按照 CAS 2 的规定,应变更采用权益法核算。

(2)将子公司的股权投资变更为对其他股权投资。如果母公司由于减持对子公司的股权,使得对子公司的投资转变为其他股权投资,则按照 CAS 2 的规定,应将该项投资变更确认为一项可供出售金融资产。

(3)将联营企业或合营企业的股权投资变更为其他股权投资。投资方企业对联营企业或合营企业的投资,按照 CAS 2 的规定,应采用权益法核算。投资方企业如果减持被投资企业的股权,使得对联营企业或合营企业的投资转变为其他股权投资,按照 CAS 2 的规定,应将该项投资变更确认为一项可供出售金融资产。

本章小结

本章在讨论资产的定义,资产确认、计量和报告的基础上,主要涉及的是有关金融资产确认和计量的讨论。可以认为,伴随着国内外金融事业的发展以及金融危机的不断出现,对金融资产确认和计量行为进行有效规范的理论研究显得越来越重要。

金融资产确认与计量具体涉及金融资产确认、初始计量、后续计量以及终止确认等规范内容。金融资产需要按照其公允价值进行初始计量,并区别按公允价值后续计量且其变动进入损益的金融资产和其他金融资产进行初始计量时其交易费用的账务处理。金融资产的后续计量划分为三种情况:按公允价值进行后续计量且其变动计入当期损益、按公允价值进行后续计量且其变动计入其他综合收益和按摊余成本进行后续计量。

当由一项金融资产产生现金流量的合同权利已经到期或发生了需要终止确认的金融资产转移事项时，企业需要终止确认该项金融资产，并从资产负债表中将其移除。终止确认金融资产产生的利得或损失，应计入当期损益。

第四章

资产确认、计量与报告(二)

除了金融资产以外,企业拥有的其他资产包括存货、投资性房地产、固定资产、无形资产、持有待售资产等。本章侧重于结合 IFRS 体系和 CAS 体系的相关规定讨论这些资产的确认、计量和报告的理论与方法。

第一节　存货

一、存货概述

（一）存货准则

IASC 于 1993 年 12 月发布的 IAS 2 替代了 1975 年 10 月发布的《国际会计准则第 2 号:历史成本制度下的存货估价与列报》,从 1995 年 1 月 1 日开始的会计年度生效;IASB 于 2003 年 12 月 18 日对该准则进行了修订,IAS 2(2003)从 2005 年 1 月 1 日开始的会计年度生效。

在中国,财政部曾于 2001 年 11 月 9 日印发了《企业会计准则——存货》(财会〔2001〕57 号),开始对存货的核算行为进行规范。

2006 年以前,财政部采取了对商品流通企业存货成本进行专门界定的思路。按照该思路,商品流通企业购入的可直接销售的商品,其采购成本只包括采购价格、进口关税和其他税金等。商品流通企业在采购过程中发生的运输费、装卸费、保险费、包装费等,则要求计入当期损益。这种思路,分别形成了《股份有限公司会计制度》《企业会计制度》《企业会计准则——存货》中对商品流通企业存货成本构成的特殊规范。显然,这样的规范既不符合国际惯例,也不利于企业统一存货成本的构成标准。

2006 年 2 月印发的 CAS 1,采取了与 IAS 2(2003)趋同的规范内容。商品流通企业存货成本的构成,开始与其他企业存货成本的构成保持一致。

(二)存货的界定与构成

IAS 2 中对存货的界定是:存货是指企业正常活动中持有待售的资产、为销售而处于生产过程的资产和在生产过程或提供劳务中被消耗的材料和物品。

CAS 1 中采取了与 IAS 2 趋同的表述:存货是指企业在日常活动中持有以备出售产成品或商品、处于生产过程的在产品、在生产过程或提供劳务过程中耗用的材料和物料等。

按此界定可以认为,企业的存货一般包括:原材料、在产品、半成品、产成品、外购商品等。

不同的行业具有不同的存货构成。例如房地产开发企业的开发成本和开发产品;施工企业的周转材料;等等。

(三)对存货定义的简要讨论

以上对存货定义的主要局限性,是混淆了存货定义和存货的构成。对事物进行定义是为了揭示该事物的本质特征;对一个概念进行定义是为了界定其内涵和外延①。因此,有必要通过对存货的定义来体现存货的本质特征,并与存货的构成内容相区别。

二、存货的确认与计量

(一)存货初始计量

1. 存货初始计量的基本要求

存货应按照取得成本进行初始计量。由于取得存货方式的不同,取得存货的成本一般划分为:(1)购买存货发生的采购成本;(2)制造加工存货发生的加工成本;(3)其他成本。

2. 存货成本的构成

IAS 2 规定,存货成本应当包括:(1)扣除收到的商业折扣后包括税金、运费和装卸费在内的采购成本。采购成本是外购原材料、商品等存货发生的成本。(2)加工成本,包括固定和变动的制造费用。加工成本是为生产制造存货发生的成本。生产制造的存货包括在产品、半成品和产成品。(3)使存货达到目前场所和状态的其他成本。

存货成本不应当包括:(1)非正常损失。非正常损失是指由于客观因素(地震、水灾等)和管理因素等导致的存货损失。发生的非正常损失应计入当期损益。

①　中国社会科学院语言研究所词典编辑室.现代汉语词典[M].北京:商务图书馆,2002(3):298

相比较之下,正常损失是指为取得存货预计会发生的损失。这些损失应当计入存货成本。(2)仓储费用。仓储费用应直接计入损益。(3)与生产无关的行政性间接费用。这些间接费用属于期间费用,直接计入损益。(4)销售费用。销售费用作为期间费用,直接计入损益。(5)用外币购买存货的汇兑差异。用外币购买存货的汇兑差异应当被界定为财务费用,直接计入损益。(6)递延分期付款购买存货应支付的利息费用。推迟付款属于一种融资行为;由此发生的利息费用应当界定为财务费用计入损益。

3. 存货成本构成的国际比较

比较 IAS 2 和 CAS 1 中有关存货成本的构成,可以看出存在以下差异:

(1)IAS 2 明确规定了用外币购买存货的汇兑差异不得计入存货成本;但 CAS 1 中对此没有做出专门规定。

按照 CAS 19 的规定,与购建或生产符合资本化条件的资产相关的外币借款产生的汇兑损益,适用 CAS 17。对此与存货取得相关的外币借款产生的汇兑损益,也应当计入存货成本。

(2)IAS 2 明确规定了采取递延分期付款方式支付的金额与正常赊购条件下价格的差异,不应当计入存货成本,而是确认为融资期间的利息费用。CAS 1 中对此也没有做出专门规定。

按照 CAS 1 的规定,应计入存货成本的借款费用,按照 CAS 17 处理。但 CAS 1 应用指南、《企业会计会计准则讲解 2010》等文献中都没有对此给予进一步的解释。

(二)存货的后续计量

1. 发出存货的计量方法

IAS 2 规定的发出存货的计量方法有:(1)个别计价法。采取个别计价法,企业取得特定存货的成本,作为计量发出该项存货成本的依据。采取个别计价法计量的存货,一般应当是价值较高、比较容易单独辨认的存货。(2)先进先出法。采取先进先出法,企业应当根据取得同类存货的先后顺序,将其成本作为计量发出存货成本的依据。(3)加权平均法。采取加权平均法,企业应当在会计期末(通常是月末),按照本会计期间取得同类存货的加权平均成本,作为计量发出存货成本的依据。

如果其计价方法的结果接近实际成本,IAS 2 也允许企业选择标准成本法和零售价格法作为发出存货的计价方法。但 CAS 1 中没有类似的规定。

IASB 曾允许采用后进先出法计量发出存货的实际成本。2001 年 11 月财政部印发的《企业会计准则——存货》中也曾允许采用后进先出法。

IAS 2(2003)中取消了后进先出法。为了与 IAS 2 保持趋同,CAS 1 中也取消了后进先出法。

后进先出法的产生是源于应对通货膨胀所采取的一种稳健性的举措。从 20 世纪 90 年代初期开始伴随着西方国家已基本不再存在通货膨胀的问题,后进先出法的迫切性被大大地淡化了。西方国家主导的 IASB 要求取消后进先出法,也就不足为怪了。在 CAS 1 中取消后进先出法,只不过是为了兑现会计准则国际趋同的承诺所做出的非原则性的让步。对此如果未来中国出现了比较明显的通过膨胀问题并打算继续坚持会计处理的稳健性,则有必要恢复后进先出的存货计价方法。

(三)资产负债表日计量

在资产负债表日,存货应当按照成本与可变现净值孰低列报。

可变现净值是指在正常活动中,存货的估计售价减去至完工时估计将要发生的成本、估计的销售费用以及相关税费后的余额。

如果存货成本低于其可变现净值,则应按照两者之间的差额计提存货跌价准备,并计入利润表中的资产减值损失。与 CAS 8 中的相关规定不同,CAS 1 允许在存货可变现净值回升时将原来计提的存货跌价准备转回。

第二节　投资性房地产

一、投资性房地产概述

(一)投资性房地产准则

IASC 于 2000 年 4 月发布了 IAS 40,自 2001 年 1 月 1 日开始的年度生效。2003 年 12 月 18 日发布了修订版 IAS 40(2003),2005 年 1 月 1 日开始的年度生效。随后,还分别于 2008 年 5 月 22 日、2013 年 12 月 12 日、2016 年 12 月 8 日对 IAS 40(2003)进行了多次修订。

2006 年 2 月 15 日财政部印发的 CAS 3,是中国出台的第一个规范投资性房地产会计处理行为的具体准则。

(二)投资性房地产的概念和构成

1. 投资性房地产

房地产包括房产(或建筑物,下同)和土地。在中国,由于按照相关法律的规定,企业只能以支付出让金的方式取得土地使用权;故房地产包括房产和土地使用权。企业拥有的房地产可划分为以下三类:第一是为了自己使用,即用于提供产品或者劳务以及用于管理目的的房地产;第二是为了在正常经营期间内出售,例如房地产开发企业投资开发建设的、用于对外销售的房地产;第三是为了对外出租获取租金,或者为了长期持有在未来增值后出售。第一类房地产在 IAS 40 中被界定为"自用房地产";第二类房地产被界定为企业的存货;第三类房地产属于投资性房地产。

CAS 3 中对投资性房地产的定义是:投资性房地产,是指为赚取租金或资本增值,或两者兼有而持有的房地产。

按照 IAS 40 中对投资性房地产的解释,投资性房地产可以是企业拥有并以赚取租金或资本增值为目的的房地产,也可以是企业采取融资租赁方式取得的、以赚取租金或资本增值为目的的房地产。

确认为投资性房地产的房地产,包括土地(或)和建筑物,以及建筑物的一部分。

2. 投资性房地产的构成

按照 IAS 40 中的解释,投资性房地产一般包括:

(1)持有并准备长期资本增值,而不是准备在短期内对外出售的土地。打算在短期内正常出售的土地,应当按照 IAS 2 的规定确认为一项存货。

(2)持有的土地,这些土地在未来如何使用现在并不明确。如果企业现在无法明确这些土地将作为自用房地产,或者在短期内对外正常出售,可认为企业持有这些土地是为了资本增值。

(3)采取经营租赁方式出租的建筑物;这些建筑物可以是企业拥有的,也可以是企业采取融资租赁方式取得的。

(4)持有并准备用于经营性出租的闲置建筑物。这意味着,尽管目前尚未将这些闲置的建筑物对外出租,但只要具有在不久的未来将这些建筑物对外出租的打算,就有必要将这些闲置的建筑物确认为一项投资性房地产。

(5)在未来作为投资性房地产使用的在建或在开发的房地产。

在 IFRS 体系中,没有将在建或者在开发的资产在资产负债表中单独确认为一项资产的要求。这与 CAS 体系的规定不太一致。

相比较之下,CAS 3 中规范的投资性房地产的构成内容包括:

(1)已出租的土地使用权。按照 CAS 3 应用指南中的解释,出租的土地使用权,是指采取经营租赁方式出租的土地使用权。

企业通过支付出让金方式取得的土地使用权,应确认为一项无形资产(土地使用权);当将土地使用权出租时,需要将该项无形资产重新确认为一项投资性房地产(土地使用权)。

按照 IAS 40 的规定,土地私有制条件下企业拥有的用途不明确的土地,也应界定为一项投资性房地产。这是因为,持有的土地具有潜在的增值效用。但在中国,由于实行的是土地公有制度,并且尚未形成完善的土地使用权交易市场,故除了经政府土地管理部门批准外,一般不允许企业无目的地取得土地使用权。

(2)持有并准备增值后转让的土地使用权。持有并准备增值后转让的土地使用权,是指企业取得的、准备在未来增值后对外转让获利的土地使用权。与土地私有制的国家不同,在中国的现行体制下,企业将取得的土地使用权长期持有准备增值后转让,应符合国家对土地使用权管理的有关规定。对于为自用而取得的土地使用权因各种原因长期闲置,则不应界定为投资性房地产。

(3)已出租的建筑物。按照 CAS 3 应用指南中的解释,出租的建筑物,是指采取经营租赁方式出租的企业拥有产权的建筑物。这与 IAS 40 的规定是相符的。

如果企业将原确认为一项固定资产的房屋与建筑物对外租赁,则需要将该项资产重新确认为一项投资性房地产(建筑物)。

按照 CAS 3 应用指南的解释,如果某建筑物的一部分被用于对外出租赚取租金,是否需要重新确认为一项投资性房地产,取决于该部分能否单独计量与出售;如果不能单独计量与出售,不能确认为投资性房地产。

比如,如果华鑫实业有限公司拥有的宏达饭店,主要用于对外提供客房住宿服务。按照 CAS 3 应用指南的解释,该饭店不确认为投资性房地产。如果华鑫公司将宾馆中的少量房间用于对外出租,由于这些房间无法单独计量与出售,故该部分也不应单独确认为一项投资性房地产。

IAS 40 中的表述是,也许某房地产的一部分用于对外出租赚取租金或者资本增值,部分自用。在这种状况下,需要判断这些部分是否可以单独对外出售或者融资出租。如果能够做到,需要分别进行核算;如果无法做到,除非自用部分不重要,否则不应确认为一项投资性房地产。

按照 IAS 40 的规定,闲置并准备用于经营性租赁的建筑物,也应确认为一项投资性房地产。但 CAS 3 中对此没有明确规定。

如果某企业持有一批准备在未来增值后出售的房产(正如一些为投资而不是使用购买取得的房产),是否应当界定为投资性房地产,IAS 40 和 CAS 3 中均没有明确。

二、投资性房地产的确认与计量

（一）投资性房地产的确认

按照 CAS 3 的表述，投资性房地产确认的条件与《基本准则》中规定的资产确认条件是完全一致的：与该投资性房地产有关的经济利益很有可能流入企业；该投资性房地产的成本能够可靠地计量。

确认资产成本是资产确认的一项重要工作。投资性房地产的成本，包括取得投资性房地产的初始成本，以及后续发生的符合资本化条件的支出。

投资性房地产构成部分的更新如果符合确认条件，其成本应当计入该项投资性房地产的账面价值，同时终止确认被更换部分的账面价值。

（二）投资性房地产的初始计量

投资性房地产应当按照成本进行初始计量，成本包括交易费用，但不应包括启动成本、非正常损失以及在投资性房地产达到预计占用水平前发生的初始经营损失。

企业采取不同方式取得的投资性房地产，需要按照 CAS 3 的规定采取不同的初始计量的账务处理。

如果华鑫实业有限公司决定将某闲置的某仓库用于对外出租，则该公司应在租赁期开始日该项固定资产调整确认为一项投资性房地产。

（三）投资性房地产的后续计量

IAS 40 和 CAS 3 均允许企业在以下两种计量模式中做出选择。

1. 公允价值模式

选择公允价值模式，投资性房地产应在资产负债表日按照公允价值进行再计量。投资性房地产公允价值变动导致的利得或损失应计入当期损益（公允价值变动损益）。

2. 成本模式

初始确认后，投资性房地产应参照 IAS 16 中不动产、厂房与设备采取的成本模式，按照其成本减除累计折旧和累计减值损失进行核算。

主体的所有投资性房地产必须采纳一种方法。只有在可更恰当地列报时允许进行方法变更。

IAS 40 不主张将公允价值模式转变为成本模式。

按照 CAS 3 的规定，采用成本模式进行后续计量的建筑物，执行 CAS 4 中的相关规定；采取成本模式进行后续计量的土地使用权，执行 CAS 6 中的相关规定。

目前中国的投资性房地产一般缺乏活跃的房地产交易市场，也就无法获取有关房地产市场价格的信息,对此目前投资性房地产采用公允价值模式进行后续计量的条件并不具备。

三、投资性房地产的转换

如果该仓库目前处于闲置状态,企业打算在近期内将其对外出租,按照 IAS 40 的规定,可在资产负债表日根据会计师的职业判断将其调整确认为一项投资性房地产。这属于固定资产转换为投资性房地产的行为。

IAS 40 和 CAS 3 均对投资性房地产与其他资产之间的转换行为进行了规范。按其规定,如果将一项对外租赁的建筑物转为自用,则应将该项投资性房地产转为一项固定资产;如果将原确认为一项存货的房地产对外出租,则需要将该项存货转为一项投资性房地产;如果将自用建筑物改为对外出租,则需要将该项固定资产转为一项投资性房地产;如果将自用土地使用权对外出租或用于资本增值,则需要将该项无形资产转为一项投资性房地产。

存在的主要问题是:投资性房地产转换的主要依据是什么? 应当在何时进行转换? 针对这些问题,IASB 于 2016 年 12 月 8 日发布了《投资性房地产的转化(对国际会计准则第 40 号的修订)》,其中指出,当且仅当有证据表明用途发生改变时,主体才能将房地产转化为投资性房地产。用途发生改变仅出现在当房地产符合投资性房地产定义之时,管理层对房地产用途的意图改变,不作为用途改变。

对此可以认为,如果企业将自用建筑物对外出租,转换的依据不是公司董事会或者相关管理机构的决定,而是租赁协议开始实施的时间。故企业应当在租赁协议约定的租赁开始日,将该建筑物由原来的固定资产,转换确认为一项投资性房地产。对此 CAS 3 应用指南中也明确规定,作为存货的房地产改为出租,或者自用建筑物、自用土地使用权停止自用改为出租,其转换日为租赁期开始日。如果认可了这一点,则"一般而言如果企业自行建造或开发完成但尚未使用的建筑物,且董事会或类似机构做出正式书面决议,明确表明其持有以备经营出租的空置建筑物,如董事会或类似机构做出书面决议,明确表明其自行建造或开发产品用于经营租出、持有意图短期内不再发生变化的,应视为存货转换为投资性房地产,转换日为董事会或类似机构做出书面决议的日期"[①]的观点就值得商榷。

---

① 财政部会计司编写组. 企业会计准则讲解 2010[M]. 北京:人民出版社,2010:47

第三节　固定资产

一、固定资产概述

（一）固定资产准则

在 IFRS 体系中,固定资产表述为不动产、厂房和设备。IASC 于 1982 年 3 月发布的 IAS 16 曾命名为《不动产、厂房和设备的会计处理》。1993 年 12 月修订后改为现名,自 1995 年 1 月 1 日开始的年度实施。随后,分别于 1998 年 4 月和 7 月对 IAS 16 进行了修订。2003 年 12 月 18 日发布了修订版 IAS 16(2003),2005 年 1 月 1 日开始的年度生效。

随后,分别于 2008 年 5 月 22 日、2012 年 5 月 17 日、2013 年 12 月 12 日、2014 年 5 月 12 日和 6 月 30 日对 IAS 16(2003)进行了修订。

在中国,2001 年 11 月 9 日财政部印发的《企业会计准则——固定资产》(财会[2001]57 号),是中国出台的第一个规范固定资产核算行为的具体准则。

2006 年 2 月 15 日财政部印发的 CAS 4,采取了与 IAS 16 趋同的思路。

（二）固定资产的概念与构成

固定资产一般包括两部分内容:(1)房屋建筑物等不动产;(2)机械设备等动产。在 IAS 16 中,采取了"不动产、厂房和设备"的表述。

CAS 4 规定:固定资产应当具备的特征有:(1)为生产商品、提供劳务、出租或经营管理而持有的;(2)使用寿命超过一个会计年度。

使用寿命,是指企业使用固定资产的预计期间,或者该固定资产所能生产产品或提供劳务的数量。

在《企业会计制度》中,曾对非生产经营主要设备的固定资产设置了单位价值 2000 元以上的价值标准。为了与 IAS 16 趋同,CAS 4 也不再对固定资产设置价值标准。但设置固定资产的价值标准仍具有必要性。设置了生产设备、工具等物品确认为一项固定资产的入门价值标准,有助于将价值较低的工业企业所持有的工具、用具、备品备件、维修设备等资产,施工企业所持有的模板、挡板、架料等周转材料,以及地质勘探企业所持有的管材等资产界定为一项存货(低值易耗品或周转材料),简化相关业务的会计处理。

不同的行业具有不同的固定资产构成。对于特定行业所拥有的单位价值虽然较低但批量较大的设备、工具等(例如提供共享单车服务的企业拥有的自行车),仍有必要界定为一项固定资产。

二、固定资产的确认与计量

(一)固定资产的确认

1. 固定资产确认

IAS 16 中对固定资产确认的规定和 IASB《概念框架 2010》中对资产的确认表述基本上是一致的。IAS 16 指出:当与不动产、厂房和设备项目相关的未来经济利益很有可能流入主体,并且该项目的成本能够可靠地加以计量,则应当将该项目的成本确认为一项资产。CAS 4 也要求,固定资产同时满足以下条件的,才能予以确认:(1)与该固定资产有关的经济利益很有可能流入企业;(2)该固定资产的成本能够可靠地计量。

固定资产的确认可划分为初始确认和后续确认。重要的事项是要将发生的与固定资产相关的后续支出计入固定资产成本,应符合固定资产的确认条件。

2. 固定资产成本

按照 IAS 16 中的解释,不动产、厂房与设备的成本包括购买或建造该项不动产、厂房和设备初始成本,以及随后发生的追加成本、部分更新成本以及服务成本。这些成本可划分为两部分:(1)固定资产的初始计量成本;(2)固定资产后续支出中应计入该项固定资产成本的金额。

(二)固定资产的构成

一个重要的问题需要明确,这就是如何确定一项固定资产的构成内容?如果一项固定资产由不同的部件构成,例如一台电子计算机由主机、液晶显示屏、键盘、音箱等构成,是将其合并确认为一项固定资产,还是分别确认为一项固定资产?

IAS 16 中表示,某项固定资产应当由何构成,本准则没有界定。对此有必要针对不同的状况确定固定资产确认标准。对于不重要的单独项目,有必要结合在一起确认为一项固定资产。

CAS 4 提出,固定资产的各组成部分具有不同使用寿命或者以不同方式为企业提供经济利益,使用不同的折旧率或折旧方法的,应当分别将各组成部分确认为单项固定资产。

将具备条件的固定资产各组成部分分别确认为单项固定资产的科学性、合理性值得商榷。将一台电子计算机的各组成部分是否需要分别确认为单项固定资产,应取决于各组成部分是否能够单独发挥作用或者提供使用效益,而不是各组成部分的单位价值或者使用寿命。由于电子计算机的各组成部分无法单独发挥作用或者提供使用效益,故尽管各组成部分具有明显不同的使用寿命,也不应当单独确认为单项固定资产。

一般来说,作为某项固定资产的组成部分,是无法单独发挥作用或提供使用效益。对此需要讨论或者通过会计师职业判断来确定的事项,是将一些具有相互联系的固定资产分别界定为单项固定资产,还是组合在一起界定为一项固定资产。如果认可这一观点,则将飞机发动机等组成部分单独确认为单项固定资产观点①或实务处理②虽然符合 CAS 4 的规定,但未必科学合理。

(三)固定资产的初始计量

1. 固定资产初始计量的基本要求

IAS 16 和 CAS 4 均明确规定固定资产应当按其成本进行初始计量。需要讨论的主要问题是:固定资产成本的构成内容是什么? 按照 IAS 16 和 CAS 4 的规定,取得固定资产的成本应由以下两部分构成:

(1)使该项资产达到预定可使用工作状态所需的所有成本。这些成本包括固定资产的购价,以及场地准备成本、运输与装卸成本、安装成本、专业人员服务费等。

(2)预计该项资产的弃置费用和恢复场地的费用。现代社会企业应当履行的环境保护职责使得这些支出成为必要。但这些必要的支出似乎并不符合固定资产的确认条件,计入固定资产成本的合理性值得商榷。

采取不同方式取得固定资产,具有不同的成本构成。

2. 外购固定资产的初始计量

外购固定资产的成本,包括购买价款(扣除商业折扣),支付的进口关税等相关税费,在该项固定资产达到预定可使用状态之前所发生的可归属该项资产的运输费、装卸费、安装费、设备测试费、场地准备费、专业人员服务费等。

在中国,购买不动产和机械设备等固定资产时依法缴纳的、不能税前扣除的增值税款,购买车辆依法缴纳的车辆购置税等,也构成了外购固定资产的成本。

3. 递延付款购买固定资产的初始计量

有必要区别按照正常信用条件的付款和递延付款。递延付款的基本特征是:购买固定资产所需支付的款项大部分或者全部被递延到未来某一期间;递延付款总额明显超过了当前一次付款或者按照正常信用条件的付款总额。至于递延的时间以及分期付款的间隔期限并非判断的关键因素。

---

① 财政部会计司编写组. 企业会计准则讲解 2010[M]. 北京:人民出版社,2010:73
② 中国南方航空股份有限公司. 2016 年度报告 PDF 版第 130 页[R/OL]. www.cninfo.com.cn

递延付款购买的固定资产一般为价值量较大的大型设备;付款方式也可以是未来一次付款,但一般表现为分期付款。

按照 IAS 16 的规定,固定资产的成本是指相当于在确认日现金付款的价格。如果付款递延超出了正常的信用条件,则现金付款价格与总付款之间的差额需要采取以下两种方式处理:

(1)按照 IAS 23 的规定资本化,计入固定资产的成本。IAS 16 规范的固定资产,包括在用的固定资产和在建的固定资产(在建工程)。需要资本化的金额,是指需要按照 IAS 23 的规定计入在建工程的金额。

(2)通过分摊确认为递延各会计期间的利息费用。采用的分摊方法,应当是实际利率法。

CAS 4 中对这一事项的规定是:购买固定资产的价款超过正常信用条件延期支付,实质上具有融资性质的,固定资产的成本以购买价款的现值为基础确定。

市场经济条件下,按照正常信用条件付款不存在融资性质。当递延支付的价款总额明显超过了正常信用条件付款,即可认为延期支付具有融资性质。两者之间的差额,应界定为递延付款中的内含利息。

如果某企业购买了生产用设备一台。按照购买合同的约定,企业需要先付款 10 万元,然后分别在 6 个月和一年后分别付款 10 万元。

(1)如果企业一次付款购买设备所需支付的价款为 290 000 元,则该项设备的成本为 290 000 元。企业还需要按照 CAS 4 的规定确认分期付款总额中的内含利率。

确认内含利率的计算公式如下:

$290\ 000 = 100\ 000 + 100\ 000 \times (1 + K) - 1 + 100\ 000 \times (1 + K) - 2$

$K = 3.49\%$

(2)如果无法取得一次付款的价格,折现采用的市场利率为半年3%,则该设备的成本可计算如下:

$$固定资产成本 = 100\ 000 + 100\ 000 \times (1 + 3\%) - 1 + 100\ 000 \times (1 + 3\%) - 2$$
$$= 292\ 246.97(元)$$

4. 自行建造取得固定资产的初始计量

CAS 4 规定,自行建造固定资产的成本,由建造该项资产达到预定可使用状态前所发生的必要支出构成。但 CAS 4 中没有进一步说明必要支出的构成内容。

自行建造固定资产的成本,一般应包括以下两个组成部分:(1)为投资建造该资产发生的相关支出。这些支出一般包括建筑与安装工程投资支出;设备投资支出和其他支出;(2)计入工程成本的借款费用。计入工程成本的借款费用,应执行

CAS 17 的规定。

IAS 16 中提出,测试资产是否正常运转而发生的费用,扣除将资产运抵指定地点并使其达到预定状态过程中所生产项目(如在测试设备过程中生产的样品)的出售净收入,应计入固定资产成本①。IASB 在 2017 年 4 月发布了对 IAS 16 进行修改的征求意见稿,不允许从不动产、厂场和设备的成本中扣除以上资产达到预定用途之前的产出销售收入,要求将这些销售收入计入当期损益。

5. 非货币交换方式取得固定资产的初始计量

如果采取非资产交换方式取得一项资产(无论在性质上是否类似),其成本应当按照公允价值计量,除非(1)交换交易缺乏商业实质;(2)无论取得的资产或放弃的资产的公允价值都无法可靠地加以计量。

如果取得的资产没有按公允价值计量,其成本应当按照被放弃资产的账面价值计量。

在 CAS 体系中,非货币资产交换行为是通过 CAS 7 予以规范的。

6. 有关固定资产弃置费用会计处理的讨论

按照 IAS 16 的规定,预期发生的固定资产弃置费用(含场地恢复费用等,下同),应计入固定资产成本。CAS 4 只强调"确定固定资产成本时,应当考虑预计弃置费用因素"。CAS 4 应用指南中对固定资产弃置费用有以下解释:"弃置费用通常是指根据国家法律和行政法规、国际公约等规定,企业承担的环境保护和生态恢复等义务所确定的支出,如核电站核设施等的弃置和恢复环境义务等。企业应当根据 CAS 13 的规定,按照现值计算确定应计入固定资产成本的金额和相应的预计负债。"可以看出,CAS 4 及其应用指南中对固定资产弃置费用的会计处理规定,与 IAS 16 是趋同的。

在实际会计处理中,计入固定资产成本的应当是估计在未来发生的弃置费用的现值。如果某项固定资产的使用寿命 10 年,预计期末需要发生 100 000 元的弃置费用。按照 6% 的折现率计算,则:

弃置费用现值 = 100 000 × (P/F,6% ,10) = 100 000 ×0. 5584 = 55 840(元)

则应计入该项固定资产成本的弃置费用为 55840 元。

弃置费用与弃置费用现值之间的差额应按照实际利率法进行分摊,计入分年度损益。

尽管 IAS 16 以及与其趋同的 CAS 4 中都主张将固定资产的弃置费用计入固

---

① 中国会计准则委员会. 国际财务报告准则(A 部分)2015[M]. 北京:中国财政经济出版社,2015:767

定资产成本,但由于弃置费用的发生无法带来未来经济利益的流入,故似乎并不符合资产的定义和确认条件。

在中国学术界,针对弃置费用会计处理的讨论,在20世纪90年代末期以前非常鲜见,进入21世纪以后才逐步展开。根据对有限研究文献的查询,发现胡海波等(2017)有关核弃置费用会计处理的讨论,主要是在进行弃置费用会计处理国际比较的基础上,提出了明确规定环境恢复义务等建议①;金执翰等(2017)有关特殊行业弃置费用会计核算的探讨,主要针对的是石油天然气开采中涉及的弃置费用会计处理事项,提出了制定独立的规范弃置费用会计处理行为具体准则等建议②;曾辉祥等(2017)主要针对的是核电站弃置费用会计处理的讨论,并提出了构建核电站资产弃置义务会计框架设计的初步设想③;涂红星等(2017)主要是在对IASB、FASB、ASB、CASC有关资产弃置费用会计处理规定进行国际比较的基础上提出了构建资产弃置债务会计准则的建议④;吕怀立等(2017)在基于FASB和IASB对资产弃置费用会计处理比较的基础上,提出了进一步完善中国资产弃置费用会计处理的相关建议⑤。相比较之下,只有王敬美(2016)的研究涉及对资产弃置费用支出性质的讨论,该文通过对固定资产弃置费用性质的分析,认为弃置费用与资产定义不符,对将弃置费用计入固定资产成本的会计处理规定提出了质疑⑥。

本书赞同王敬美的部分观点,但认为有必要对其中的某些表述进行修正。本书认为,弃置费用无疑是由企业已发生的交易或事项形成的(而并非是像王敬美文中所表述的"是企业在未来发生的生产交易时形成的"),但似乎不属于企业拥有或控制的资源,也无法预期给企业带来经济利益或很有可能产生经济利益的流入;企业承担环保义务导致的弃置费用似乎并非是为取得资产发生的支出,而是使用资产发生的支出。由于该项由过去交易或事项形成的,但预计将在未来发生的支出不符合资产的定义和确认条件,故按照或有事项进行会计处理,即将预计

① 胡海波,颜佳琳. 核弃置费用会计处理:国际比较、问题及对策研究[J]. 商业会计,2017(1)
② 金执翰,金碧慧. 特殊行业弃置费用的会计核算问题探讨[J]. 财务与会计,2017(12)
③ 曾辉祥,肖序. 资产弃置义务的会计核算框架及应用——一核电站为例[J]. 财会月刊,2017(34)
④ 涂红星,鲁千霞,明红娟. 资产弃置债务会计准则构建的国际比较研究[J]. 会计师,2017(17)
⑤ 吕怀立,林艳艳. 我国资产弃置义务会计处理——基于FASB和IASB的比较[J]. 会计之友,2017(11)
⑥ 王敬美. 固定资产弃置费用的会计处理探讨[J]. 科技展望,2016(01)

发生的弃置费用(包括年金和利息费用)分期计入损益或相关资产成本(例如存货成本),也许更为科学合理。

(四)固定资产的后续计量

IAS 16 允许企业的不动产、厂房与设备可选择两种计量模式进行后续计量：历史成本模式和重估价值模式。CAS 4 只允许企业采用成本模式进行固定资产的后续计量。

1. 历史成本模式

采用历史成本模式,企业应当按照资产的历史成本减去累计折旧和减值后的余额列报。在资产负债表上列报的不动产、厂房与设备价值,可按照以下方式计算确定：

不动产、厂房与设备的账面价值 = 资产原值 – 资产累计折旧 – 累计资产减值准备

2. 重估价值模式

采用重估价值模式,如果公允价值能够可靠地计量,企业应当按照资产重估日的公允价值减去以后的累计折旧与累计减值准备后的余额列报。

如果某项固定资产年初按其公允价值确认的账面金额为 50 万元,预期还能继续使用 5 年,不考虑期末净残值。采用直线法,则当年应计提的折旧为 10 万元。不考虑计提减值准备,年末该项资产的账面金额为 40 万元(50 – 10);如果当年计提了 5 万元的减值准备,则年末该项资产的账面金额将减少至 35 万元。

采用重估价值模式,应当定期进行重估,使得资产负债表日资产的账面价值不会与其公允价值出现明显差异。如果某项资产的账面价值与其公允价值之间不存在明显差异,IAS 16 允许每间隔 3 年或者 5 年进行一次重估。

IAS 16 允许选择以下方法之一处理重估日固定资产的累计折旧：

(1)相应地调整资产的原值,使得其重估后的账面金额与其重估值相等。例如,如果某固定资产重估前的原值为 250 万元,账面金额为 100 万元,累计折旧为 150 万元;重估值为 90 万元,则需要将其总值调整为 240 万元(150 + 90)。

(2)相应地调整累计折旧,使得其重估后的账面金额与其重估值相等。例如,如果某固定资产重估前的原值为 250 万元,账面金额为 100 万元,累计折旧为 150 万元;重估值为 90 万元,则需要将其累计折旧调整为 160 万元(250 – 90)。对建筑物的重估,一般采取这种方法。

固定资产重估增值金额应计入其他综合收益,并在权益下的重估盈余项目列报。但如果同一资产以前的重估减值计入了损益,则相同的增值金额应计入损益。

固定资产重估减值金额应计入损益。但如果同一资产以前的重估增值计入其他综合收益,并在权益下的重估盈余项目列报,则相同的增值金额应计入其他综合收益,并相应地减少权益下的重估盈余。

当该项资产被终止确认、即报废或者出售时,意味着确认的公允价值变动额已经实现,故计入重估增值中的金额应当结转至保留盈余。

该项资产被企业使用过程中,按照重估价值计提的折旧与按照原始成本计提的折旧之间的差异所形成的重估盈余,也应及时结转保留盈余。

IAS 16 还要求按照 IAS 12 的规定,确认与披露固定资产重估产生的所得税影响。

(四)固定资产折旧

采取成本模式和重估价值模式计量的不动产、厂房与设备,都涉及折旧事项。分别确认的固定资产的各组成部分,例如一架飞机的机身和发动机,需要分别计提折旧。

固定资产折旧涉及以下概念的确定和讨论。

1. 固定资产成本

大多数固定资产折旧方法依据的是固定资产的成本。固定资产的初始计量成本反映了取得固定资产时的公允价值。当按照 IAS 16 的规定对固定资产进行重估或发生了符合资本化条件的固定资产后续支出时,将涉及调整固定资产成本的事项。

2. 应计提的折旧额

CAS 4 和 IAS 16 中对应计提折旧额的界定基本上是一致的:应计提的折旧额是指固定资产成本减去预期残值后的余额。

但有必要说明的是,这是指取得固定资产时所确定的应计提折旧的金额。对于正在使用的固定资产,其以后期间应计提折旧的金额应当按照以下公式确认:

应计提折旧的金额 = 固定资产成本 − 预计净残值 − 累计折旧 − 累计减值准备

预计净残值是指在该项资产预期的经济寿命届满时,企业从处置该项资产中预期可获得的扣除预期处置费用后的金额。

3. 折旧

折旧是指在固定资产使用寿命内,按照确定的方法对应计提折旧额进行系统分摊。

采取不同的系统分摊方式,形成了会计估计中选择的不同会计折旧方法。

计提的固定资产折旧应计入当期损益,或者计入与使用该项固定资产相关的其他资产的成本。

一般来说,在使用一项固定资产提供相关劳务过程中发生的折旧费,应通过计入营业成本的方式计入当期损益;企业销售部门和管理部门发生的固定资产折旧费,也通过计入期间费用的方式计入了当期损益。然而,制造厂、车间房屋建筑物折旧和机械设备的折旧,则应通过计入制造费用的方式进入了所生产存货的成本;与在建工程有关的固定资产折旧,应计入在建工程成本;为研制无形资产发生的固定资产折旧,则应计入该项无形资产的成本。

固定资产在使用过程中由于受自然磨损、机械磨损等的影响会出现陈旧,到该项资产由于磨损等原因失去必要的加工精度、使用效率以及频繁出现故障等将导致其取法继续使用而报废。固定资产折旧实际上反映了固定资产由于磨损等原因而出现的陈旧;而陈旧的发生将导致固定资产公允价值的减少。对此,无论是否计提折旧,都无法回避固定资产在使用过程中或者随着时间的递延发生陈旧这一事实。

4. 折旧方法

计提折旧,实质上是对由于陈旧所导致的固定资产公允价值减少的估计。由于对其估计可能立足于不同的角度,从而导致了不同折旧方法的产生。

如何选择折旧方法,IAS 16 与 CAS 4 有不同的要求。

IAS 16 要求企业采取的折旧方法应当反映预期被主体耗用的资产未来经济利益的方式。按此要求,会计期间预期资产未来经济利益的减少,应当体现为当期计提的固定资产折旧额。会计期间预期资产未来经济利益的减少方式,决定了企业应采取的固定资产折旧方法。

与此不同,CAS 4 则要求企业根据与固定资产有关的经济利益的预期实现方式来合理选择固定资产折旧方法。按此要求,如果与固定资产相关的经济利益预期呈现逐年增加的趋势,应当采用减速折旧的方法;如果与固定资产相关的经济利益预期呈现逐年减少的趋势,应当采用加速折旧的方法。

IAS 16 中没有规定具体的折旧方法。对此企业可选择采用各种不同的方法计提固定资产折旧。但在 2014 年 5 月 12 日 IASB 发布的对 IAS 16 的修订,主要针对的是对固定资产折旧方法的选择。修订后的 IAS 16 不主张主体针对固定资产采用以收入为基础的折旧方法。IASB 认为,折旧应当反映资产未来经济利益消耗的预计方式。以收入为基础的折旧方法系基于会计期间所产生收入占资产使用寿命内预计总收入的比例来对资产的应折旧金额进行分摊。收入反映了业务经营活动产生经济利益的模式,而并非反映了通过使用资产所消耗经济利益的模式。在有限情况下,以收入为基础的折旧方法将产生与工作量法相同的结果。

IASB 没有采纳这一例外情况。

CAS 4 中规定的折旧方法包括年限平均法、工作量法、年数总和法和双倍余额递减法。

2017 年 6 月 12 日财政部印发的《企业会计准则解释第 10 号——关于以使用固定资产产生的收入为基础的折旧方法》(财会[2017]17 号)中认为:由于收入可能受到投入、生产过程、销售等因素的影响,这些因素与固定资产有关经济利益的预期消耗方式无关,因此,企业不应以包括使用固定资产在内的经济活动所产生的收入为基础进行折旧。这一解释排除了企业选择用收入作为工作量来计提折旧的可能性。

年数总和法和双倍余额递减法都属于加速折旧的方法。企业如果选择加速折旧的方法,其基本假设条件应当是该项固定资产在未来使用过程中取得的经济利益将呈现抵减趋势。

严格地说,这一假设也许并不符合实际情况。一般来说,只有当一项机械设备使用到一定程度时,由于精度下降,故障频发,才有可能导致未来取得的经济利益呈现逐年下降趋势。如果企业采取对该项固定资产大修理、技术改造或者及时更新的处理方式,这种状况是可以避免的。也许是由于这种理由所致,现代企业会计核算鲜有选择加速折旧的方法,绝大多数企业选择的折旧方法是平均年限法和工作量法。加速折旧法基本是在国内外政府的税收政策中采用。

除了以上四种折旧方法以外,西方国家的企业还有可能采用余额递减法、偿债基金法等计提固定资产折旧。

计提的折旧费用是计入当期损益,还是计入某项资产的成本(存货成本,不动产、厂房、设备成本,无形资产成本等),取决于会计师对该项交易事项职业判断的结果。

5. 固定资产使用寿命与残值的调整和折旧方法变更

固定资产使用寿命与残值的调整和折旧方法变更属于会计估计变更的范畴。IAS 16 要求企业对资产的残值、使用寿命和折旧方法应当至少在每一财务年度末复核一次。如果预期不同于以前的估计,其变化应当按照 IAS 8 的规定作为会计估计变更进行处理。

CAS 4 也要求企业至少应当于每年年度终了,对固定资产的使用寿命、预计净残值和折旧方法进行复核,并根据需要调整固定资产的使用寿命、预计净残值和折旧方法。

(1)固定资产使用寿命的变更。当资产可使用时开始折旧,直到该项资产被终止确认。即使资产闲置也需要折旧。这意味着,对资产使用寿命的估计,应当包括可能闲置时间在内。对此只要资产存在被确认状态,就需要分期计提折旧,才能保证在预期使用寿命内将全部应计提的折旧全部计提完毕。

需要关注的一个重要问题是:预期进行的固定资产大修理与更新改造作业可能延长的使用寿命,这是否包括在资产使用寿命的估计中? 如果包括,则固定资产大修理与更新改造作业不具有延长其使用寿命的作用;如果不包括,由于大修理与更新改造作业有助于延长固定资产的使用寿命,则有理由认为固定资产的大修理与更新改造支出符合确认固定资产的条件。

科学技术、市场、法律等多种因素都会影响固定资产的经济寿命。当预期的科技进步有可能导致某项固定资产失去使用价值时,需要相应地减少该项固定资产的预期经济寿命。

(2)预计残值的变更。固定资产预计残值的变动将影响应计提的折旧额。如果预计残值的增加达到或者超过了资产的账面金额,则意味着应计提折旧额为零,企业需要停止对该项资产计提折旧。

(3)折旧方法的变更。如果变更折旧方法,意味着与某项固定资产相关的经济利益的预期实现方式出现了变化。当预期某项固定资产的产品加工能力在剩余经济年限内出现明显下降,则有必要将原采取的平均年限法变更为加速折旧的方法计提折旧。

(五)固定资产减值

确认固定资产减值损失意味着一项固定资产的账面金额超过了其可收回金额。可收回金额是指资产的公允价值减去处置费用后的金额,与资产预期未来现金金流入量的现值之间的较高者。

IAS 16 要求企业确认固定资产减值损失应执行 IAS 36 的规定。IAS 36 规定,确认的减值损失应当计入损益;但是重估资产的减值损失应当用于冲减重估盈余。

计提固定资产的减值准备后,应当根据剩余使用年限以及应计提折旧金额的变化,相应地调整未来期间的固定资产折旧。

IAS 36 允许当以前确认的减值损失不再存在或者下降时将其转回。

与 IAS 36 的规定有所不同,CAS 8 规定,企业计提的固定资产减值损失,计入当期损益;并且不允许在以后的会计期间转回。

(六)固定资产终止确认

IAS 16 规定,终止确认一项固定资产产生的利得或损失,应计入损益。利得不应确认为一项营业收入。

CAS 4 中的规定更加明确:计入当期损益的固定资产终止确认产生的利得或

损失,是指处置收入扣除其账面价值以及相关税费后的金额。财政部曾规定,处置固定资产产生的利得或损失应分别计入营业外收入和营业外支出;但财会[2017]30号文改变了这一会计处理规定。按其要求,处置固定资产的利得或损失应计入营业利润中的资产处置损益。

(六)固定资产的后续支出

固定资产的后续支出包括资产保养、维修以及更新改造等方面的支出。

1. 固定资产日常养护与维修支出

固定资产的日常养护的主要作用是维护固定资产的性能;固定资产维修的主要作用是恢复固定资产的性能。故固定资产日常保养与维修既不可能改善固定资产的性能,也不会延长固定资产的使用寿命,故固定资产的日常养护支出和维修支出应在发生时计入当期损益。

2. 固定资产大修理与更新改造支出

固定资产大修理与更新改造支出需要区别以下两种情况进行处理:(1)如果其支出的效果有助于导致延长资产的使用寿命,或者提高固定资产的生产能力,并且其成本能够可靠地计量,则其支出应予以资本化,计入固定资产成本;(2)如果其支出的效果主要是为了恢复固定资产的性能,既不能明显地改善固定资产的性能,也无助于实质性地延长固定资产的寿命,则需要在发生时计入当期损益。

在固定资产使用寿命周期内强制进行大修理作业是中国计划经济体制的产物。在西方国家一般没有固定资产大修理的概念。固定资产在使用过程中如果出现了性能、效率降低等问题,是继续使用、进行大修理与技术改造还是用新设备予以替换,取决于企业管理当局做出的固定资产投资决策。对此,固定资产大修理支出是否符合资本化的条件,取决于会计师根据具体情况所做出的职业判断。

如果在固定资产使用寿命期内预计了大修理作业,并且大修理作业所导致的支出很有可能发生,则有必要将固定资产使用寿命期内预计发生的大修理支出按CAS 13的规定进行会计处理,而不是在发生支出时计入当期的损益。

按照CAS 4的规定,发生的固定资产后续支出如果计入固定资产成本,还需要终止确认被替换部分的账面价值。

需要终止确认的固定资产的被替换部分,应当是固定资产的主要组成部分,并且该部分的账面价值能够单独计量,例如运输工具的发动机、高速公路的路面等。非主要组成部分,或者被替换部分的账面价值不能单独计量,则没有必要、也无法执行这一规定。如果被替换部分都被单独确认为单项固定资产,则替换行为属于固定资产更新,而不是某项固定资产某一部分的替换。这进一步说明将具体条件的固定资产各组成部分分别确认为单项固定资产的规定有进一步商榷的必要。

三、固定资产的列报

（一）国际准则的规定

按照 IAS16 的规定，除了在财务状况表列报不动产、厂房与设备的账面价值以外，还需要在附注中披露有关不动产、厂房与设备的以下信息：（1）用于确认资产总值的计量基础；（2）折旧方法；（3）使用寿命或折旧率；（4）期初和期末的资产总值和累计折旧（包括累计减值损失）；（5）期初与期末账面金额的调整信息。

期初与期末账面金额的调整信息包括：（1）增加的资产；（2）按照 IFRS 5 划分为持有待售的资产以及出售组中划分为持有待售的资产和其他出售的资产；（3）企业合并中取得的资产；（4）按照第 31、39 和 40 段确定的重估价值的增加与减少和按照 IAS 36 的规定确认并计入其他综合收益中的减值损失和转回；（5）按照 IAS 36 的规定确认并计入损益的减值损失；（6）按照 IAS 36 的规定转回并计入损益的减值损失；（7）折旧额；（8）净汇率变动差异；（9）其他变动。

【案例 4-1】在意大利 ASTM 公司 2016 年年度报告的合并财务报表中，附注披露了与有形资产即不动产、厂房、设备和其他资产相关的以下信息：

1. 有形资产包括土地与建筑物；厂房与设备；工业与一般设备；融资租入资产；在建工程及预付款。

2. 分别披露了各项有形资产的成本、累计折旧和账面净值的信息。

3. 分别披露了合并范围变动、当期投资、重述调整和其他变动和处置等对有形资产成本的影响，以及合并范围变动、对上年折旧的重述调整和其他变动以及转回等对累计折旧的影响。

4. 分别披露了有形资产在 2015 年和 2016 年两个会计年度年初和年末的相关信息。

【案例 4-2】在法国南方高速公路公司（ASF）2016 年年度报告的合并财务报表中，披露了以下与固定资产相关的会计政策、会计估计和相关信息。

1. 在附注 A3.13 披露的涉及不动产、厂房与设备的有关会计政策和计量的信息如下。

（1）不动产、厂房和设备项目按照其取得或生产成本减去累计折旧和减值损失后的金额计量。其中，特许权经营资产是指不受特许经营授予方控制、在特许经营中所需的资产，包括打算在经营中使用的建筑物、收费设施、标志、数据传输与监控设施、车辆和设备。

（2）公司收到的与资产相关的政府补助在资产负债表中作为资产减项列示。

（3）一般按照资产的使用期限和直线法计提折旧。

（4）主要资产的折旧年限,例如厂房与设备:4～15 年;办公家具与设备:3～10 年;运输与装卸设备:2～10 年;计算机设备:3～5 年;等等。

2. 附注 C8 披露了有关不动产、厂房和设备的以下信息:

（1）不动产、厂房和设备的具体构成包括:与特许合同有关的有形固定资产。与特许合同有关的有形固定资产预付款和在建工程;政府对特许权有形固定资产的投资补助;其他不动产、厂房和设备。

（2）分别披露了各项不动产、厂房和设备的总值、折旧和账面净值的信息。

（3）分别披露了期初数、本期取得、本期出售和废止和其他变动对成本的影响;以及当期折旧、减值损失、减值损失转回、本期出售和废止和其他变动对账面价值的影响。

（4）分别披露了不动产、厂房和设备在 2015 年和 2016 年两个会计年度年初和年末的相关信息。

（二）中国准则的规定

CAS 4 规定,除了在资产负债表列报固定资产的账面价值以外,还需要在附注中披露与固定资产有关的下列信息:（1）固定资产的确认条件、分类、计量基础和折旧方法;（2）各类固定资产的使用寿命、预计净残值和折旧率;（3）各类固定资产的期初和期末原价、累计折旧额及固定资产减值准备累计金额;（4）当期确认的折旧费用;（5）对固定资产所有权的限制及其金额和用于担保的固定资产账面价值;（6）准备处置的固定资产名称、账面价值、公允价值、预计处置费用和预计处置时间等。

第四节　无形资产

一、无形资产概述

（一）无形资产准则

IASC 于 1998 年 9 月发布了 IAS 38,要求 1999 年 7 月 1 日开始的年度生效。2004 年 3 月 31 日发布了修订版 IAS 38（2004）,2004 年 3 月 31 日开始的年度生效。随后,IASB 还分别于 2008 年 5 月 22 日、2009 年 4 月 16 日、2013 年 12 月 12 日、2014 年 5 月 12 日对 IAS 38（2004）进行了修订。

中国从 20 世纪 80 年代中期开始核算企业无形资产。1992 年 11 月财政部发布的《企业会计准则》，规范了企业无形资产的核算行为。

2001 年 1 月 18 日财政部印发的《企业会计准则——无形资产》（财会［2001］7 号），是中国出台的第一个规范无形资产核算行为的具体准则。

2006 年 2 月 15 日财政部印发的 CAS 6，采取了与 IAS 38 趋同的思路。

（二）无形资产的界定

在 IAS 38 中，无形资产被界定为一项没有实物形态的可辨认非货币性资产。

CAS 6 中对无形资产的定义是：无形资产是指企业拥有或者控制的没有实物形态的可辨认非货币性资产。这与 IAS 38 的定义是一致的。

由于商誉不具有可辨认性，故可以认为商誉不属于 IAS 38 和 CAS 6 中定义的无形资产。

按照 IAS 38 的解释，该准则适用的无形资产不包括其他 IAS 规范的无形资产；CAS 6 同样要求企业合并中形成的商誉的确认与计量，执行 CAS 8 和 CAS 20 的规定。故可以认为，不符合 IAS 38 定义的无形资产，并非不是无形资产。

美国财务会计准则汇编中第三大类资产、主题第 350 号规范了无形资产的会计处理行为。无形资产包括了商誉和其他无形资产。这从另一角度说明了商誉应当属于无形资产。

1992 年 11 月财政部发布的《企业会计准则》中，曾明确了无形资产包括商誉。2000 年 12 月财政部印发的《企业会计制度》中也规定，无形资产分为可辨认无形资产和不可辨认无形资产。不可辨认无形资产或是指商誉。

对此可以认为，商誉属于无形资产，但不属于无形资产准则规范的无形资产。

（三）无形资产构成

IAS 38 认为：无形资产一般包括：（1）计算机软件；（2）专利权；（3）版权；（4）影片；（5）顾客名册；（6）经营许可；（7）进口份额；（8）抵押服务权；（9）与顾客和供货商的关系；（10）特许权；（11）营销权等等。

IFRIC 12 中要求将私人运营商应当将投资建造的基础设施确认为一项无形资产或金融资产。在实务中，西方企业一般将实行使用者付费机制的特许经营基础设施确认为一项无形资产；将实行政府付费机制的特许经营基础设施确认为一项金融资产。

CAS 6 中没有解释无形资产的内容。CAS 6 应用指南认为，无形资产主要包括专利权、非专利技术、商标权、著作权、土地使用权、特许权等。

《企业会计准则解释第二号》中也要求企业将采取 BOT 方式取得的基础设施，根据不同的情况，分别确认为一项金融资产或无形资产。

(四)无形资产的确认

无形资产确认具有资产确认的共性要求,即确认一项符合定义得出无形资产,需要同时具备以下条件:(1)与该无形资产相关的经济利益很有可能流入企业;(2)该无形资产的成本能够可靠地计量。

企业在判断某项无形资产产生的未来经济利益是否很有可能流入时,应当对该项无形资产在预期使用寿命内可能存在的各种经济因素做出合理估计,并且应当有明确的证据支持。

二、无形资产基于使用寿命的分类

基于无形资产使用寿命,无形资产可做如下划分。

(一)具有不确定使用寿命的无形资产

该类别无形资产的基本特征是:该项资产预期产生的对主体现金净流入的期限无法预计。

商誉属于一种没有确定使用寿命的无形资产。故 IFRS 3 取消了对商誉摊销的规定,而是要求对商誉每年进行减值测试。

(二)具有确定使用寿命的无形资产

该类别无形资产的基本特征是:该资产对主体的效益具有有限的使用期限。

CAS 6 要求,企业应当于取得无形资产时分析判断其使用寿命。

企业取得的无形资产的使用寿命,应当取决于相关法律法规的规定以及合同的约定。

是否具有确定使用寿命,影响着无形资产的后续计量。

受生产力发展水平和有关法律法规的限制,企业拥有的绝大多数无形资产,例如版权、商标权、专利权、特许经营权等以及中国的土地使用权,都属于具有确定寿命的无形资产。

三、无形资产的计量

(一)初始计量

IAS 38 和 CAS 6 均规定,无形资产按其成本进行初始计量。企业采取不同的方式取得无形资产,具有不同的初始计量成本。

1. 外购无形资产的初始计量

企业通过外购取得的无形资产,其购买成本属于该项无形资产的初始入账价值。初始计量金额应包括购买价款、相关税费以及直接归属使该项资产达到预期用途发生的其他支出。

与外购固定资产的规定相一致,CAS 6 规定,如果购买无形资产的价款超过正常信用条件延期支付,实质上具有融资性质的,无形资产的成本以购买价款的现值为基础确定。

2. 自行研制取得的无形资产

自行研制取得无形资产的初始计量,是最具有争议的内容之一。

1992 年 11 月财政部发布的《企业会计准则》以及随后印发的《工业企业会计制度》〔(92)财会字第 67 号〕中曾要求将为开发无形资产发生的全部支出,确认为无形资产成本;没有具体涉及研究支出与开发支出的划分。

2000 年 12 月财政部印发的《企业会计制度》以及 2001 年印发的《企业会计准则——无形资产》中,则采取最为严格地资本化规定,仅仅允许将依法取得无形资产时发生的注册费、聘请律师费等费用,确认为无形资产的成本;而将研究与开发过程中发生的所有支出,直接计入当期损益。

CAS 6 则要求将无形资产的开发阶段发生的同时满足五项条件的支出确认为无形资产成本;而将研究阶段发生的支出以及开发阶段不符合资本化条件的支出计入当期损益或相关资产成本。

如何区分研究阶段和开发阶段,是确认无形资产支出资本化的关键因素。CAS 6 应用指南中对此的说明是:企业应当根据研究与开发的实际情况做出区分研究阶段和开发阶段的判断。

(二)取得后的计量模式的选择

IAS 38 也要求主体选择成本模式或重估价值模式进行后续计量。选择成本模式或重估价值模式后续计量的具体做法与固定资产是一致的。可按照本章中有关固定资产成本模式和重估价值模式计量的讨论来处理无形资产的后续计量。

CAS 6 中规定的无形资产后续计量模式是成本模式。

(三)具有确定使用寿命无形资产取得后的计量

IAS 38 中对具有确定使用寿命无形资产的后续计量有以下规定。

1. 无形资产摊销额

某项具有确定使用寿命的无形资产,其成本减去残值后的金额应当在使用寿命内系统摊销。

这说明无形资产的摊销额,应取决于无形资产的成本与其预计残值。无形资产成本减去其残值后的金额,为可摊销的金额。

2. 无形资产摊销方法

摊销方法应当反映效益实现方式。如果实现方式无法可靠地确定,摊销采取直线法。

在企业无形资产价值摊销实务中,一般采取直线法进行摊销。但确认为一项无形资产的特许经营高速公路基础设施,比较多地选择了工作量法进行摊销。

2014 年 5 月 12 日 IASB 发布的对 IAS 38 的修订,主要针对的是无形资产摊销方法的选择。IASB 认为,基于与固定资产折旧相同的原因,以收入为基础的摊销方法也是不适当的,对此如果另一摊销基础能够更贴切地反映经济利益消耗的预计模式,则采用另一摊销基础是适当的。

2017 年 6 月 12 日财政部印发的《企业会计准则解释第 11 号——关于以使用无形资产产生的收入为基础的摊销方法》(财会[2017]18 号)中提出,由于收入可能受到投入、生产过程和销售等因素的影响,这些因素与无形资产有关经济利益的预期消耗方式无关,因此除非例外情况发生,企业通常不应以包括使用无形资产在内的经济活动所产生的收入为基础进行摊销。

但无形资产是作为收入的衡量方式或收入与无形资产的消耗存在高度关联性(例如经营收费公路的合同约定收费期限在收入总额达到约定总金额时终止)时也可作为例外选择以收入为基础的摊销方法。

如果某企业支付 5000 万元取得某名牌商标的 20 年使用权,该项无形资产没有预期残值,采取直线法摊销,则该商标使用权的平均每年摊销额为 250 万元。

一些将通过建造取得的高速公路基础设施确认为无形资产的收费公路公司,做出了按照车流量法摊销无形资产(高速公路特许经营权)的会计政策选择。

如果某收费公路公司通过建造取得高速公路特许经营权的初始计量成本为 25 亿元,特许经营期限为 50 年,预计 50 年总收费交通量为 116800 万辆次,则平均每万辆次的摊销额为 2.14 万元。如果某年度实际收费交通量为 1825 万辆次,则该会计年度资产负债表日的摊销额可计算如下:

特许权摊销额 = 1825 × 2.14 = 3905.50(万元)

3. 摊销费用

摊销费用应计入损益,除非其他国际财务报告准则要求将其计入其他资产的成本。

计提的无形资产摊销费用是计入当期损益,还是按照某项具体准则的规定计入某项资产的成本,取决于会计师对该项交易事项职业判断的结果。

一般来说,如果某项无形资产的使用与制造产品有直接联系(例如专利权),并且其金额较大,则其价值摊销费用,可计入存货成本(在产品或产成品),并在产品被销售时一并计入损益;大多数无形资产的摊销费用,可直接计入当期损益。

4. 摊销期限

摊销期应当至少每年复核一次。如果预期的使用寿命出现明显变化,例如由于科技进步使得某项专利权免面临着提前失去作用,则需要相应地调整摊销期限。

如果某企业通过外购方式取得了使用某项专利 10 年的权利,支付价款 1000 万元。使用该项专利生产产品两年后经复核,发现由于科技进步将导致该项专利在 3 年后完全失去效用。则该企业需要在该资产负债表日做出调整该项无形资产摊销期限的会计估计调整事项,将该项无形资产的未来使用年限由 8 年缩短为 3 年。当年应当摊销的专利权价值需要计算调整如下:

当年应当确认的摊销额 = [1000 – (1000 ÷ 10)] ÷ 4 = 225(万元)

在该例中,在进行复核调整的资产负债表日,企业已经使用该项专利权两年,已经摊销了 100 万元(1000 ÷ 10)。按照复核结果估计,还可以继续使用 3 年,对此包括当年在内,未摊销金额(1000 – 100)需要按照 4 年的期限平均摊销,每年需要摊销 225 万元。

(四)具有不确定使用寿命无形资产取得后的计量

由于使用寿命不确定意味着该无形资产有可能永续使用,则平均摊销额趋向为零。故具有不确定使用寿命无形资产一般无须摊销

但其使用寿命有可能伴随着科技进步等因素出现变化。故企业有必要在每一报告期对其使用寿命进行复核,以确定事项与环境是否仍在继续支持对该项资产具有不确定使用寿命的估计。如果出现由不确定使用寿命向确定使用寿命的估计变化,则应作为会计估计变更。

(五)无形资产减值

计提无形资产减值准备应执行减值准则的规定。

按照 IAS 36 的规定,符合条件的已计提无形资产减值准备可以转回;但 CAS 8 不允许将计提的无形资产减值准备转回。

(六)后续支出

购买或者研究完成后取得的无形资产发生的后续支出,应当在发生时确认为一项费用,除非该项支出将很有可能产生超过初始估计业绩标准的未来经济利益,并且该项支出能够可靠地计量并归属该项无形资产。

确认为一项无形资产的基础设施收费权通常将发生与该项基础设施相关的后续支出,例如基础设施的维护支出、更新改造支出等。IAS 36 和 CAS 8 中均未涉及无形资产后续支出的会计处理。

本研究认为,作为一项用于日常经营性活动的非流动资产,无形资产后续支出是资本化处理还是计入当期损益,应具有与固定资产后续支出类似的判别标准。例如按照 IFRIC 12 和《企业会计准则解释第二号》的规定,针对一项确认为

无形资产的基础设施收费权发生的用于基础设施维护的后续支出,由于其既不能发挥延长特许经营年限的作用,也无法增强基础设施的运营能力,则其支出不能予以资本化,而是执行或有事项准则的规定进行会计处理。

四、商誉确认与计量

商誉属于不可辨认的无形资产。对商誉的界定、确认和计量,是通过企业合并准则予以规范的。

(一)商誉的界定

商誉一般是指能够在未来期间为企业经营带来超额利润的潜在经济价值,而超额利润一般表现为一家企业的预期获利水平超过可辨认资产正常获利能力的差额。对此,投资者愿意以超过其可辨认净资产公允价值的对价,来购买该企业的资产,或者取得该企业的控制权。

商誉的概念是与企业合并交易相联系的。在 CAS 20 中,将企业合并划分为同一控制下的企业合并和非同一控制下的企业合并。商誉是非同一控制下企业合并行为的产物。

IFRS 3 中将商誉定义为可从企业合并中取得的其他资产获取未来经济利益的一项资产。商誉不能单独辨认,需要将商誉单独确认为一项无形资产。

企业也可自创商誉。自创商誉符合资产的定义,但不符合资产确认的条件。首先,由于自创商誉是与相关的可辨认实物资产结合在一起为企业带来未来的经济利益流入,企业无法将自创商誉为企业带来的未来经济利益流入与可辨认实物资产带来的未来经济利益流入相区分,故难以判断与自创商誉相关的经济利益很有可能流入企业;其次,自创商誉不是一种有意识的行为,故自创商誉的成本或者价值无法可靠地计量。对此,国内外会计准则均不允许将自创商誉确认为企业的一项无形资产。

(二)商誉的确认

企业应当在购买日将合并成本大于合并中取得的被购买方可辨认净资产公允价值份额的差额,确认为一项商誉。

如果企业采取吸收合并(兼并)方式,应将确认的商誉在单独(个别)财务报表中列报。

如果企业采取控股合并(收购)方式,应将确认的商誉在合并财务报表中列报。

IFRS 3 和 CAS 20 均不允许确认负商誉。按其规定,如果企业合并中确认的合并成本低于合并中取得的被购买方可辨认净资产公允价值份额,企业应将其差额计入当期损益。

（三）商誉的计量

1. 初始计量

企业应当在购买日编制的个别（单独）财务报表中或者购买日编制的合并财务报表中，确认非同一控制下的企业合并形成的商誉。

如何计量购买日取得的被购买方可辨认净资产的公允价值，包括取得可辨认资产和承担负债的公允价值，是商誉初始计量的关键影响因素。

2. 后续计量

国内外准则都曾对商誉摊销做出过规定。已废止的 IAS 22 曾要求将确认为一项资产的商誉一般在不超过 20 年的期限内采用直线法摊销。IAS 22 同时指出，如果摊销期超过 20 年，则需要每年计算一次其可回收额。IAS 22 同时说明，尽管有人认为商誉是一项具有不确定使用寿命的无形资产故其价值无须摊销，但该观点不被 IAS 22 采纳。

2000 年 12 月财政部印发的《企业会计制度》中虽然没有具体规定商誉的摊销年限，但商誉显然属于合同没有规定受益年限，法律也没有规定有效年限的无形资产。故商誉的摊销年限不超过 10 年。

目前美国准则、IFRS 3 和 CAS 20 中均已取消了对商誉进行摊销的规定。

由于 CAS 20 不允许摊销商誉的价值，故商誉的后续计量表现为计提商誉减值准备。计提商誉减值准备应当符合 CAS 8 的规定。

IAS 36 和 CAS 8 均不允许计提的商誉减值准备转回。

五、无形资产列报

（一）国际准则的规定

按照 IAS 36 的规定，除了在财务状况表列报无形资产的账面价值以外，还需要在附注中披露有关无形资产的以下信息：（1）无形资产的具体项目构成：（2）无形资产原值或成本：（3）无形资产当前摊销额和累计摊销：（4）无形资产的当期减值损失、减值损失转回和累计减值准备

【案例 4-3】在意大利 ASTM 公司 2016 年年度报告中，附注 1 披露了与无形资产相关的以下信息：（1）无形资产包括商誉和其他无形资产；（2）其他无形资产划分为在用和在研两部分；（3）分别披露了无形资产成本、累计摊销和账面净值的信息；（4）分别披露了合并范围变动、当期投资、重述调整和其他变动和处置等对无形资产成本的影响，以及合并范围变动、对上年摊销的重述调整和其他变动以及转回等对累计摊销的影响；（5）分别披露了无形资产在 2015 年和 2016 年两个

会计年度年初和年末的相关信息。

附注中还单独披露了有关特许权——非补偿应归还资产的以下信息:

(1)特许权资产划分为在用高速公路、在建高速公路以及其他在用和在建的特许权资产。

(2)分别披露了特许权的成本、累计折旧和账面净值的信息。

(3)分别披露了投资、重述调整和处置以及政府补助等对特许权成本的影响,以及对上年折旧的重述调整和转回等对累计折旧的影响。

(4)分别披露了特许权在2015年和2016年两个会计年度年初和年末的相关信息。

【案例4-4】在法国ASF公司2016年年度报告的合并财务报表中,披露了以下会计政策、会计估计和相关信息:

1. 在附注A3.4中,说明公司按照IFRIC 12的规定,采取无形资产模式,将ASF及其子公司Escota通过建造高速公路取得的收取通行费的权利确认为特许权无形资产。

2. 在附注A3.10、A3.11和A3.12中披露的涉及无形资产的有关会计政策和计量的信息如下:

(1)已投如使用的特许权无形资产以业务计划中的预计交通量为基础,采用累计法、直线法和余额递减法计算摊销额。ASF和Escota经营的高速公路,采取直线法摊销特许权无形资产。

(2)其他无形资产主要是计算机软件,按照成本减去累计摊销和减值损失后的金额计量。摊销方法为直线法。

(3)与这些资产相关的政府补助,在取得时作为这些资产账面价值的减项在资产负债表中列报。

3. 附注C6披露了特许权无形资产的以下信息:(1)披露的信息包括基础设施成本、在建与预付款以及政府给予的投资补助;(2)有关特许权无形资产的价值披露,包括总值、摊销与减值损失和净值;(3)披露的特许权无形资产的成本和累计摊销,包括期初数、本期取得、本期出售和废止和其他变动;(4)分别披露了特许权无形资产在2015年和2016年两个会计年度年初和年末的相关信息。

附注C7将其他无形资产划分为软件和专利权、经营许可及其他两部分;其他无形资产的相关信息披露与特许权无形资产一致。

(二)中国准则的规定

按照CAS 6的规定,除了在资产负债表列示无形资产的账面价值以外,企业应当按照无形资产的类别在附注中披露与无形资产有关的下列信息:(1)无形资产的期初和期末账面余额、累计摊销额及减值准备累计金额;(2)使用寿命有限的无形资产,其使用寿命的估计情况;使用寿命不确定的无形资产,其使用寿命不确定的判断依据;(3)无形资产的摊销方法;(4)用于担保的无形资产账面价值、当期摊销额等情况;(5)计入当期损益和确认为无形资产的研究开发支出金额。

第五节　持有待售资产和终止经营

一、持有待售资产

(一)IFRS 体系中的持有待售资产

1998 年 6 月,IASC 发布了《国际会计准则第 35 号:终止经营》(IAS 35),从 1999 年 7 月 1 日起开始的会计年度生效。IASB 于 2004 年 3 月 31 日发布了 IFRS 5 并取代了 IAS 35,自 2005 年 1 月 1 日起开始的会计年度生效。2008 年 5 月 22 日 IASB 对其中的对子公司控制权益出售条款进行了修订;2008 年 11 月结合国际财务报告解释第 17 号的内容进行修订,从 2009 年 7 月 1 日开始的会计年度生效。随后,IASB 还分别于 2009 年 4 月 16 日和 2014 年 9 月 25 日对 IFRS 5 进行了两次修订。

IFRS 5 指出:如果一项非流动资产(或处置组)的账面价值可通过一项销售交易而不是继续使用得以回收,则企业应当将其分类为持有待售。

IFRS 5 主要有以下几个方面的规范要求:(1)采取了"持有待售"这一分类;(2)引入了处置组这一概念;(3)要求被划分为持有待售的资产或者资产组以账面价值与公允价值减出售费用孰低来进行计量;(4)要求被划分为持有待售的资产或处置组的资产停止计提折旧;(5)要求被划分为持有待售的资产和处置组的资产在财务状况表中单独列示。

可以认为,持有待售资产的单独列报要求,是与终止经营概念紧密结合的。

(二)CAS 体系中涉及的持有待售资产

在中国,最早是通过 CAS 4 来披露有限的持有待售资产的信息。CAS 4 规定,企业对于持有待售的固定资产,应当调整该项固定资产的预计净残值,使该固定资产的预计净残值反映其公允价值减去处置费用后的金额,但不得超过符合持有待售条件时该项固定资产的原账面价值,原账面价值高于调整后预计净残值的差额,应作为资产减值损失计入当期损益。

CAS 30(2006)应用指南中提出,同时满足下列条件的企业组成部分应当确认为持有待售:(1)企业已经就处置该组成部分作出决议;(2)企业已经与受让方签订了不可撤销的转让协议;(3)该项转让将在一年内完成。

这意味着,持有待售资产应当在资产负债表中单独列报。但按照 CAS 4 的规定,持有待售固定资产是作为固定资产列报的。在 CAS 30(2006)应用指南中规范的一般企业资产负债表的格式中,也没有体现需要单独列报的"持有待售资产"项目。

2007 年 11 月 16 日印发的《企业会计准则解释第 1 号》中对持有待售资产的确认与计量事项做出了以下解释:(1)同时满足下列条件的非流动资产应当划分为持有待售:一是企业已经就处置该非流动资产作出决议;二是企业已经与受让方签订了不可撤销的转让协议;三是该项转让将在一年内完成。(2)符合持有待售条件的无形资产等其他非流动资产,比照上述原则处理,但不包括递延所得税资产、CAS 22 规范的金融资产、以公允价值计量的投资性房地产和生物资产、保险合同中产生的合同权利;(3)持有待售的非流动资产包括单项资产和处置组,处置组是指作为整体出售或其他方式一并处置的一组资产。

CAS 30(2014)提出了在资产负债表中单独列示"被划分为持有待售的非流动资产及被划分为持有待售的处置组中的资产"的要求。

CAS 30(2014)指出,同时满足下列条件的企业组成部分应当确认为持有待售:(1)该组成部分必须在其当前状况下仅根据出售此类组成部分的惯常条款即可立即出售;(2)企业已经就处置该组成部分作出决议,如按规定需得到股东批准的,应当已经取得股东大会或相应权力机构的批准;(3)企业已经与受让方签订了不可撤销的转让协议;该项转让将在一年内完成。

2017 年 4 月 28 日财政部正式印发了 CAS 42,标志着中国加快了持有待售资产会计处理国际趋同的步伐。由于 CAS 30(2014)中已有对持有待售资产的定义,故 CAS 42 主要侧重于对企业持有待售的非流动资产或处置组的分类、计量和列报行为的规范。

财会[2017]30 号文要求从编报 2017 年度年报时将持有待售资产在资产负债表中的"持有待售资产"项目列示。

(三)有关持有待售资产的讨论

1. 有关持有待售资产概念和分类的讨论

由于存货本身就是为了销售或是使用而持有的,故持有待售资产主要针对的是非流动资产。

将打算对外出售的非流动资产重新分类为持有待售资产,是因为一旦非流动资产具备了重新分类为一项持有待售资产的条件,这些资产在企业日常生产经营活动中将不再发挥作用。对此有必要将这些资产单独在资产负债表中列示。

要成为持有待售资产,首先这些资产应当能够单独出售。如果不能单独出售,就需要进行必要的组合,对此 CAS 42 中规范了处置组的概念。

持有待售意味着公司管理部门已经做出了出售该项资产或资产组的决定。但仅仅有出售的决定还不够,还需要有明确了购买意图的购买方,并且购买行为不能单方面变更。体现这方面意图的例证是企业已与购买方签署了不可单方面撤销的出售合同或协议。

要将持有待售资产在资产负债表中列示为一项流动资产,意味着处置行为应当在重新分类之日起一年内完成。这些应当在出售合同或协议中予以明确。如果出售行为在一年内出售的可能性不大,可选择采取以下两种举措:(1)不认为该项非流动资产具备持有待售的条件;(2)将该项持有待售资产在"其他非流动资产"项目列示,但这种举措似乎不符合 CAS 42 及其相关准则的规定。

2. 持有待售资产计量的讨论

持有待售资产的计量涉及以下三方面的问题:(1)持有待售资产的初始计量;(2)将原来非流动资产的账面价值调整为持有待售资产的初始计量金额;(3)持有待售资产的后续计量。

按照 CAS 42 的规定,在对持有待售资产进行初始计量时,应当比较原非流动资产的账面价值与其公允价值减去预计出售费用后的净额,按照孰低的原则进行。

如果原非流动资产的账面价值大于其净额,差额部分通过计提持有待售资产的减值准备,计入资产减值损失;如果原非流动资产的账面价值小于其净额,则按照原非流动资产的账面价值作为重新确认的持有待售资产的初始计量金额。

是否需要做出相应的账务处理以及如何做出账务处理,其核心问题在于是否需要通过设置"持有待售资产"来核算确认的持有待售资产? 一种观点认为,可将持有待售的固定资产继续通过"固定资产"科目的明细科目核算,无须单独设置"持有待售资产"科目①。这些账务处理事项,不在这里讨论。

资产负债表日,需要对持有待售资产进行后续计量。主要是考察其公允价值减去预期出售费用后的净额是否发生的变化。如果继续减少,则需要继续计提减值准备;如果出现上升,则允许将原计提的持有待售资产减值准备在实际计提的范围内转回。

对此,持有待售资产计量的核心问题,在于科学估计持有待售资产的公允价

---

① 刘泉军等. 最新财税政策与实务讲解[M]. 北京:中国商业出版社,2017:245

值及其预期的出售费用。

二、终止经营

终止经营的概念与持有待售有密切的关系。在国内外学术界,存在对终止经营概念不同的界定。

第一种观点认为终止经营是指企业分部的终止经营。最早涉及终止经营概念的会计规范是美国在1973年发布的《会计原则委员会指导意见书第30号:报告经营成果——报告处置业务分部、非常项目罕见和非频繁发生的事项和交易的影响》,其对终止经营的界定表明了该观点。与此相适应,美国斯坦福大学 Charles T. Horngren 先生等编著的《财务会计》(2002年第8版)一书中将终止经营界定为"企业分部的终结。其结果应当按照扣税后的金额在利润表中单独列报"。

第二种观点认为终止经营不仅指企业分部的终止经营,也包括企业经营业务的终止经营。例如美国佐治亚大学会计学名誉教授卡尔·S. 沃伦等编著的《会计学》(2005年第21版)一书中将终止经营界定为"已被处置的企业主要生产线的业务或者一家公司的构成部分,例如一个分公司、一个部门或者一定级别的顾客"。

IFRS 5 中对终止经营的定义是:终止经营是指已被处置或被划归为持有以备待售的主体的组成部分,并且该组成部分:(1)代表一个独立的主要业务或一个经营地区;(2)从属于一项单一的拟对一个独立的主要业务或一个主要经营地区进行处置的计划;或者(3)是仅仅为了再售而收购的子公司。

CAS 30(2006)应用指南中指出:终止经营,是指企业已被处置或被划分为持有待售的、在经营和编制财务报表时能够单独区分的组成部分,该组成部分按照企业计划将整体或者部分进行处置。这与 IFRS 5 中对终止经营的定义基本上是一致的。

这意味着,终止经营概念涉及两项内容:(1)已被出售资产确认的终止经营损益;(2)持有待售资产。按照财政部的最新规定,已出售非流动资产的损益应计入营业利润。CAS 30(2014)中已开始要求在资产负债表中单独列报持有待售资产。

CAS 30(2014)中的定义是:终止经营,是指满足下列条件之一的已被企业处置或被企业划归为持有待售的、在经营和编制财务报表时能够单独区分的组成部分:(1)该组成部分代表一项独立的主要业务或一个主要经营地区;(2)该组成部分是拟对一项独立的主要业务或一个主要经营地区进行处置计划的一部分;(3)该组成部分是仅仅为了再出售而取得的子公司。

CAS 30(2014)规定,企业应当在附注中披露终止经营的收入、费用、利润总额、所得税费用和净利润,以及归属于母公司所有者的终止经营利润。

CAS 42 中的定义是:终止经营,是指企业满足下列条件之一的、能够单独区分的组成部分,且该组成部分已经处置或划分为持有待售类别:(1)该组成部分代表一项独立的主要业务或一个单独的主要经营地区;(2)该组成部分是拟对一项独立的主要业务或一个单独的主要经营地区进行处置的一项相关联计划的一部分;(3)该组成部分是专为转售而取得的子公司。

与 CAS 30(2014)中的定义相比,CAS 42 更为强调持有待售资产(或资产组)所应具有的单独性的特征。

对此可以认为,终止经营的概念体现的两部分内容:(1)持有待售资产;由于持有待售,已不再参与企业的生产经营。持有待售资产在资产负债表中列示。(2)已出售或处置的持有待售资产。出售产生的利得或损失,在利润表中的"终止经营净利润"栏目列示。

本章小结

本章主要是针对存货、投资性房地产、固定资产、无形资产、持有待售资产和终止经营确认及计量进行探讨。

按照不同准则的规范,存货、投资性房地产、固定资产、无形资产、持有待售资产等资产项目的确认和计量有不同的规范要求。按成本进行初始计量,是对这些资产项目初始计量的共性要求;但针对不同的资产项目,后续计量有不同的具体要求。按照 IAS 2 的规定,存货资产负债表日的后续计量需要采用可变现价值与成本孰低;投资性房地产可选择公允价值模式或成本模式进行后续计量;固定资产和无形资产的后续计量则需要在重估价值模式或历史成本模式中间进行选择。成本模式实际上就是摊余成本,是指资产原值减去累计折旧或摊销以及减值准备后的余额。与 IFRS 体系的规定不同,CAS 体系中固定资产和无形资产的后续计量只能采用摊余成本模式。

第五章

负债确认、计量与报告

企业承担的负债将导致未来的经济利益流出企业。企业负债包括金融负债和所得税负债;不同的会计准则分别规范着准备金、其他金融负债和所得税负债的确认、计量和报告的行为。在本章中,主要依据 IFRS 体系和 CAS 体系中对相关负债项目的规范条款,来进一步讨论负债的确认和计量的理论与方法以及涉及的相关问题。

第一节　负债概述

负债概述部分的主要内容,是讨论负债的定义、确认、计量、报告等事项。其中,有关负债的既定、确认和计量,在 IFRS 体系内,是通过财务报告概念框架来予以明确的;在 CAS 体系中,是通过基本准则予以规范的。

一、负债的界定

由于有关负债定义的争议较少,学者们很少在教材和专著中对负债的概念做出相对独立的定义。对负债的界定一般都取决于政府部门或会计机构对负债概念的定义。故在本章中,也主要依据 IASB 体系和 CAS 体系中对负债的界定作为讨论该问题的基础。

(一)IASB 对负债的界定

IASB《概念框架 2010》中对负债的定义是:

负债是指由于过去事项而承担的一种现实义务,该义务的履行预期会导致含有经济利益的资源流出主体。

鉴于国际会计界对负债定义提出的修改意见,IASB 在 2013 年明确了以下有关负债概念的修正观点:(1)负债是标的义务,而非经济利益的最终流出。(2)负债必须能够带来经济利益的流出,这些流出可以是不确定的。

对此 IASB 提出的修改后的负债定义的建议如下:(1)负债是过去事项形成的由主体承担的转移经济资源的现时义务;(2)经济资源是一项权利或者能够带来经济利益的其他有价值资源。

IASB 认为,负债的定义不应当保留"预期"流出的概念;负债必须导致经济资源转移①。IASB 在 2015 年 5 月 18 日发布的《财务报告概念框架(征求意见稿)》中仍基本保留了该定义。

财务状况表中确认的负债,包括按照应计基础确认的准备金、其他金融负债、递延所得税负债等。

(二)中国准则中对负债的界定

1992 年 11 月 30 日财政部发布的《企业会计准则》中首次提出了负债的概念,并将其界定为:"负债是企业所承担的能以货币计量、需以资产或劳务偿付的债务"。

可以认为,由于当时刚建立起负债的概念,对其界定还不够科学,与国际准则中的界定还有较大的差异。

2000 年 12 月印发的《企业会计制度》中对负债的定义是:"负债,是指过去的交易、事项形成的现时义务,履行该义务预期会导致经济利益流出企业"。该定义已基本与当时 IASC《框架 1989》保持了趋同。

2006 年 2 月 15 日中国财政部发布的《基本准则》中对负债的定义是:"负债是指企业过去的交易或者事项形成的、预期会导致经济利益流出企业的现时义务"。

相比较之下可以看出,CAS 中对负债的界定基本上与 IASB《框架 1989》中对负债的界定基本上是一致的。

如果认可这一界定,则产生了值得进一步讨论的相关问题。《增值税会计处理规定》要求将"应交税费——待转销项税额"科目的贷方余额,根据不同情况,分别在资产负债表中的"其他流动负债"或"其他非流动负债"项目列示。按照其说明,"应交税费——待转销项税额"是由于"按照国家统一的会计制度确认收入或利得的时点早于按照增值税制度确认增值税纳税义务发生时点"所导致的,这意味着产生增值税纳税义务的交易或事项尚未发生;核算"应交税费——待转销项税额"也许具有必要性,但将其在资产负债表中确认为一项负债,似乎有悖《基本准则》中有关负债的定义。对此,将该项目在资产负债表中作为"应收账

---

① IASB:A Review of the Conceptual Framework for Financial Reporting[R/OL],July 2013,www.ifrs.org

款"的备抵项目进行列示,也许更具有科学合理性。

另一个值得商榷的问题,是《金融负债与权益工具的区分及相关会计处理规定》中"发行条款规定强制付息,将导致发行方承担交付现金的义务,则该义务构成发行方的一项金融负债"的表述。发行条款规定强制付息,并不意味着支付利息是过去的交易或事项所导致的发行方企业的一项现时义务,因为形成该项义务的交易或事项尚未发生。形成发行方企业支付利息的现实义务的交易或事项,应当是确认应计利息所依据的使用债务资金的时间。在资产负债表日,需要根据使用债务资金的具体时间,来确认应计入当期损益或相关资产成本的应计利息。对此,企业发行的、符合确认为一项权益工具的永续债的发行合同中可能也具有强制付息的条款,但并不能因此就判定,该项永续债应确认为一项金融负债。

二、负债确认

IASB《框架 2010》中认为:

如果由于一项现时义务的履行,含有经济利益的资源很有可能流出主体,并且其结算金额能够可靠地加以计量,则应在资产负债表中确认该项负债。

《基本准则》规定,符合负债定义的义务,在同时满足以下条件时,确认为负债:(1)与该义务有关的经济利益很有可能流出企业;(2)未来流出的经济利益的金额能够可靠地计量。

相比较之下可以看出,《基本准则》中对负债的确认条件基本上也与 IASB 的财务报告概念框架中对负债确认的界定保持了趋同。

要确认一项负债涉及以下两个问题的讨论。

(一)确认的负债应符合负债的定义

确认负债是指将符合定义和确认条件的负债计入资产负债表的过程。负债应是企业由于过去的交易或者事项形成的、预期会导致经济利益流出企业的现实义务。

有必要关注负债的以下特征。

1. 负债是由过去的交易或事项而形成的现时义务

现实义务是指在现行条件下已承担的义务。未发生的交易或者事项形成的未来义务,不属于现实义务,不应确认为一项负债。

如果企业从银行取得一项借款的交易已经发生,由此引发的需要偿还借款本金的义务构成了现时义务。借款行为将导致未来发生借款利息的经济利益流出。但借款利息的确认取决于企业占有或使用借款资金的时间。如果占有或使用借款的时间尚未发生(按照企业取得借款的时点判断),则未来支付借款利息的义务不属于现时义务。在资产负债表日,企业需要按照实际占用或使用借款的时间(从借款开始日到资产负债表日)来确认一项债务:应付利息。

如果依据用工合同的安排,企业需要依据员工为企业提供的服务,来承担员工未来退休后提供补充养老金的义务,则企业有必要根据员工已提供的服务,在资产负债表中确认一项提供补充养老金的现时义务:设定受益计划负债。尽管偿付该项负债属于未来发生的经济事项。

义务包括法定义务和推定义务。法定义务是指法律法规规定的义务以及具有法律约束性的义务;推定义务是指根据企业多年来的习惯做法、公开的承诺或者公开宣布的政策而导致企业将承担的责任,这些责任也使有关各方形成了企业将履行义务解脱责任的合理预期。

2. 负债引发的现实义务是一种强制性义务

负债一旦确认,企业就承担了偿还负债的强制性义务。该强制性义务是由相关法律法规予以明确的。对于实行有限责任制度的公司制企业的债务,除非债权人主动放弃债权,或者公司制企业破产清算,企业必须履行偿还债务的义务。对于实行无限责任的独资企业和合伙企业而言,企业履行的偿债义务还有可能按照法律法规的规定延伸至投资者。

一项合同义务并不能保证其为强制性义务。只有符合法律规定、受法律保护的合同约定,其合同约定的偿债义务才有可能成为强制性义务。

3. 负债将导致未来的经济利益流出企业

负债需要在未来用企业的资产和所提供的劳务来偿还,这将导致未来的经济利益流出企业。企业可通过一定的合同约定,将债务转化为企业的权益。但由于企业并未实际收到权益资金,仍意味着发生了经济利益的流出。

例如企业确认的设定受益计划负债,将导致未来向退休员工支付补充养老金。如果债权人由于各种原因放弃债权,这意味着确认的负债已不再符合负债的定义,故需要终止确认该项负债。

(二)确认的负债应符合负债确认的条件

符合确认条件的负债还需要具有以下特征。

1. 与企业承担现实义务有关的经济利益很有可能流出企业

企业通过必要的会计师职业判断来确定履行该义务将导致未来经济利益流出企业的可能性。如果履行某义务导致经济利益流出企业的可能性较小,则不应将该现实义务确认为企业的一项负债。

企业发行的永续债符合负债的定义。但如果一项永续债发行合同中没有明确约定企业一定要承担偿还永续债本金的义务,则该项永续债不符合负债的确认条件。

2. 对未来流出的经济利益的金额能够可靠地计量

负债应具有明确的偿付金额。短期借款和长期借款、应付债券、应付账款、长期应付款等负债项目都明显具有这样的特征。有些负债的金额也许不能确定,但可通过一定的方式对其做出合理判断或估计,也可认为符合了这一特征。

需要专门讨论的负债概念是或有负债和预计负债。CAS 13 中对或有负债的定义是:或有负债是指过去的交易或者事项形成的潜在义务,其存在须通过未来不确定事项的发生或不发生予以证实;或过去的交易或者事项形成的现实义务,履行该义务不是很有可能导致经济利益流出企业或该义务的金额不能可靠地计量。

或有事项中的或有负债符合负债的定义,但不符合负债确认的条件,故不应当在资产负债表中将其确认为一项负债,但需要在附注中披露。

与此不同,预计负债不仅符合负债的定义,也符合负债确认的条件,故需要在资产负债表中将其确认为一项负债。

三、负债计量

负债计量涉及的基本问题是:负债应用怎样的计量属性(或计量基础)进行计量?

负债的计量包括初始计量和后续计量。按照交易观,负债应按照交换时所确定的数额进行初始计量,即按照负债的公允价值进行初始计量。但针对不同的负债项目,其初始计量的方式仍存在一些差异。

(一)按实际取得的债务资金计量

一般来说,企业取得的负债,就是负债的公允价值。所以可按照企业取得的负债进行计量。例如企业取得的借款净额,可表现为借款的公允价值;企业发行债券取得的净额,也表现为债券的公允价值。对此企业为取得借款和债券资金发生的初始直接费用,也应计入负债的初始确认金额。

(二)按到期需要偿还的金额计量

一般情况下,企业取得的负债和企业承担的负债一般是一致的。在这种情况下,可以按照未来需要偿付的总额来计量负债。到期需要偿还的金额,也可表现为负债的公允价值。例如企业采取赊账方式购买商品形成的应付账款的公允价值,可表现为应付账款的账面价值,即未来需要偿付的总金额。

需要明确的是,如果借款合同利率与市场利率之间存在明显的差异,则企业取得的借款金额有可能与到期需要偿还的金额不一致。因此,负债的公允价值有可能与其到期需要偿还的金额不一致。

（三）按未来经济利益流出的现值计量

对于需要分期偿还的非流动负债，也许需要根据未来需要偿付金额的现值来估计负债的公允价值。

例如，对租入资产确认的非流动负债的计量，按照 IRFS 16 和 CAS 21 的规定，应按照未来应支付租金的现值计量；对于企业承担的、需要在未来向员工支付的补充养老金，按照 CAS 9 的规定，需要按照未来支付养老金的现值进行计量。

（四）按未来经济利益流出的期望值计量

或有事项导致的或有负债具备确认为一项负债的条件，但其金额具有不确定性的特点，对此有必要按照一定的概率进行估计。按照 IFRS 3 的规定，企业合并中按照或有对价确认的负债，应当按照未来有可能支付的对价的期望值计量。

四、流动负债和长期负债的界定

（一）IFRS 中对流动负债和长期负债的界定

有关流动负债与非流动负债，IAS 1 中有以下表述：流动负债是指在企业正常经营周期内清偿或在 12 个月内到期的债务，或为交易而持有的债务，或企业没有将其递延到 12 个月以后支付绝对权利的债务。其他负债属于非流动负债。

如果某债务按照长期债务协议的约定需要在资产负债表日或以前成为即付，无论出借人是否同意在资产负债表日后、财务报表签发前支付，该负债都属于流动负债。然而，如果出借人在资产负债表日前同意在资产负债表日后至少 12 个月内不需要偿还，该项债务应归类于非流动负债。

（二）CAS 体系中对流动负债和长期负债的界定

CAS 30 规定：负债满足下列条件之一的，应当归类为流动负债。

1. 预计在一个正常营业周期内清偿

正常营业周期是指企业从取得存货、加工生产、对外销售到实现现金或现金等价物的期间。正常营业周期一般在一年以内。特殊行业的生产周期较长将有可能导致其营业周期超过一年。

凡是需要在一年以内或者超过一年的正常营业周期内偿还的负债，都应界定为流动负债。

2. 主要为交易目的而持有

主要为交易目的持有的负债属于交易性金融负债。由于交易性金融负债一般需要在一年内交易，故其负债应界定为流动负债。

3. 自资产负债表日起一年内到期应予以清偿

按此要求,将在一年内到期的非流动负债,需要在资产负债表中确认为一项流动负债。

4. 企业无权自主地将清偿推迟至资产负债表日后一年以上

按其要求,如果企业有权选择将其偿还期限延长至一年以上的负债,不属于流动负债。

企业对资产和负债进行流动性分类时,应当采用相同的正常营业周期。企业正常营业周期中的经营性负债项目即使在资产负债表日后超过一年才予清偿的,仍应当划分为流动负债。经营性负债项目包括应付账款、应付职工薪酬等,这些项目属于企业正常营业周期中使用的营运资金的一部分。

流动负债以外的负债应当归类为非流动负债,并应当按其性质分类列示。被划分为持有待售的非流动负债应归类为流动负债。

(三)流动负债与非流动负债分类的案例分析

IAS 1 要求主体必须在财务状况表中列报流动负债和非流动负债的分类信息,但没有具体界定流动负债和非流动负债项目。可借鉴香港上市公司以及西方国家采纳 IFRS 的上市公司的报表内容,来间接体现流动负债和非流动负债项目。

【案例 5-1】意大利 ASTM 公司的负债列报

ASTM 公司 2016 年度合并资产负债表显示,其流动负债项目包括:应付账款、其他应付款、银行贷款、其他金融负债和流动税款负债。

非流动负债项目包括风险、应付款与员工福利准备金、应付账款、其他应付款、银行贷款、套期衍生工具、其他金融负债和递延税款负债。

其中,流动税款负债反映了按照税法规定应缴纳的公司所得税、当期营业税和代扣的个人所得税。

"风险、应付款与员工福利准备金"项目的内容包括员工福利或员工解聘补偿和税款准备。

【案例 5-2】法国 VINCI 集团的负债列报

法国 VINCI 集团 2016 年度财务报告中列报和披露了以下信息:

1. 资产负债表中的流动负债项目包括:流动准备金、应付账款、其他流动经营负债、其他流动非经营负债、流动税款负债;衍生金融工具公允价值:流动负债和流动借款。

2. 资产负债表中的非流动负债项目包括:非流动准备金;员工福利准备金;债券;其他银行贷款和借款;衍生金融工具公允价值:非流动负债;其他非流动负债和递延税款负债。

3. 根据附注 H. 19 的披露,非流动准备金包括财务风险准备金和其他负债准备金。财务风险准备金包括与衍生工具、现金套期风险相关的准备金。

五、负债报告

（一）IFRS 体系中的负债报告

按照 IAS 1 的规定,需要在财务状况表中列报的负债项目包括:（1）应付账款和其他应付款;（2）准备金;（3）不包括在应付账款、其他应付款和准备金项目列示金额的金融负债;（4）在 IAS 12 中定义的递延所得税负债;（5）根据 IFRS 5 包括在处置组中被划分为持有待售的负债。

应付账款和其他应付款属于金融负债。应付账款和其他应付款一般应按照摊余成本进行后续计量并在财务状况表列报。

应付账款和其他应付款应根据其是否需要在一年内偿还,分别在流动负债和非流动负债类别下列报。

准备金是按照 IAS 1 的规定确认的一项金融负债。IAS 1 要求准备金也需要根据其是否需要在一年内偿还的判断,分别在流动负债和非流动负债类别下列报。

其他金融负债一般是指按照公允价值进行后续计量且其变动计入当期损益的金融负债,例如交易性金融负债等。

（二）CAS 体系中的负债报告

CAS 30 规定,需要在资产负债表中列示的负债项目至少应当包括:（1）短期借款;（2）以公允价值计量且其变动计入当期损益的金融负债;（3）应付及预收款项;（4）应交税费和应付职工薪酬;（5）被划分为持有待售的资产组中的负债;（6）长期借款;（7）应付债券;（8）长期应付款;（9）预计负债;（10）递延所得税负债。

CAS 30 也要求划分流动负债与非流动负债进行列报。

在财会[2017]30 号文给出的一般企业财务报表格式中,资产负债表中的负债项目包括以下内容。

1. 流动负债项目

流动负债项目包括:（1）短期借款;（2）以公允价值计量且其变动计入当期损益的金融负债;（3）衍生金融负债;（4）应付票据;（5）应付账款;（6）预收账款;（7）应付职工薪酬;（8）应交税费;（9）应付利息;（10）应付股利;（11）其他应付款;（12）持有待售负债;（11）一年内到期的非流动负债;（12）其他流动负债。

2. 非流动负债项目

非流动负债项目包括:（1）长期借款;（2）应付债券,包括优先股和永续债;

(3)长期应付款;(4)专项应付款;(5)预计负债;(6)递延收益;(7)递延所得税负债;(8)其他非流动负债。

(三)IAS 1 与 CAS 30 有关资产负债表项目负债列报的比较与分析

可通过进行 IFRS 体系和 CAS 体系对负债列报要求的比较来体现两者之间的差异。

1. 列报项目的比较

IAS 1 只对在财务状况表中至少需要列报的项目做出规定,但没有明确需要列报的具体项目。这样,执行 IAS 1 的企业可根据各自不同的会计师职业判断,在满足最低列报要求的前提下在资产负债表中列报不同的负债项目。案例 5 – 1 和案例 5 – 2 体现了执行 IFRS 体系的不同国外企业在资产负债表(财务状况表)中负债的不同列报方式。

与此不同,虽然 CAS 30 也采取了与 IAS 1 趋同的表述,但是在财会[2017]30 号文给出的一般企业财务报表格式中,实际上严格规定了在资产负债表列报的负债项目。

由于设置了"其他流动负债"和"其他非流动负债"的资产列示项目,为会计师通过会计师职业判断在资产负债表列示一些没有具体明确的负债项目或者相关会计处理规定中针对特殊业务的负债列示提供了有限的空间。

2. 列报项目内容的比较

IAS 1 中规定列报的准备金,包括属于流动负债的准备金和属于非流动负债的准备金。但 CAS 30 中规定的预计负债,则只属于非流动负债列报项目。将在一年内支付的预计负债,只能在"一年内到期的非流动负债"项目中列示。

关于应付职工薪酬产生的负债,IAS 1 允许会计师通过灵活的会计师职业判断采取不同方式或者称谓分别在流动负债栏目和非流动负债栏目列报。而财政部规定的资产负债表列示项目中,只有在"流动负债"栏目中有"应付职工薪酬"项目。CAS 9(2014)实施后,设定受益计划产生的职工薪酬负债,一般属于非流动负债;但在资产负债表中的非流动负债项目中也没有对应的单独项目。

关于企业发行短期债券(短期融资券)筹措的流动债务资金,IAS 1 允许在流动负债栏目中单独列报"应付债券"项目;尽管财政部、中国人民银行允许非金融企业从 2006 年开始通过银行间交易市场发行短期融资券筹措流动负债资金,但在财政部规定的资产负债表流动负债项目中,也没有合适的项目予以体现。故一些企业发行短期融资券形成的流动负债,只能在"其他流动负债"项目中列示。

按照 CAS 21 的规定在资产负债表中确认的递延所得税负债中的一部分也许需要在下一会计年度内清偿。按照 CAS 1 的规定以及在西方国家企业的会计处理实务中可将这部分所得税负债在流动负债栏目中列报(例如案例 5-1 中 ASTM 公司的负债列报),但 CAS 30 中尚无这方面的列示要求。

这说明企业负债在资产负债表中的列示方式有必要改进。可选择以下思路进行:(1)在资产负债表中增设一般企业经常发生的负债项目,例如短期融资券的列示项目,或有事项形成的短期预计负债项目,职工薪酬形成的非流动负债项目①等等;(2)允许企业根据需要自行增设一些负债项目。至于"其他流动负债"和"其他非流动负债"项目的列示内容,应当是一般企业不经常发生或金额较少的负债,例如在"其他流动负债"项目列示的应付保证金,在"其他非流动负债"项目列示的期限在一年以上的预收租金等。

第二节　金融负债

CAS 体系中规范金融负债行为的具体准则是 CAS 22。CAS 22(2006)中对金融负债的规范,基本与 IAS 32 保持了趋同;CAS 22(2017)中对金融负债的规范,基本与 IFRS 9(2014)保持了趋同。

一、金融负债的界定与分类

(一)金融负债和可回售工具

1. 金融负债

金融负债属于企业负债中的主要组成部分。

CAS 22 中指出,金融负债,是指企业符合下列条件之一的负债:(1)向其他方交付现金或其他金融资产的合同义务;(2)在潜在不利条件下,与其他方交换金融资产或金融负债的合同义务;(3)将来须用或可用企业自身权益工具进行结算的非衍生工具合同,且企业根据该合同将交付可变数量的自身权益工具;(4)将来须用或可用企业自身权益工具进行结算的衍生工具合同,但以固定数量的自身权益工具交换固定金额的现金或其他金融资产的衍生工具合同除外。企业对全部现有同类别非衍生自身权益工具的持有方同比例发行配股权、期权或认股权证,使之有权按比例以固定金额的任何货币换取固定数量的该企业自身权益工具的,该类配股权、期权或认股权证应当分类为权益工具。其中,企业自身权益工具不包

---

① 例如中国交通建设股份有限公司在其 2016 年合并资产负债表的非流动负债栏目中,单独列示了"长期应付职工薪酬"项目。

括应当按照 CAS 37 分类为权益工具的可回售工具或发行方仅在清算时才有义务向另一方按比例交付其净资产的金融工具,也不包括本身就要求在未来收取或交付企业自身权益工具的合同。

2. 可回售工具

2014 年 3 月财政部印发的《金融负债与权益工具的区分及会计处理规定》中首次涉及可回售工具的概念。按其解释:"如果发行方发行的金融工具合同条款中约定,持有方有权将该工具回售给发行方以获取现金或其他金融资产,或者在未来某一不确定事项发生或者持有方死亡或退休时,自动回售给发行方的,则为可回售工具。"这与 IAS 32 中的定义基本保持一致。

按照其规定,合同条款的不同约定,可回售工具可确认为一项金融负债或一项权益工具。

2014 年 6 月修订后印发的 CAS 37 中进一步明确了对可回售工具的界定。按其解释,可回售工具是指根据合同约定,持有方有权将该工具回售给发行方以获取现金或其他金融资产的权利,或者在未来某一不确定事项发生或者持有方死亡或退休时,自动回售给发行方的金融工具。2017 年 5 月 12 日修订后印发的 CAS 37 中保持了这一界定。

(二)金融负债的构成内容

金融负债涉及的合同义务包括口头合同义务和书面合同义务。

分析表明,企业的负债中不符合金融负债定义的项目有预收账款、递延收益、递延所得税等。

企业的各种借款属于一项金融负债。企业一般需要通过签订借款合同,从银行等金融机构取得短期借款和长期借款。对此,借款合同的约定使得企业承担了在未来通过支付现金来偿还借款的现实义务。

企业的应付账款属于一项金融负债。企业采取纯粹商业信用方式赊购商品形成的应付账款,属于口头合同的约定。该合同约定使得企业承担了在未来通过支付现金来偿还赊购商品价款的现实义务。

企业的应付债券、应付票据、租赁负债①等属于金融负债。企业发行的债券、

---

① 按照 IFRS 16 和 CAS 21 的规定,在租赁开始日确认一项租赁应付款的合理性值得商榷。一个重要的问题需要明确:通过在资产负债表中确认一项长期应付款体现的支付租金的义务,应源于对租赁标的资产的使用,而不是在资产负债表中确认了一项租赁标的的资产:使用权资产。在租赁期开始日,使用租赁标的的资产的事项并没有发生,故需要在未来支付资金的义务,应当是未来义务,而不是现时义务。故租赁期开始日确认的租赁应付款似乎并不符合负债的定义。

签发并承兑的商业汇票或与出租人签署的租赁合同等,都取得企业承担了需要在未来通过支付现金偿还债务的现实义务。

一般来说,债务人企业持有的一项金融负债,构成债权人企业持有的一项金融资产,例如企业取得的金融企业借款形成了金融企业的一项金融资产:贷款;一家企业的应付账款形成了债权方企业的一项金融资产:应收账款;一家企业通过发行债券融资形成的应付债券形成了投资购买债券的企业的一项金融资产:持有至到期投资;等等。

但企业确认的预计负债并没有确定的债权方,因而也无法形成另一家企业的金融资产。由于预计负债是由过去的交易或事项所产生的,企业确认预计负债意味着承担了在未来支付现金或者其他金融资产的现实义务,故预计负债属于企业的一项金融负债。

递延所得税负债不属于金融负债。其主要原因是企业确认的递延所得税负债不属于一项合同义务;不会产生导致未来承担支付现金或其他金融资产的现实义务;不需要用自身的权益工具进行结算。

(三)金融负债分类

IFRS 9 中将金融负债划分为按 FVTPL 计量的金融负债和按摊余成本计量的金融负债。CAS 22 中采取了与 IFRS 9 基本一致的界定。

1. 按 FVTPL 计量的金融负债

按 FVTPL 计量的金融负债包括交易性金融负债(包括属于金融负债的衍生工具)和指定为按 FVTPL 计量的金融负债。

在非同一控制下的企业合并中,企业作为购买方确认的或有对价形成金融负债的,该金融负债应按 FVTPL 计量进行会计处理。

2. 按摊余成本计量的金融负债

除了按 FVTPL 计量的金融负债以外的其他金融负债,都属于采用实际利率法、按摊余成本计量的金融负债。

对于转移但不符合终止确认条件的金融资产形成的金融负债,IFRS 9 和 CAS 23 均要求按照收取的对价计量该项负债。IFRS 9 还规定,如果被转移的资产采用公允价值计量,则需要按照公允价值计量形成的金融负债。

对于继续涉入被转移金融资产所形成的金融负债,应执行 CAS 23 的相关规定。

目前,在中国一般工商企业中,确认为一项交易性金融负债和指定为按 FVT-PL 计量的金融负债寥寥无几。故目前一般工商企业的金融负债,包括短期借款、长期借款、应付债券、预计负债、各种应付款项等,基本上都属于按摊余成本进行后续计量的金融负债。

如果某企业将一项应收账款以 200 万元的价格对外出售,但保留对方在无法收回时进行回购的义务;这表明该项应收账款的转移不能终止确认该项应收账款,而需要将收取的对价确认为一项金融负债。

虽然该项金融负债是由转移但不终止确认的应收账款产生的,但由于应收账款是按照摊余成本计量的,故仍需要按照摊余成本对该项负债进行后续计量。

3. 公允价值选择权

鉴于一些报表使用者提出,除了为交易持有的金融负债以外,其他金融负债的信用风险没有通过损益予以体现。故 IFRS 9(2014)改变了 IAS 39 中的相关规定,通过提供公允价值的选择权,来体现主体对自身信用风险的关注。CAS 22 (2017)中采取了与 IFRS 9(2014)趋同的表述。

CAS 22 规定,在初始确认时,为了提供更相关的会计信息,企业可以将金融负债指定为按 FVTPL 计量的金融负债,但该指定应当满足下列条件之一:(1)能够消除或显著减少会计错配;(2)根据正式书面文件载明的企业风险管理或投资策略,以公允价值为基础对金融负债组合或金融资产和金融负债组合进行管理和业绩评价,并在企业内部以此为基础向关键管理人员报告。该指定一经做出,不得撤销。

二、金融负债计量

(一)金融负债初始计量

按照 IFRS 9 和 CAS 22 的规定,所有的金融负债都应按其公允价值进行初始计量。

1. 金融负债公允价值的确定

确定金融负债的公允价值,应执行 CAS 39 的相关规定。一般来说,金融负债的交易价格,即企业为取得金融负债支付的对价,应体现为其公允价值。如果存在其公允价值与其交易价格不符的情况,则应在初始计量时将其差异确认为一项利得或损失。

2. 相关交易费用的处理

(1)按 FVTPL 计量的金融负债。企业为取得按 FVTPL 计量的金融负债发生的相关交易费用,计入当期损益。

例如,如果按照有关合同中的约定,华銮实业股份有限公司发行的债券可上市交易,并在约定期间内按照市场价格进行赎回;对此华銮司需要将该项金融负债确认为一项按 FVTPL 计量的交易性金融负债。如果华銮公司通过市场发行债券取得的金额为 2000 万元,并为取得该项金融负债支付了 70 万元的交易费用,华鋈公司在取得该项金融负债时应按 2000 万元进行计量。对此在资产负债表列报的该项金融负债为 2000 万元。70 万元交易费用计入当期损益。

需要进一步考虑的问题是:企业通过收取对价来确认的交易性金融负债,属于一种投资行为还是融资行为? 如果是一种融资行为,则交易费用、确认的与交易性金融负债相关的利息费用以及处置交易性金融负债确认的损益,应计入财务费用;但 CAS 体系要求计入将其投资收益,看来是将该种行为视为一种投资行为。

(2)其他金融负债。企业为取得其他金融负债发生的相关交易费用,应计入负债的初始计量金额。这样这些金融负债的初始计量金额,为其公允价值减去其相关交易费用。

如果华鋈公司发行的是期限为三年的中期票据,则需要将其确认为一项按摊余成本计量的金融负债。将 70 万元交易费用计入负债的初始计量金额,在资产负债表列报的该项金融负债应为 1930 万元(2000 – 70)。

(二)金融负债的后续计量

1. 按 FVTPL 计量的金融负债

在资产负债表日,对于分类为或者指定为按 FVTPL 计量的金融负债,应按其公允价值进行后续计量,且其变动计入当期损益。

在实务中一些企业由于自身信用风险方面的问题导致了其金融负债公允价值下降,反而可因此来确认一项计入当期损益的利得,显然是不合理的。对此 IF-RS 9 和 CAS 22 中均要求一项被指定为按 FVTPL 计量的金融负债,其公允价值变动如果是由于自身信用风险变动引起的,则其公允价值变动应计入其他综合收益。

2. 按摊余成本计量的金融负债

在资产负债表日,企业应对其他金融负债按其摊余成本进行后续计量。

按照 CAS 22 的规定,可按照以下公式确认金融负债的摊余成本:

金融负债的摊余成本 = 金融负债的初始确认金额—已偿还的本金 ± 按照实际利率法确认的摊销额

三、金融负债终止确认

(一)终止确认的界定

金融负债的终止确认是指将一项以前确认的金融负债,从资产负债表中予以转出。

当一项金融负债或一项金融负债的一部分的现时义务已经解除,企业应当终止确认该项金融负债或者该项金融负债的一部分。

一般来说,当企业将债务清偿完毕,履行现时义务的期间已经到期或者债权人放弃拥有的债权等,应当终止确认该项金融负债。

(二)金融负债终止确认的会计处理

终止确认一项金融负债或者一项金融负债的一部分,企业应当将其账面价值与其支付的对价(包括转出的非现金资产或承担的负债)之间的差额,计入当期损益。

如果某企业获悉,某项总额为 50 万元应付账款的债权人放弃了对该项债务的追索,企业应将其确认为终止确认应付账款时获得的一项利得。按照财政部的规定,该项利得应计入当期损益(营业外收入)。

如果某企业拥有的某项交易性金融负债的账面价值为 550 万元;企业从交易市场回购时支付的款项为 580 万元;其差额 30 万元计入当期损益。由于回购交易性金融负债属于企业的一项正常业务活动,故其损益应界定为一项经常性损益,计入营业利润中的投资收益①。

四、准备金

按照 IASB 的解释,准备金的性质也是金融负债,但属于其他准则规范的金融负债。IASC 于 1998 年 9 月发布的 IAS 37,对准备金的定义、确认和计量等进行了规范。在 CAS 13 中,类似概念的称谓是"预计负债"。CAS 13 规范了预计负债的确认和计量。

除了 IAS 37 和 CAS 13 中涉及的或有事项以外,职工薪酬、股份支付、租赁、企业合并等交易或事项也有可能涉及相关的或有事项。这些或有事项的会计处理,需要执行相关准则的规定。

(一)准备金的定义

IAS 37 对准备金的定义是:具有不确定时间和金额的负债。这意味着,准备金符合负债的定义和确认条件,但具有发生时间和金额不确定的特点。

CAS 13 中没有对预计负债进行定义,但明确了预计负债的确认条件。

准备金实际上是按照权责发生制(应计基础)的核算要求确认的负债,包括应计工资、应计租金和其他应计费用等形成的负债。

可以认为,准备金(CAS 13 中的预计负债,下同)具有以下基本特征。

1. 准备金是由于过去发生的事项产生的现时义务,履行该义务很有可能导致经济利益流出企业

---

① 如果企业将取得交易性金融负债视为一种融资行为,则其差额应计入财务费用。

例如,一项特许经营合同的安排要求在特许经营期间内的基础设施始终处于良好的技术状态。为了做到这一点,就需要在经营期间安排必要的支出来维护基础设施。由于该项的支出是由特许经营合同的安排所导致的,对此有必要将该项很有可能在未来发生的支出确认为资产负债表日的一项负债①。

与此不同,某固定资产在未来发生的大修理支出也许并不是由过去发生的事项来决定的。是否进行大修理,取决于企业未来的内部管理决策。故企业不应将一般固定资产在未来可能发生的大修理费用在资产负债表日确认为一项负债。

2. 准备金支付的时间和金额具有不确定的特征

尽管准备金属于过去的交易或事项产生的现实义务,但何时需要履行该义务、履行该义务将导致多少金额的经济利益流出企业,却具有不确定的特点。对此,需要在对其进行最佳估计的基础上提供计量的依据。由于不同资产负债表日对履行该义务可能导致经济利益流出的金额有不同的估计,故有必要根据不同的估计数对准备金的金额做出必要调整。

(二)准备金的确认

IAS 37 规定,主体只有在满足以下条件才能确认准备金:(1)是由过去的事项产生的现实义务(包括法律义务和推定义务);(2)支付很有可能发生;(3)其金额能够可靠地加以估计。CAS 13 的规定基本上与 IAS 37 的规定保持一致。

不满足准备金或预计负债确认条件的则应确认为一项或有负债。或有负债不应当在财务报表中列示,但有必要在财务报表附注中披露。

(三)准备金的计量

IAS 37 规定,确认为准备金的金额应是在资产负债表日清偿该现实义务所需支出的最优估计,即是一家主体在资产负债表日清偿该义务或将其转移给第三方合理支付的金额。

准备金的金额应表现为使用税前折现率计算的现值,税前折现率应反映当期市场对货币时间价值和针对该负债风险的估计。

在会计实务中,澳大利亚 Transurban 集团是一家在位于悉尼的澳大利亚证券交易所上市的公司。从 2005 年开始,该公司的会计处理执行与 IFRS 趋同的澳大利亚会计准则。该公司 2016 年财务报表中提出,准备金应当按照报告期末清偿现实义务所需支出的管理最佳估计的现值计量。用于确定现值的折现率应反映

---

① 《企业会计准则解释第二号》中要求,企业按照合同约定为使有关基础设施保持一定的服务能力或在移交给合同授予方之前保持一定的使用状态预计将发生的支出,应当按照 CAS 13 的规定处理。

目前市场对货币时间价值与其债务风险的评估值。

与 IAS 37 的规定有所不同,CAS 13 中只要求在货币时间价值影响重大时,才需要按照现值来确定预计负债的最佳估计数。

(四)流动准备金和非流动准备金

1. 流动准备金

流动准备金是指按照应计基础的要求计入当期损益并需要在未来一年内支付的费用。这些需要支付的费用,形成了企业的一项流动负债。

与流动准备金相关的例证是:按照某公司的规定,员工工作满一年,可享有二周带薪年假。某员工 2018 年 7 月 1 日来公司管理部门工作,年底资产负债表日累计工作了半年。预计该员工工作满一年时的工资为每周 6000 元;则 2018 年底资产负债表日应确认的带薪年假准备金为 6000 元。由于该项负债很有可能在一年内支付,故该项准备金应当资产负债表中列示为一项流动负债:流动准备金。

流动准备金类似于 20 世纪末期以前中国会计核算制度曾经采用的预提费用。由于流动准备金的期限较短,折现因素的影响较小,故一般无须考虑折现因素。但 CAS 体系的资产负债表中没有规定属于流动负债的预计负债项目。

2. 非流动准备金

非流动准备金是指按照应计基础的要求分期计入损益并需要在未来一年以后支付的费用。这些需要支付的费用,形成了企业的一项非流动负债。

与非流动准备金相关的例证是:按照某公司的规定,员工工作满十年,可享有三个月带薪长假。某员工 2017 年 7 月 1 日来公司内部的某制造厂从事产品制造工作,年底资产负债表日累计工作了半年。预计该员工工作满十年时的工资为每周 1000 元,三个月的长假为 13 周,总计 13000 元;按照 6% 的利率计算,每年应计提长假准备金的金额可计算如下:

$A(F/A,6\%,10) = 13000$

$A = 13000 \div 13.181 = 986.27$(元)

对此应计入 2018 年损益或相关资产成本的工资费用为 493.13 元。

分年度应负担的利息费用计算如下表。

年度	工资费用	利息费用	计算依据	准备金余额
2018	493.13			493.13
2019	986.27	29.59	493.13 × 6%	1508.99
2020	986.27	90.54	1508.99 × 6%	2585.80
2021	986.27	155.15	2585.80 × 6%	3727.22

年度	工资费用	利息费用	计算依据	准备金余额
2022	986.27	223.63	3727.22×6%	4937.12
2023	986.27	296.23	4937.12×6%	6219.62
2024	986.27	373.18	6219.62×6%	7579.07
2025	986.27	454.74	7579.07×6%	9020.08
2026	986.27	541.20	9020.08×6%	10547.55
2027	986.27	632.85	10547.55×6%	12166.67
2028	493.13	340.20		13000.00
合计	9862.69	3137.31	——	13000.00

（五）准备金的再计量

按照 IAS 37 的规定，在每一资产负债表日，需要对准备金进行复核与调整。

如果以上预计的长假准备金13000元在2022年资产负债表日进行复核时发现由于工资水平的调整将需要提升至14000元，则需要从2022年开始调整计入损益的工资费用以及计提的长假准备金。

如果未来的现金流出不再很有可能（例如预计员工有可能离职），则需要将计提的准备金冲回。

（六）或有对价

或有对价是企业合并的产物。在 IRRS 3 中明确了或有对价的概念并提出，或有对价是指：如果被并购方未来实现了预期的收益，并购方应在未来支付的对价。但 CAS 20 和其他相关准则中均未涉及或有对价的概念及其解释。

如果被并购方是一家高科技公司，未来的发展存在不确定因素。双方在并购合同中约定，如果被并购公司在从购买日开始的连续三年内每年实现的利润都超过1000万元，并购方应多支付1亿元。这1亿元就属于或有对价。

按照 IFRS 3（2004）的规定，需要等达到预期标准、实际支付1亿元时，再确认并购成本并调整商誉；但 IFRS 3（2008）对该项规定做出了调整。按其要求，需要在合并发生时按照或有对价的公允价值确认。如果并购方认为实现预期标准的可能性为40%，则其公允价值为4000万元（10000×40%）。

如果实际支付的对价是10000万元，则差异6000万元应计入当期损益。

第三节　金融负债核算涉及相关业务或交易事项的讨论

核算具有广义与侠义两种不同的理解。广义的核算概念可理解为是"会计处理"的同义语,包括会计确认、会计计量、会计记录和会计报告四个方面;而狭义上的核算概念可认为是"会计记录"的同义语。会计记录不属于会计准则规范的内容;英美国家教科书中的会计记录具有灵活多样的特点。与其不同,中国是通过由财政部制定出台统一会计制度来规范核算行为的;对此会计核算发挥着承上(会计确认与会计计量)启下(编制财务会计报告)的重要作用。为了有效地承接会计确认和会计计量的要求,并为规范会计报告的编制提供依据,对会计核算的讨论就显得非常重要。

一、银行借款

IFRS 体系中使用的银行借款概念,是广义的概念,包括企业从银行取得的借款以及从其他非银行金融企业和其他单位取得的借款。

在中国,考虑到银行和金融公司、保险公司、投资公司、证券公司等非银行金融企业之间存在明显的区别,并且企业还具有从非金融企业和其他企事业单位和个人取得借款的可能性,故通常使用"借款"的概念,并按照借款期限划分为短期借款和长期借款。

（一）银行借款的界定

银行借款划分为短期借款和长期借款。执行 IFRS 的企业列入财务状况表中的短期银行借款,应体现为企业从银行等金融企业以及其他企事业单位和个人借入的、需要在一年内偿还的各种借款。

将在一年内到期的长期借款,应在财务状况表中列报为流动负债。按照财政部的规定,应在资产负债表中的"一年内到期的非流动负债"栏目列报;按照 IASB 的规定,也允许在"短期借款"项目列报。

列入财务状况表中的长期借款,应体现为企业从银行等金融企业以及其他企事业单位和个人借入的期限在一年以上的各种借款。列报的长期借款不包括将在一年内到期的部分。这部分金额,应在流动负债中列报。

（二）银行借款计量

银行借款属于金融负债;银行借款的计量应符合金融负债计量的基本要求。

1. 银行借款的初始计量

作为按照摊余成本计量的金融负债,银行借款应按照其公允价值减去交易费用后的余额进行初始计量。短期借款也不应有例外。取得银行借款时的公允价值,应表现为按照市场利率计算的现值;发生的交易费用,应归属于实际利息的组成部分,并相应调整计算摊余成本的实际利率。但财政部并没有对取得短期借款和长期借款发生的交易费用的处理做出说明。

严格执行 IFRS 9 或 CAS 22 的规定,如果企业从银行取得 100 000 元短期借款,相关手续费为 500 元;则该项短期借款的初始确认金额为 99 500 元。其中,借款本金 100 000 元计入"短期借款——本金"科目的贷方,500 元手续费计入"短期借款——利息调整"科目的借方。

从理论上分析,借款手续费和借款利息一样,都属于企业使用借款付出的代价,故都应当按照权责发生制的要求由借款存续的整个期间负担。

如果企业取得借款的时间为 2018 年 11 月 20 日,期限为 3 个月,还款日期为 2019 年 2 月 20 日,则意味着平均每使用一天借款应当负担为 5.43 元(500 ÷ 92)。2018 年 12 月 31 日,企业应当计入当期损益的手续费可计算如下:

分摊手续费 = 42 × (500 ÷ 92) = 228.26(元)

在资产负债表"短期借款"项目列示的金额为:100 000 − (500 − 228.26) = 99 728.26(元)

短期借款一般具有的基本特征是:(1)期限较短;(2)市场利率较低;(3)银行借款合同利率与市场利率之间的差异较小。考虑以上因素,故短期借款确认和计量采取了简化处理的方式:(1)取得短期借款支付的交易费用直接计入当期损益;(2)不考虑借款合同利率与市场利率之间的差异,则短期借款取得时的公允价值,可表现为应偿还的本金。

如果企业从银行实际取得的借款,不同于借款合同约定的需要偿还的本金,意味着长期借款合同利率与市场利率之间存在差异。长期借款的公允价值,应表现为实际取得的借款;实际取得的长期借款与长期借款本金之间的差异,应与长期借款的交易费用一起,计入"长期借款——利息调整"科目的借方。

2. 银行借款的后续计量

作为金融负债的一部分,银行借款应当按其摊余成本进行后续计量。银行借款的摊余成本可按照以下计算公式计算:

银行借款 = 银行借款的初始计量金额 − 初始计量以后累计偿还的借款本金 + 按照实际利率法计算的累计摊销额 − 初始计量以后累计支付的借款利息。

（三）借款利息

借款利息属于借款费用。IAS 23 和 CAS 17 分别规范了借款利息的确认、计量等会计处理行为。

1. 短期借款利息

应在资产负债表日确认并计入当期损益的短期借款利息费用，包括短期借款的应计利息和摊销的短期借款交易费用。关于短期借款应计利息的确认，有可能采取以下两种处理方式：(1)在资产负债表日确认应计利息；企业有可能分月确认或在年末一次确认应计入当期损益的利息费用。(2)在短期借款到期日确认应计利息。

2. 长期借款利息

应在资产负债表日确认并计入当期损益的长期借款利息费用，包括长期借款的应计利息和摊销的长期借款交易费用。关于长期借款利息的确认，一般也有以下两种处理方式：(1)应将不符合资本化条件的借款利息支出确认为费用，计入当期损益；(2)将符合资本化条件的借款利息支出予以资本化，计入相关资产的成本。

借款利息资本化，应符合 IAS 23 或 CAS 17 的规定。

支付借款利息的计量也需要区别以下两种情况进行。

(1)按照实际利率计量。按照实际利率计量符合 CAS 22 的规定。按照实际利率计量的关键在于科学确定借款的实际利率。实际利率应根据合同中有关偿还本金方式、合同利率和利息支付方式等的约定以及实际取得的借款和支付的借款手续费等因素综合计算确定。

如果 MT 产业投资集团有限公司实际取得的长期借款和借款本金均为 10 亿元，按照约定可在 8 年后一次还本付息，合同利率为 8%；如果实际利率为 K，确定实际利率的计算公式为：

$$1\ 000\ 000\ 000 \times (F/P, K, 8) = 1\ 000\ 000\ 000 + 1\ 000\ 000\ 000 \times 8\% \times 8 = 1\ 640\ 000\ 000$$

$$K = 6.38\%$$

如果借款利息分期支付，本金到期一次偿还，则当实际取得的长期借款和借款本金一致时，不考虑借款手续费的影响，可认为合同利率与市场利率基本是一致的。

除了借款手续费以外，利息支付方式对实际利率也有影响。合同利率和实际利率一般表现为年利率。如果合同利率为 8%，每半年支付一次利息，则实际利率应高于 10%。但这两者之间的差异往往被忽略。

在 20 世纪末以前,我国银行的长期借款政策,比较多地采取的是到期一次还本付息的方式。故 2000 年 12 月 29 日印发的《企业会计制度》中仍规定将长期借款的利息,计入"长期借款"的后续计量金额中。这样,"长期借款"科目的贷方余额,反映的是尚未偿还的长期借款的本金和利息。即使到了 2015 年,戴德明先生等仍主张一般将长期借款的利息计入"长期借款"科目核算①。

进入 21 世纪以后,由于金融企业一般要求借款人分期支付借款利息,基本上取消了在贷款期限届满一次性还本付息的规定,对此财政部不再要求将确认的长期借款利息计入"长期借款"科目,而是计入资产负债表中的流动负债项目:应付利息。

(2)按照合同利率计量。在资产负债表日按照合同利率确认利息费用的处理方式简单易于理解,但不符合 CAS 22 的规定。故财政部仅允许在实际利率与合同利率差异较小时,采用合同利率计算确定利息费用。

二、应付款项

(一)应付款项的界定

应付款项包括应付票据、应付账款、预收账款、其他应付款、长期应付款等。其中,长期应付款属于非流动负债项目;其他的应付款项属于流动负债项目。

资产负债表中列报的应交税费、应付利润(股利)、应付利息、应付职工薪酬等,也可归属于应付款项的组成部分。

应付款项的基本特征是企业与其他关系人之间的结算关系形成的结算性负债。这些结算关系包括企业对外提供商业信用形成的结算关系,以及由于其他原因形成的结算关系。

结算性负债有别于融资性负债。企业一般需要为承担融资性负债承担支付经济代价的义务(一般表现为债务利息);但企业无须为所承担的结算性负债承担支付经济代价的义务。

长期应付款也许属于一种例外。由于长期应付款属于偿还期限在一年以上的非流动负债,企业需要为持有长期应付款承担支付经济代价的义务,故长期应付款可归类于融资性负债。

按照 CAS 9 的规定产生的设定受益计划义务应在资产负债表中确认为一项非流动负债。但该项债务的列报财政部至今尚未有明确的规定。这进一步说明这方面的制度规范有待改进。

---

① 戴德明等. 财务会计学[M]. 北京:中国人民大学出版社,2015(8):217

（二）应付款项计量

1. 流动性应付款项的计量

应付票据、应付账款、应付租金、应付利息、应付利润、应付职工薪酬、其他应付款等流动性应付款项均属于按照摊余成本进行后续计量的金融负债。应付账款、应付票据、应付利息、应付租金、应付利润、应付职工薪酬等取得、形成或承担时的公允价值，一般应表现为应支付给债权人的价款；这些应付款项在资产负债表列报的摊余成本，一般也应体现为所设置的"应付票据""应付账款""应付租金"等会计科目的账面余额。

2. 长期应付款的计量

按照财政部的规定，确认为长期应付款的交易或事项，包括采取融资租赁方式取得融资资产产生的长期应付款、采取分期付款方式购买存货和固定资产等资产产生的长期应付款等。

长期应付款摊余成本可计算如下：

长期应付款的摊余成本 = 长期应付款的期初计量金额－长期应付款累计偿还金额－尚未摊销的未确认融资费用

有必要区别通过"长期应付款"科目核算的长期应付款，和在资产负债表中列示的长期应付款。"长期应付款"科目核算的是长期应付款的总额，但在资产负债表中列示的是长期应付款的账面价值，即长期应付款总额减去未确认融资费用后的余额。

三、交易性金融负债

（一）交易性金融负债的界定

交易性金融负债一般是指企业承担的并准备在近期内回购的短期金融负债。如果企业面向社会公众发行债券，并按照合同的约定准备在近期内从市场上按其市场交易价格回购该债券，则该债券属于交易性金融负债。

目前，中国鲜见交易性金融负债这一品种，故这方面的研究仍局限于理论分析。可以认为，企业发行确认为交易性金融负债债券品种的行为从形式上来看似乎是一种融资行为，但其实质是一种投资行为。取得交易性金融负债的主要目的不是为了筹措资金，而是为了根据对其市场交易价格变动的预期来获取差价。对此，企业将取得的差价计入当期损益中的投资收益是科学的。

（二）交易性金融负债计量

企业应在取得确认为交易性金融负债的款项时，按其公允价值进行初始计量。如果某企业将发行的面值为100万元、可上市交易的债券确认为交易性金融负债,打算在近期内从市场回购。则该企业在 2018 年 7 月 1 日发行该债券时,将取得债券资金确认为一项交易性金融负债。

如果该企业为发行债券支付了 1.5 万元的交易费用,则 IFRS 9 和 CAS 22 均要求将交易费用计入当期损益。

2018 年 12 月 31 日资产负债表日,企业需要按照该债券的 4% 的利率确认应归属当期的利息费用 2 万元;还需要按其公允价值对该项交易性金融负债进行后续计量。如果该项交易性金融资产的公允价值为 103 万元,其 3 万元的增值额应计入当期损益(公允价值变动损益)。

如果该企业于 2019 年 2 月 3 日从市场上付款 102 万元回购了该项金融性金融负债,与账面价值 103 万元的差额应计入当期损益(公允价值变动损益)。

五、公司债券

(一)公司债券的界定

公司债券包括短期公司债券和长期公司债券。资产负债表中的公司债券通常体现的是公司发行的期限在一年以上的各种债券。目前,中国企业发行的债券中符合长期债券特征的债券包括企业债券、公司债券、中期票据、非公开定向债务融资工具等;短期债券主要是短期融资券。

公司债券符合负债的定义;但从 2008 年 IASB 和财政部先后修改了金融负债的确认条件后,具有永续特征并具备相关条件的债券不再符合金融负债的确认条件,而需要确认为一项权益工具。

公司债券的核算业务,主要包括公司债券的发行、债券利息费用的确认与支付以及债券到期后收回债券等。

(二)公司债券发行

债券可采取三种发行方式:(1)按面值发行;(2)溢价发行;(3)折价发行。

一般认为,当债券合同利率基本与市场利率相一致时,可采取按照面值发行的方式;当确定的债券合同利率高于市场利率时,可采取溢价发行的方式;当确定的债券合同利率低于市场利率时,可采取折价发行的方式。

如果债券采取溢价或者折价发行的方式,则债券溢价或者债券折价部分需要采取实际利率法进行摊销。

目前中国企业基本上采取了按照面值发行债券的方式。这意味着,债券合同利率是按照市场利率来确定的。

需要讨论的问题是市场利率。首先,实行利率市场化的美国、英国、澳大利亚等西方国家的市场利率,实际体现为某交易日所有的有价证券市场交易体现的内含利率的加权平均值,或加权平均市场利率。由于不同企业发行的债券具有不同的风险,故影响某种债券发行价格的市场利率,不应是加权平均市场利率,而是该种债券相关的个别市场利率。

(三)公司债券的初始计量

作为一项按摊余成本计量的金融负债,公司债券应按其公允价值进行初始计量。

公司债券的公允价值,应当体现为实际取得的价款。即:

公司债券的公允价值 = 债券面值 + 债券溢价 – 债券折价

公司债券的初始计量金额,应是公司债券的公允价值减去其交易费用后的余额。

发行公司债券支付的交易费用,应当计入"应付债券——利息调整"科目,并需要相应地调整计算公司债券摊余成本的实际利率。

如果某有限责任公司发行期限为 10 年的公司债券,面值为每张 1000 元,总额为 10 亿元。由于约定的合同利率为 6%,超过 4% 的市场利率,故公司可溢价发行债券,其发行价格可计算如下:

$$发行价格 = 1000 \times 6\% \times (P/A,4\%,10) + 1000 \times (P/F,4\%,10)$$
$$= 60 \times 8.111 + 1000 \times 0.676 = 1162.66(元)$$

如果某公司发行期限为 10 年的公司债券,面值为每张 1000 元,总额为 10 亿元。由于债券合同利率为 4%,低于 6% 的市场利率,故公司按照每张的价格发行。即:

$$发行价格 = 1000 \times 4\% \times (P/A,6\%,10) + 1000 \times (P/F,6\%,10)$$
$$= 40 \times 7.360 + 1000 \times 0.558 = 852.40(元)$$

(四)公司债券后续计量和债券利息的确认

作为非流动负债的公司应付债券,也属于按照摊余成本进行后续计量的金融负债。

1. 债券溢价或折价的摊销

公司应当采取实际利率法计算和摊销公司债券溢价与折价。

公司债券溢价和折价的摊销,应采取预确认债券利息费用相一致的方式,在资产负债表日进行。

在资产负债表中列报的公司应付债券的摊余成本为:

应付债券的账面价值 = 应付债券的面值 – 债券溢价摊销额 + 债券折价摊销额 – 交易费用未摊销金额

2. 公司债券利息

与借款利息的会计处理方式相一致,在资产负债表日确认应归属本会计期间的公司债券利息也具有两种处理方式:(1)确认为费用,计入当期损益;(2)将利息支出资本化,计入相关资产的成本。

债券利息的资本化,也应符合 IAS 23 或 CAS 17 的规定。

本章小结

负债是资产负债表的构成要素;会计准则中规范的负债,包括金融负债和其他负债。其中,金融负债是企业负债的主要构成。

金融负债一般划分为按公允价值计量且其变动计入当期损益的金融负债和按摊余成本计量的金融负债。金融负债应当按公允价值进行初始计量;企业为取得金融负债发生的交易费用,应区别不同情况计入当期损益或初始计量金额。除了交易性金融负债和指定为按公允价值计量且其变动计入当时损益的金融负债以外,大多数金融负债应采用实际利率法按其摊余成本进行后续计量。

按照 IAS 1 的表述,准备金(或预计负债)也应属于一项金融负债。由于规范准备金核算行为的是或有事项准则而不是金融工具准则,故准备金的确认和计量有不同于金融工具中金融负债的规范要求。

第六章

权益确认、计量与报告

权益,在《基本准则》中的称谓为"所有者权益",体现的是企业所有者在企业拥有的剩余权益。由于所有者权益在数量上表现为企业总资产减去负债总额后的差额,所以在有些规范和文献中被称之为净资产。在财务会计具体准则中,是通过金融工具准则来规范权益工具的确认、计量和报告。在本章中,主要结合IFRS体系和CAS体系中对权益工具确认和计量的规范,来进一步讨论权益、所有者权益或权益工具会计处理的理论与方法。

第一节 权益概述

一、有关权益概念的讨论

(一)会计准则中对权益的界定

在国内外相关准则和概念框架中,分别采用了权益、所有者权益或股东权益、权益工具等表述。IASB《概念框架2010》中采取了权益的表述,并指出权益是指主体的资产在扣除其全部负债后的一种剩余利益。

具体准则中采用的是权益工具的表述。权益工具属于金融工具的组成部分。IAS 32中对权益工具的定义是:权益工具是指能够证明拥有某主体在扣除所有负债后的资产中的剩余权益的合同。CAS 37中对权益工具的定义与其是一致的。这意味着,可将权益工具理解为所有者权益的同义语。

《基本准则》和CAS 30中采用的是所有者权益的表述。1992年11月财政部发布的《企业会计准则》中首次按照国际惯例明确了所有者权益的概念,指出:所有者权益是企业投资人对企业净资产的所有权,包括企业投资人对企业的投入资本以及形成的资本公积金、盈余公积金和未分配利润等。鉴于当时中国实行的是实收资本制度,故要求将投资者按照出资比例缴纳的资本确认为企业的实收资本;将投资者实际出资额超过出资比例部分确认为资本公积。

2000年12月印发的《企业会计制度》中对所有者权益的定义是:所有者权益,是指所有者在企业资产中享有的经济利益,其金额为资产减去负债后的余额。所有者权益包括实收资本(或者股本)、资本公积、盈余公积和未分配利润等。

《基本准则》中对所有者权益的定义是:所有者权益是指企业资产扣除负债后由所有者享有的剩余权益。公司的所有者权益又称为股东权益。

《基本准则》首次引入了利得和损失的概念,并将利得和损失划分为直接计入所有者权益的利得和损失以及计入当期损益的利得和损失。

直接计入所有者权益的利得和损失,是指不应计入当期损益、会导致所有者权益发生增减变动的、与所有者投入资本或者向所有者分配利润无关的利得或者损失。

利得是指由企业非日常活动所形成的、会导致所有者权益增加的、与所有者投入资本无关的经济利益的流入。

损失是指由企业非日常活动所发生的、会导致所有者权益减少的、与向所有者分配利润无关的经济利益的流出。

与IAS 32趋同的CAS 37中规定了不同情况下权益工具的确认事项。

在IFRS体系中,全部权益均被界定为金融工具中的权益工具。与此不同,财政部会计司认为,从权益工具的发行方来看,权益工具符合所有者权益的定义,构成所有者权益的重要组成部分[①]。但并没有进一步解释是否还存在构成所有者权益的其他组成部分。

权益工具是否符合所有者权益的定义,权益工具持有者是否都可以被界定为所有者,取决于权益工具的持有者是否享有资产扣除负债后的剩余权益。在符合条件的优先股、永续债、可回售工具等被确认为权益工具的状况下,这些权益工具的持有者也许并不享有或者仅享有企业部分剩余权益的权利。永续债持有者取得的利息,尽管需要计入利润分配,但是否能够取得利息收益也许并不取决于企业是否实现了净利润。对此,这些权益工具的持有者应当有别于普通股的股东[②]。

在实务中,中国农业银行股份有限公司在其2016年合并资产负债表中,将所有者权益划分为归属于母公司普通股股东的权益、归属于母公司其他权益工具持

---

①　财政部会计司编写组. 企业会计准则讲解 2010[M]. 北京:人民出版社,2010:546

②　对此本书认为,有必要将权益划分为所有者权益和其他权益;将权益工具划分为基本权益工具和其他权益工具。这也是本章侧重于讨论的是权益,而不是所有者权益的原因所在。

有者的权益以及归属于普通股少数股东的权益。归属于母公司其他权益工具持有者的权益反映的是企业发行其他权益工具筹措的股权资金净额（798.99亿元）。

这意味着，也许具有区别权益和所有者权益的必要。

二、权益的特征

可以从以下四方面来理解权益。

（一）权益是一种财产权利

所有者权益实质上是某企业的所有者享有的在该企业一种财产权利。在现代社会，这种财产权利是通过有关国家的法律法规予以明确的。

在中国，通过发布《中华人民共和国个人独资企业法》《中华人民共和国合伙企业法》和《中华人民共和国公司法》（以下简称《公司法》），明确了投资者对投入个人独资企业、合伙企业和公司制企业所拥有的相应财产权利。

从理论上来看，所有者应当拥有投入资本的所有权，以及与所有权相关的使用权、处置权和收益分配权。但需要明确的是，所有者权益只是一种剩余权益。

（二）投资者投入的资本是权益的重要组成部分

所有者权益是一种权利，这种权利来自于投资者投入的可供企业长期使用的资源。投资者投入公司制企业的资本通常划分为实收资本或股本以及资本溢价两部分。

（三）权益是投资者投入的无须偿还的资源

按照 CAS 37 的规定，优先股、永续债等投资者投入的资金，如果按照该合同的约定无须偿还，则投入的资本可确认为一项所有者权益：其他权益工具。

（四）权益来自投资者投入资本产生的增值

从权益的构成要素来看，企业在生产经营过程中形成的资产增值以及取得的经营利润，是权益的重要组成部分。

1. 直接计入权益的资产增值

由于资产公允价值变动等原因，企业持有的资产，包括存货、固定资产和无形资产等，有可能产生增值。按照 IASB 的规定，在资产负债表日固定资产、无形资产等资产的公允价值超过其账面价值的增值额，直接计入公司的权益（其他综合收益）。按照财政部的规定，资产负债表日可供出售金融资产的公允价值超过其账面价值的部分，直接计入所有者权益（其他综合收益）。

2. 计入当期损益的资产增值

按 FVTPL 计量的投资性房地产、金融资产和金融负债的公允价值变动额，应计入当期损益(公允价值变动损益),并对权益产生影响。

3. 经营利润

企业在生产经营活动中取得的净利润,除了分配给投资者以外,还有可能留存企业,用于发展今后的生产经营业务。这部分留存利润,构成了权益的一部分。

所有者权益无疑是所有者拥有的。所有者权益构成中的资本,属于所有者对企业的原始投入和追加投入。但当企业依据法律的规定成为法人后,所有者转变为其发行的权益工具的持有人。站在持有人的角度,权益工具与债务工具的根本区别在于:持有人是通过持有权益工具来承担风险,并争取获得可变投资收益的。

三、权益的构成

企业的权益一般来自以下三个组成部分。

(一)投入资本

投入资本是指投资者(所有者)投入企业的资本。投入资本可进一步划分为以下三部分:

1. 实收资本或股本

实收资本或股本一般表现为投资者按照出资比例向企业缴纳的资本,或投资者按照应享有股权份额确定的出资额。对于发行股票筹措资本的企业,股本一般表现为所发行股票的面值或设定价值。

2. 资本溢价

资本溢价一般表现为投资者的实际出资额超过应享有股权份额的余额。对于发行股票筹措资本的企业,资本溢价或股份溢价一般表现为股票发行价格超出面值的金额。

资本溢价一般是由新入股的投资者投入的。新投资者投入资本溢价的主要原因,是为了维护老投资者的合法权益。

企业筹措资本发生的相关筹资费用,包括票据印刷费、注册费、支付给委托代销机构的承销手续费等,应当在资本溢价中列支;不足部分计入当期损益。

如果某股份有限公司发行2.5亿普通股筹措股本。股票面值为2元,发行价格为5元,发行手续费占3%,为3750万元,则筹资活动形成的权益可反映如下:

股本:500 000 000(250 000 000 × 2)

股份溢价:712 500 000(250 000 000 × 5 — 500 000 000 — 37 500 000)

3. 其他权益工具

优先股、永续债等金融工具的投资方投入的资金如果符合权益工具的定义和确认条件,也构成权益的一部分。

在实务中,国电电力发展股份有限公司在 2013 年 12 月发行的 10 亿元永续中期票据筹措的资金净额 9.9 亿元,从 2014 年 3 月开始被确认为一项其他权益工具;河南中原高速股份有限公司在 2015 年 6 月 30 日非公开发行优先股筹措的资金净额 33.71 亿元,也被确认为一项其他权益工具。

(二)企业在经营活动中取得的其他综合收益

按照 IAS 1 的规定,企业在经营活动中取得的其他综合收益,应计入权益。计入权益的其他综合收益,一般包括如下内容。

1. 不动产、厂房和设备公允价值变动

IAS 16 规定,采取重估价值模式进行后续计量产生的增值部分,应当作为其他综合收益直接计入权益中的"重估盈余"。如果以前将重估减值计入损益,则需要首先将计入损益部分转回。

如果某企业采用重估价值模式对其不动产、厂房和设备进行后续计量。2016 年底,某项设备的公允价值为 46 万元;2017 年底,该项设备的公允价值为 40 万元;2018 年底,该项设备的公允价值为 48 万元。

根据以上资料可做出以下职业判断。

(1)与 2016 年底相比,2017 年底该项设备的公允价值减少了 6 万元。减少的金额计入 2017 年损益。

如果选择重估价值模式,可通过设置"固定资产公允价值变动"科目,核算不动产、厂房和设备公允价值的变动额,并作为一个调整项目,用于调整资产负债表日计入资产负债表中的不动产、厂房和设备的账面价值。

(2)分别与 2016 年底和 2017 年底相比,2018 年该项设备的公允价值分别增加了 2 万元和 6 万元,对此企业应当在 2018 年底(资产负债表日)做出以下确认:

将计入损益的 6 万元冲回,计入 2018 年损益(公允价值变动损益);将增加的 2 万元直接确认计入权益(重估盈余)①。

2. 无形资产公允价值变动

IAS 38 规定,采取重估价值模式进行无形资产后续计量产生的增值部分,应当直接计入权益中的"重估盈余"。如果以前将重估减值计入损益,则需要首先将计入损益部分转回。

3. 直接计入权益的金融资产和金融负债公允价值变动

IFRS 9 规定,企业可在初始确认一项金融资产或金融负债时,将其界定为按照公允价值进行后续计量,但其变动不计入损益。

---

① 这里依据的是 IFRS 的规定,故没有按照财政部的要求进行账务处理。

4. 计入其他综合收益的其他项目

计入其他综合收益的其他项目,取决于 IFRS 体系中各相关准则中的具体规定。

按照财政部的规定,计入所有者权益的其他综合收益,一般包括如下内容。

1. 直接计入权益的金融资产和金融负债公允价值变动

CAS 22 规定,资产负债表日可供出售金融资产的公允价值变动额,可计入其他综合收益。

2. 计入其他综合收益的其他项目

除了金融负债公允价值变动需要作为其他综合收益项目计入权益以外,计入其他综合收益的项目还包括:(1)按照 CAS 2 的规定,采取权益法核算投资收益的企业享有的被投资企业其他综合收益的份额,计入其他综合收益;(2)按照 CAS 19 的规定,企业处置境外经营时,应当将资产负债表中所有者权益项目下列示的、与该境外经营相关的外币财务报表折算差额,自所有者权益项目转入处置当期损益;按照 CAS 24 的规定确认的,现金流量套期工具产生的利得或损失中属于有效套期的部分;等等。

(三)企业经营所得

企业经营所得反映了企业净利润分配形成的所有者权益。这部分权益可进一步划分为:

1. 按照一定的规定提取形成的公积金

如何提取形成公积金,取决于各国公司法的法律规定以及相关企业的具体规定。

按照《公司法》的规定,公司制企业计提的盈余公积金,不得低于净利润的10%。提及的盈余公积金,主要用于抵补以后年度的经营亏损。

2. 未分配利润

未分配利润是指当期获得的留待以后会计年度分配的净利润。

四、权益的分类

在实务中,不同国家和地区的公司制企业对权益采取了不同的分类。西班牙阿伯蒂斯基础设施股份有限公司将在资产负债表列报的权益划分为股本、股本溢价、库存股、公积金、保留盈余和其他公积金①。香港合和公路基建有限公司将在

---

① 西班牙阿伯蒂斯基础设施股份有限公司:2016 年合并财务报告 PDF 版第 2 页,www.abertis.com

资产负债表列报的权益划分为股本、股份溢价及储备。在附注中,进一步将储备划分为换算储备、股份认购权储备和保留溢利①。

在中国,《基本准则》要求将所有者权益划分为实收资本(股本)、资本公积、盈余公积和未分配利润四类。

财政部2014年3月17日印发的《金融负债与权益工具的区分及相关会计处理规定》(财会[2014]13号)②中要求在资产负债表的"实收资本"和"资本公积"之间增设"其他权益工具"项目,反映企业发行的除了普通股以外分类为权益工具的金融工具的账面价值。

CAS 30(2014)中进一步明确了"其他综合收益"的概念,并成为企业所有者权益分类中新的组成部分。

(一)股本

股本是指归属特定投资者的权益。在不同公司的财务状况表或资产负债表中,股本又被称之为实收资本、投入资本、已支付股本等。

(二)其他权益工具

其他权益工具是财政部界定的概念。按照财会[2014]13号文的解释,资产负债表中的其他权益工具,反映企业发行的、分类为权益工具的优先股和永续债的账面价值。CAS 37(2017)中对确认为权益工具的优先股、永续债做出了进一步明确的界定。

1. 优先股

企业可通过发行优先股筹措资金。根据发行优先股条款中的不同约定,可将发行优先股取得的资金确认为一项金融负债,也可确认为一项权益工具。

2. 永续债

企业可通过发行永续债筹措资金。根据发行永续债条款中的不同约定,可将发行永续债取得的资金确认为一项金融负债,也可确认为一项权益工具。

虽然符合条件的优先股和永续债需要确认为一项权益工具,但并不意味着这些优先股和永续债的持有人享有与普通股股东相同的权益。这些权益工具持有人是否可界定为企业的所有者,还是拥有受限定的权益,取决于相关法律法规的规定和发行合同的约定。

(三)公积金

公积金体现的是归属全体股东的权益。不同国家的公司制企业对公积金有

---

① 合和公路基建有限公司:2016/17年报PDF版第108页[R/OL],ww.hopewellhighway.com

② 按照财政部的规定,财会[2014]13号文在CAS 37(2017)开始实施时被废止。

不同的法律规定和分类方式。

在中国,公司制企业按照企业财务制度的规定,将公积金划分为资本公积和盈余公积。

资本公积包括资本溢价和其他资本公积。资本溢价是指投资者的实际出资额超过应享有股权份额的余额。对于发行股票筹措资本的企业,资本溢价或股份溢价一般表现为股票发行价格超出面值的金额。资本溢价一般是由新入股的投资者投入的。新投资者投入资本溢价的主要原因,是为了维护老投资者的合法权益。

2013 年底以前其他资本公积的主要构成内容,从 2014 年开始需要在资产负债表中确认为一个新的所有者权益项目:其他综合收益。在此基础上,CAS 30 (2014)及其应用指南等有关规定中均没有进一步明确其他资本公积的具体内容。

《公司法》明确了建立法定公积金的制度,要求按照扣除弥补以前年度经营亏损后净利润的 10% 计提法定盈余公积金。

与此相类似,西班牙公司法也要求按照年度利润的 10% 计提法定公积金,法定公积金的最低要求为资本的 20% 。除非进行清算,公司不得向股东分配法定公积金①。

(四)其他权益

除了以上所有者权益的基本分类以外,还存在一些特殊情况下的所有者权益类别。

1. 可回售工具和其他权益工具

CAS 37 中界定的其他权益工具,除了符合条件的优先股和可转债以外,还包括符合条件的可回售工具和发行方仅在清算时才有义务向另一方按比例交付其净资产的金融工具。

2. 一般风险准备

金融企业按规定从净利润中提取的一般风险准备,构成所有者权益的一个特殊类别:一般风险准备。

3. 库存股

股份有限公司收购的用于转让、注销等用途的股份,构成所有者权益的另一特殊类别:库存股。CAS 37 对库存股的计量和列报行为进行了规范。

4. 专项储备

按照《企业会计准则解释第三号》的要求,企业需要将按照国家有关规定提取

---

① 西班牙阿伯蒂斯基础设施股份有限公司:2016 年合并财务报告第 105 页[R/OL], www. abertis. com

的安全生产费,确认为一项所有者权益:专项储备。

2012 年 2 月财政部、国家安全生产监督管理总局印发的《企业安全生产费用提取和使用管理办法》(财企[2012]16 号)对企业安全生产费用提取和使用的财务管理事项进行了规范。

但在学术界对这一会计处理事项仍存在争议。一些学者认为,提取的安全生产费用具有类似于职工薪酬、职工教育经费等特征,更符合金融负债的定义和确认要求①。

英国的公司也习惯于使用资本公积和盈余公积的概念,但是对这两个概念的界定和使用和中国企业会计准则中的规定不一致。

美国的公司习惯于采用留存收益的概念。留存收益可进一步划分为限定性留存收益和非限定性留存收益②。

还需要关注一些业务活动所导致的利得或损失对不同国家资产负债表中所有者权益的影响。例如按照美国教科书的解释③,企业在资产负债表日采用公允价值计量短期权益投资产生的未确认利得和损失扣除所得税后的金额,应直接计入资产负债表中的所有者权益项目和综合收益表。

五、归属母公司的权益和非控制权益

按照 IFRS 10 的规定,公司集团需要编制合并财务报表。合并财务状况表中的权益,需要区别归属母公司的权益和非控制权益。

（一）归属母公司的权益

公司集团纳入合并范围的公司,主要是子公司,也有可能包括采取权益法合并的其他企业。如果子公司不属于全资子公司,则意味着存在其他子公司的投资主体。对此,归属母公司的权益的概念体现了合并资产负债表中列报的权益中属于母公司的权益份额,在一定程度上体现了母公司对公司集团的控制权和享有的公司集团的收益权。

（二）非控制权益

非控制权益曾叫作少数股权,是指公司集团合并资产负债表中除了归属母公司的权益以外的其他权益。2008 年 1 月 10 日,IASB 发布了修订后的 IFRS 3

---

① 陈燕珊. 浅析港口行业企业安全生产费用的会计核算[J]. 交通财会,2014(8):31
② Charles T. Horngren, Gary L. Sundem. Introduction to Financial Accounting[M]. NewJersey: Prentice – Hall,Inc. ,1987(3):502 – 503
③ Charles T. Horngren, Gary L. Sundem, John A. Elliott. Introduction to Financial Accounting and CISCO Report Package[M]. 北京:北京大学出版社,2002(8):479 – 482

（2008），用非控制权益（NCI）的概念替代了少数股权的概念。

采取非控制权益的表述是考虑到以下事实：一家公司要控制另一家公司，并非一定需要取得被控制公司50%以上具有表决权的资本。按照不同投资合同的约定和实际情况，一家公司可能实际持有另一家公司的股本低于其总股本的50%，但却能够实际控制该公司，使其成为自己的子公司；也有可能在拥有总股份50%以上的状况下，并不能实际控制该公司。对此，除了母公司以外其他投资主体持有子公司的股权，其合计数有可能超过50%，因此叫作"少数股权"并非妥当。

但由于某些方面的原因所致，CAS 30（2014）中仍采用的是"少数股权"的表述。

第二节　权益确认和计量

就一般原则而言，作为一种剩余权益，所有者权益的确认和计量取决于资产和负债的确认和计量。

一、权益确认与计量的一般要求

（一）权益工具的确认

IAS 32规定：发行人发行的金融工具如果同时具备以下两项条件，该金融工具属于权益工具。

（1）该工具不包括向另一主体支付现金或另一金融资产或在对发行人潜在不利条件下负有与另一主体交换金融资产或金融负债的合同义务。

如果企业不对发行的优先股和永续债等金融工具承担支付现金和其他金融资产赎回或回购的义务，则可将这些金融工具确认为企业的一项权益工具。尽管企业也许需要承诺在未来向优先股和永续债的持有人支付股息和利息。

（2）如果该工具将以或可以自身权益工具进行结算，并且该工具是一项发行人没有合同义务交付非固定数量的自身权益工具进行结算的非衍生工具或该工具是发行人只有通过交付固定数量的自身权益工具来换取固定数量的现金或金融资产进行结算的衍生工具，则该工具属于权益工具。

其中，发行人的自身权益工具不包括需要在未来通过收取或者交付发行人自身权益工具的合同。

企业发行的认股权证，一般属于发行人需要通过交付固定数量的普通股来换取固定数量的现金或金融资产进行结算的衍生工具(例如认股权证的募集说明书中约定认股权证的持有人有权在规定期间内以每股4元的价格购买企业发行的4股普通股)。故企业需要将发行的认股权证确认为企业的一项权益工具。

CAS 37中采取了基本趋同的表述。

(二)权益工具的计量

按照CAS 37的规定,企业发行或取得自身权益工具收到的对价扣除登记费、承销费、专业服务费用等交易费用后,应当增加所有者权益。终止的未完成权益性交易所发生的交易费用,计入当期损益。

按此规定,如果某企业面向社会公众筹措了1000万元的资本,为筹措资本支付了25万元的手续费、印刷费等交易费用,则确认的所有者权益应当为975万元(1000－25)。

在实务中,中国企业发行的权益工具,一般包括普通股、认股权证和符合权益工具确认条件的优先股和永续债。符合权益工具确认条件的可回售工具和其他工具比较罕见。

(三)有关权益工具确认与计量的讨论

财政部、安全监管总局于2012年2月14日印发的《企业安全生产费用提取和使用管理办法》(财企[2012]16号),要求从事煤炭生产、建设工程施工、交通运输、机械制造等业务的企业,需要按照规定标准提取安全生产费用,用于规定范围内的安全设施购建与维护支出以及其他与安全生产有关的支出。

针对高危行业企业提取的安全生产费,《企业会计准则解释第三号》做出了以下会计处理的解释:高危行业企业按照国家规定提取的安全生产费,应当计入相关产品的成本或当期损益,同时记入"4301 专项储备"科目。

企业使用提取的安全生产费时,属于费用性支出的,直接冲减专项储备。企业使用提取的安全生产费形成固定资产的,应当通过"在建工程"科目归集所发生的支出,待安全项目完工达到预定可使用状态时确认为固定资产;同时,按照形成固定资产的成本冲减专项储备,并确认相同金额的累计折旧。该固定资产在以后期间不再计提折旧。

"专项储备"科目期末余额在资产负债表所有者权益项下"减:库存股"和"盈余公积"之间增设"专项储备"项目反映。

这意味着,财政部要求将企业提取的安全生产费,确认为一项权益。

2011年3月31日印发的《关于煤矿企业维简费和高危行业企业安全生产费用企业所得税税前扣除问题的公告》(国家税务总局公告2011年第26号)中提出,煤矿企业实际发生的维简费支出和高危行业企业实际发生的安全生产费用支出,属于收益性支出的,可直接作为当期费用在税前扣除;属于资本性支出的,应计入有关资产成本,并按企业所得税法规定计提折旧或摊销费用在税前扣除。企业按照有关规定预提的维简费和安全生产费用,不得在税前扣除。

　　企业提取安全生产费的主要目的是为了满足未来可能发生的安全生产支出的需要;是企业承担的未来发生安全生产支出的一种现实义务。故专项储备似乎不符合权益工具确认的基本要求,而应当确认为一项负债。

二、其他权益工具的确认与计量

（一）优先股的确认与计量

1. 优先股概述

　　优先股是相对于普通股而言的。优先股体现的优先权,主要体现在优先股股东可在普通股股东之前,具有优先获得利润分配和剩余资产分配的权利。

　　优先股一般具有以下特征:(1)优先股股东一般没有投票权,不具有参与企业经营决策的权利;(2)优先股的股利相对固定,表现为一定比例的股息率。这意味着,优先股的股东无权参与剩余利润的分配;(3)优先股股东一般不能退股;但在一定的制度安排下,优先股可由公司出资赎回。

　　为贯彻落实党的十八大、十八届三中全会精神,深化金融体制改革,支持实体经济发展,国务院决定开展优先股试点,并于 2013 年 11 月 30 日发布了《国务院关于开展优先股试点的指导意见》(国发[2013]46 号)。

　　为了按照国务院的要求规范优先股的发行与交易行为,中国证监会于 2014年 3 月 21 日公布了《优先股试点管理办法》(证监会令第 97 号)。证监会令第 97号中对优先股采取了以下定义:优先股是指在一般规定的普通种类股份之外,另行规定的其他种类股份,其股份持有人优先于普通股股东分配公司利润和剩余财产,但参与公司决策管理等权利受到限制。

　　在实务中,经中国证监会核准,中国农业银行股份有限公司、中国银行股份有限公司、兴业银行股份有限公司、上海浦东发展银行股份有限公司、中国工商银行股份有限公司等商业银行,以及康美药业股份有限公司、广汇能源股份有限公司、中原高速公路股份有限公司、中国建筑股份有限公司等非金融类企业先后通过发行优先股筹措资金。

2. 优先股的确认

　　财政部印发的《金融负债与权益工具的区分及相关会计处理规定》中具体规范了优先股和永续债的会计处理。按其规定,依据不同合同条款的约定,优先股需要分别确认为一项金融负债或权益工具。

（1）一般优先股的确认。如果企业优先股的发行章程中明确优先股持有人只能在公司清算时有限参与剩余资产的分配，则应当将该优先股确认为一项权益工具。

在实务中，中国农业银行、中国银行、兴业银行、上海浦东发展银行、中国工商银行、康美药业、中原高速等发行的优先股，均被确认为一项权益工具。

（2）可赎回优先股的确认。如果企业优先股的发行章程中具有赎回的条款，这意味着企业需要承担在未来支付现金和其他金融资产交换发行的优先股的合同义务。这样的优先股一般不符合确认为一项权益工具的条件，应当确认为一项金融负债。

（3）可转换优先股的确认。如果企业优先股的发行章程具有可转换为公司普通股的条款，并且是按照固定的转换率进行转换的，则可以认为该优先股具备了确认为一项权益工具的条件。

3. 优先股的计量

按照财会〔2014〕13 号文的规定，企业应通过设置"其他权益工具"一级科目，核算企业发行的除了普通股以外的归类为权益工具的各种金融工具。

对此企业发行确认为权益工具的优先股，应按照实际收到的金额，借记"银行存款"科目，贷记"其他权益工具——优先股"科目。

这方面的成功案例是：经中国证监会 2014 年 9 月 22 日核准（证监许可〔2014〕991 号），中国农业银行股份有限公司于 2014 年 10 月 31 日开始发行按照面值发行 4 亿股优先股，优先股面值为人民币 100 元。截至 2014 年 11 月 10 日，公司筹资总额为人民币 400 亿元；扣除 0.559 亿元的发行费用后，公司筹资净额 399.44 亿元。所有募集资金全部以人民币现金方式投入。中国农业银行股份有限公司于 2014 年 11 月 13 日完成了发行 4 亿股优先股的登记托管手续，发行的优先股于 2014 年 11 月 28 日在上海证券交易所上市交易。

2015 年 3 月，公司再次按照面值发行优先股 4 亿股，筹资净值 399.55 亿元。

2015 年 12 月 31 日和 2016 年 12 月 31 日，在中国农业银行股份有限公司资产负债表上分别列报了其他权益工具 798.99 亿元①。

（二）永续债的确认与计量

1. 永续债券概述

永续债券是指没有到期日的债券。投资者购买了永续债券后，不能收回投资

---

① 中国农业银行股份有限公司：2016 年年度报告 PDF 版第 97 页〔R/OL〕，www.cninfo.com.cn

本金,但可永续地获得债券利息。

英国政府于 18 世纪发行的永续政府债券,是世界上最早出现的永续债券。英国财政部为了筹措英法战争所需的资金,减轻长期战争带来的财政压力,增加政府财政政策的灵活性,发行了一只没有到期期限的债券,开创了永续债券之先河。

由于永续债券无须支付本金,能在不影响股权结构的情况下为企业提供长期资金,故通过发行永续债券融资得到了广泛的关注。国际上永续债券的大规模发行主要是在进入 21 世纪以后。到 2013 年底,在二级市场交易的永续债券总额达 11951 亿美元。

武汉地铁集团有限公司于 2013 年 10 月 28 日发行的 23 亿元可续期公司债券(13 武汉地铁可续期债),成为在中国发行的第一只永续债券。该债券已于 2013 年 12 月 6 日在上海证券交易所上市交易。国电电力发展股份有限公司也于 2013 年 12 月 20 日发行了 10 亿元的永续中期票据(13 国电 MTN001)。

2. 永续债的确认

按照财会[2014]13 号文的规定,依据不同合同条款的约定,永续债需要分别确认为一项金融负债或权益工具。

一般来说,如果永续债的期限是永续的,或者没有约定的偿还期限;永续债持有人只有在发行人主动赎回或清算时才能得到偿付,则应当将发行永续债筹措的资金确认为一项权益工具。

在实务中,国电电力发展股份有限公司发行的永续中期票据,曾在 2013 年资产负债表中列报为一项所有者权益:资本公积中的永续中票①。按照财会[2014]13 号文的规定,国电电力发展股份有限公司在 2014 年第一季度资产负债表中,将其调整列报为所有者权益中的其他权益工具。

3. 永续债的计量

按照财会[2014]13 号文的规定,企业发行确认为权益工具的永续债,应按照实际收到的金额,借记“银行存款”科目,贷记“其他权益工具——永续债”科目。

在实务中,国电电力发展股份有限公司发行永续中期票据 10 亿元人民币,扣除发行费用 1000 万元,在资产负债表中的其他权益工具列报的金额为 9.9 亿元。

---

① 国电电力发展股份有限公司:2013 年年度报告 Word 版第 187 页[R/OL],www.600795.com.cn

三、库存股的确认与计量

（一）库存股概述

库存股是公司收回的发行在外的并准备将来再发行的股份。按照财政部的规定，应将库存股作为所有者权益的减项进行列示。

《公司法》规定，公司一般不得收购本公司股份发生下列情形之一的，可以收购：（1）减少公司注册资本；（2）与持有本公司股份的其他公司合并；（3）将股份奖励给本公司职工；（4）股东因对股东大会作出的公司合并、分立决议持异议，要求公司收购其股份的。

（二）有关库存股账务处理的探讨

1. 为注销而持有的库存股

《公司法》规定，公司因减少公司注册资本而收购本公司的股份，应当自收购之日起 10 日内注销。

CAS 37 规定，企业回购自身权益工具支付的对价和交易费用，应当减少所有者权益。这意味着，公司在回购所发行的股份时，应当按照实际支付的对价，借记"库存股"科目；按照支付或承担的交易费用，借记"其他综合收益"科目，贷记"银行存款"等科目。

公司注销注册资本时，如果回购价格大于面值，按照面值借记"股本"科目，按照差额借记"资本公积——股本溢价"科目，如果不足借记"盈余公积"科目，贷记"库存股"科目。

如果回购价格小于面值，按照面值借记"股本"科目，贷记"库存股"科目，按其差额贷记"资本公积——股本溢价"科目。

2. 为转让或注销而持有的库存股

公司因与持有本公司股份的其他公司合并或股东因对股东大会作出的公司合并、分立决议持异议，要求公司收购其股份而收购本公司的股份，应当在 6 个月内转让或者注销。

按照财政部的规定，回购股份时，按照实际支付的价款，借记"库存股"科目，贷记"银行存款"科目。

转让库存股时，如果实际收到的价款超过库存股的账面余额，借记"银行存款"科目，贷记"库存股"科目和"资本公积——股本溢价"科目。

3. 为奖励职工而持有的库存股

公司因将股份奖励给本公司职工而收购本公司的股份，不得超过本公司已发行股份总额的 5%；用于收购的资金应当从公司的税后利润中支出；所收购的股份应当在一年内转让给职工。

公司回购股份时,应当按照实际支付的价款,借记"库存股"科目,贷记"银行存款"科目。

将收购的股份奖励给本公司职工属于以权益结算的股份支付,如有实际收到的金额,借记"银行存款"科目,按根据职工获取奖励股份的实际情况确定的金额,借记"其他综合收益"科目,按奖励库存股的账面余额,贷记"库存股"科目,按其差额,贷记或借记"资本公积——股本溢价"科目。

四、衍生工具确认和计量

(一)衍生工具的界定

1. IFRS 中对衍生工具的界定

IFRS 9 中对衍生工具的定义是:同时具有以下三个特征的金融工具或其他合同:(1)其价值随特定利率、金融工具价格、商品价格、汇率、价格指数、费率指数、信用等级、信用指数或其他类似变量的变动而变动,变量为非金融变量的,该变量与合同的任一方不存在特定关系;(2)不要求初始净投资,或与对市场情况变化有类似反应的其他类型合同相比,要求很少的初始净投资;(3)在未来某一日结算。

CAS 22 中对衍生工具的定义与其基本一致。伴随着中国证券市场以及证券投融资业务的逐步发展,规范衍生工具会计处理行为的重要性更为突出。

2. 衍生金融工具分析

金融工具划分为基础金融工具和衍生金融工具。衍生金融工具或衍生工具体现的是本不属于金融工具但在一定的制度安排或合同约定下使其具有金融功能的工具。例如,认股权证就属于根据一定的制度规定和设计安排具有融资功能并符合以上三个特征的衍生工具:(1)认股权证的市场价格随依托普通股的市场价格的变动而变动;(2)认股权证无论是否附在可转换公司债券一起发行,均不具有初始净投资;(3)认股权证认购普通股的权利是在未来约定期间内行使并通过支付现金进行结算的。

根据制度安排或者合同约定还可能产生其他金融衍生工具。

(二)衍生工具的确认与计量

在本部分中,主要结合实务,侧重于讨论对认股权证的确认与计量事项。

1. 认股权证确认

可以认为,认股权证属于 IAS 32 和 CAS 37 中规定的应确认和列报为一项权益工具的衍生金融工具。按照 IFRS 9 的规定,企业应将发行认股权证取得的金额,确认为企业的一项直接计入权益的其他综合收益。

按照一定法律法规的规范以及公司章程的规定,公司可单独发行认股权证筹措股权资金,也可与公司债券合并在一起发行。和公司债券合并发行的认股权证,属于嵌入衍生工具。

2. 认股权证计量

某企业决定单独发行认股权证 1000 万份,行权价格为每份认股权证按照每股 10 元的价格购买面值为 4 元的普通股。如果考虑该普通股预期的市场价格将认股权证的发行价格确定为每份 6 元,并且支付了 1% 的交易费用,按照 CAS 37 的规定,该项交易取得的净额 5940 万元应计入资本公积(其他)①。

如果在规定的时间范围内,只有 500 万份认股权证按照每股 10 元行权,企业共收到 6000 万元的现金,则应将这 6000 万元分别确认为股本(2000 万元)和资本公积(股本溢价,4000 万元)。

按照《企业会计准则解释第四号》中的解释,企业发行的认股权和债券分离交易的可转换公司债券,认股权持有人到期没有行权的,应当在到期时将原计入资本公积(其他资本公积)的部分转入资本公积(股本溢价)。

对此企业需要将已行权认股权证确认为其他资本公积的金额 5940 万元结转为股本溢价。

五、嵌入衍生工具

IRFS 9 中对嵌入衍生工具的界定是:嵌入衍生工具是混合合同的一个组成部分。该合同同时也包括非衍生主合同,混合工具的一些现金流量采取类似于一个单独衍生工具的变化而变化。

IFRS 9 规定:(1)如果混合合同包括属于金融资产的主合同,需要执行 IFRS 9(4.3.2)的规定,整个混合合同都需要确认为金融资产进行会计处理;(2)如果混合合同包括的是不属于金融资产的主合同,则需要将具备条件的嵌入衍生工具分离出来作为衍生工具进行核算;(3)如果嵌入衍生工具被分离出来,主合同应当按照适当的 IFRS 进行核算。

可转换债券属于嵌入衍生工具的混合合同,嵌入衍生工具是指包括在可转换债券中的认股权证。

大秦实业发展股份有限公司 2018 年 7 月 1 日发行面值为 100 元、利率为

---

① 按照财政部会计司的解释,企业发行分离交易可转债中包括的权益成分,计入资本公积(其他资本公积)。(财政部会计司. 企业会计准则第 2 号——长期股权投资[M]. 北京:经济科学出版社,2014:51)

5%、期限为 5 年的可转债。每年 6 月 30 日支付利息。不考虑认股权证与公司债券的分离,则每张可转债可在 2019 年 1 月 1 日至 3 月 31 日按照每股 4 元的价格转换为公司的股票。这意味着,每张债券可以转换为 25 股股票。

如果市场利率为 8%,公司债券的发行价格应当为:

P ＝ 100×5% ×3.993＋100×0.681 ＝ 88.07(元)

如果公司可转债的发行价格为 100 元,则意味着权益部分应当为 11.93 元。

如果按照面值发行可转债,可转债发挥的是降低债券利率的作用。

如果债券利率为 8%,和市场利率保持一致,公司债券的发行价格为 115 元,可以认为债券价格的提高是由于可转债的作用引发的,所以债券价格中的权益部分应当是 15 元。

在行权期内如果债券持有人行权将债券转换为股票,假设股票面值为 2 元,债券利息调整余额 9.25 元,则行权需要将每张债券的账面价值(90.75 元)转换为股本(50 元)和股本溢价(40.75 元)。

六、权益报告

(一)国际准则中的权益报告

CAS 1 规定,资产负债表中应当列报的权益项目至少包括:(1)在权益中列报的非控制权益;(2)归属母公司所有者的已发行资本和公积金。

IAS 1 还提出主体应当在财务状况表、权益变动表或附注中披露有关已发行股份和公积金的下列信息:(1)核定股份;(2)已发行并已全部支付的股份数量或已发行但尚未完全支付股份的数量;(3)每股面值,或无面值的股份;(4)期初和期末流通在外股份的调节;(5)与某类型股权相关的认股权、优先权和限定条件,包括对股利分配和资本偿还的限定;(6)库存股以及子公司和联营企业拥有的股权;(7)根据选择权和出售股份的合同(包括期数和数量)库存待发行的股份;(8)对权益中每一类公积金目的和性质的说明。

【案例 6 - 2】意大利 ASTM 公司的权益列报

在意大利 ASTM 公司 2016 年年度报告中的合并资产负债表中,列报的权益项目只有两项:

1. 归属母公司的股东权益,包括股本、公积金和留存收益

按照财务报表附注中的解释,公司公积金包括:(1)股本溢价公积金,体现的是股份发行价格超过其面值的部分;(2)重估公积金;(3)法定公积金,依据的是意大利国内法第 2430 条款的规定;(4)用于收购库存股的公积金;(5)已收购库存股的公积金,反映的是用于购买库存股使用的公积金;(6)公允价值重估公积金,

反映的是可供出售金融资产公允价值变动的金额;(7)现金流量套期公积金;(8)汇率变动公积金;(9)职工福利折现公积金。

2. 归属少数股权的资本和公积

在合并资产负债表中,ASTM公司仍采取了少数股权的表述。

【案例6-3】法国VINCI公司的权益列报

在法国VINCI公司2016年年度报告中的合并资产负债表中,列报的权益项目包括:(1)股本;(2)股本溢价;(3)库存股;(4)合并公积;(5)货币汇兑公积;(6)归属母公司的当期净利润;(7)直接确认计入权益的金额;(8)归属母公司的权益;和(9)非控制权益。

附注C21中披露了以下信息:

1. 该公司普通股的面值为2.50欧元。

2. 库存股按照购买成本作为减项计入权益。

3. 公积金包括:(1)法定公积金;(2)可用于分配的公积金。

4. 直接确认计入权益的金额包括:(1)可供出售金融资产的公允价值变动扣除所得税后的金额;(2)现金流量和净投资套期交易的公允价值变动扣除所得税后的金额;(3)确认的离职福利义务产生的精算利得或损失扣除所得税后的金额。

附注C21.4对公司从事的现金流量套期交易事项做出了解释。公司将为对冲利率变动的风险而采取的交易事项界定为现金流量套期交易。

(二)中国准则中的权益报告

CAS 30规定了至少应当列示的所有者权益项目包括实收资本(股本)、资本公积、盈余公积和未分配利润。按照财政部的规定,一般企业资产负债表中的所有者权益项目,包括实收资本(或股本)、其他权益工具(其中包括的优先股、永续债)、资本公积、库存股(减项)、其他综合收益、盈余公积和未分配利润。

在合并资产负债表中,应单独列示少数股东权益。

CAS 30没有对权益的披露做出专门要求。

2010年1月11日中国证监会发布的证监会公告[2010]1号——《公开发行证券的公司信息披露编报规则第15号——财务报告的一般规定》(2010年修订)中要求披露公司股权变动、所有者权益构成及其变动等方面的信息。

(三)中国准则与国际准则有关权益报告的比较

有必要分析讨论IAS 1、CAS 30和中国证监会对所有者权益列报(包括列示和披露)的不同要求。

1. 关于对股份披露的比较

IAS 1要求披露有关"核定股份、已发行并已全部支付的股份或已发行但尚未完全支付股份的数量的信息",但 CAS 30 中没有提出类似的要求。

核定股份又叫作注册资本,是指公司在政府工商行政管理部门登记注册的股份。中国和西方国家采取了不同的注册资本制度。

(1)西方国家的注册资本制度。西方国家一般实行的是授权资本制。按照授权资本制的一般要求,企业可在注册资本限额范围内筹措资本,但筹措资本的最高限额为注册资本。西方国家一般限定了修改注册资本的间隔期,例如两年;这样企业有必要根据此期间筹措资本以满足企业投资经营的需要来确定注册资本。

例如在开曼群岛注册并在香港联合交易所上市的和合公路基建有限公司在其报表附注中披露了以下与股份有关的信息:公司法定普通股股份为 100 亿股,每股面值 0.1 港元。截至 2017 年 6 月 30 日的会计年度,已发行 30.82 亿股,实收股本 3.08 亿港元,折合人民币 2.71 亿元[①]。

(2)中国的注册资本制度。2013 年底以前中国实行的是实收资本制。采取实收资本制,投资者向企业缴纳的实收资本,应当与注册资本保持一致。这意味着,只有企业设立章程中约定的注册资本全部由投资者缴纳到位,企业才能最终完成在工商行政管理部门的注册登记;根据股东会的决议企业增加资本,应当及时修改在工商管理部门的注册资本。

采取实收资本制,投资者只有按照股本募集说明书中的约定缴纳了全部股款后,才能取得股票,成为公司股东。这样,股份有限公司的注册股本均属于全部发行和全部支付,不存在对未发行股份、未支付股份等概念界定的必要;股东的有限责任也只仅仅成了一个空泛的概念。

通过修订《公司法》和《中华人民共和国公司登记管理条例》以及出台《公司注册资本登记管理规定》(工商总局令第 64 号)等法律法规和部门规章,中国从2014 年 3 月 1 日开始推行授权资本制,不再提出法定资本的要求,故有必要在附注中增加披露已募集资本或已发行股份的信息。但由于公司在募集资本或者发行股份时要求出资方应当支付所需支付的全部价款,故仍不存在披露已发行但尚未完全支付股份数量信息的必要。

2. 关于对公积金披露的比较

IAS 1 要求披露"对所有者权益中每一类公积金目的和性质的说明",但 CAS 30 中也没有提出类似的要求。

在中国,从 1993 年开始,按照财政部的规定,除了实收资本(股本)以外,包括

---

① 和合公路基建有限公司:2016/2017 年报 PDF 版第 147 页 [R/OL],www.hopewellhighway.com

资本溢价以及在经营活动中取得或形成的其他综合收益,一律确认为资本公积;企业从利润中提取或者分配计入盈余公积的金额,形成了另一部分所有者权益。此外财政部还规定了未分配利润的概念。

与此不同,在国际上不同的国家按照各自公司法及其他相关的规定,形成了不同的公积金管理要求。

例如,在香港联合交易所上市的合和公路基建有限公司在报表附注中披露了以下有关公积金的信息:公司可供分配的储备包括股份溢价和保留溢利。根据开曼群岛公司法第 22 章的规定,倘若在不违反公司章程并在分派股息后公司仍有能力偿还在日常业务过程中到期的债务,则股份溢价可用于向股东分配。对此公司的股份溢价和保留溢利均可用于向股东分配。截至 2017 年 6 月 30 日的会计年度,公司可用于分配的储备 40.39 亿人民币,其中保留溢利 9.34 亿人民币,股份溢价 31.05 亿人民币[①]。

本章小结

所有者权益是企业的投资者在企业拥有的剩余权益。在 CAS 37 中,权益被界定为权益工具。CAS 37 中对权益工具的定义、确认与计量进行了规范。

企业的所有者权益一般来自所有者的投入、企业经营活动中形成的其他综合收益以及经营活动中取得的计入利润表中的利润、利得和损失。

IAS 1 中没有具体规定所有者权益的分类。在西方国家,不同的企业对所有者权益有不同的列报预披露。

CAS 30 及其他规定中要求列报的所有者权益,包括为实收资本(股本)、其他权益工具、资本公积、其他综合收益、盈余公积、未分配利润等。

在本章中,主要讨论特定所有者权益项目确认、计量和报告的事项,包括其他权益工具、非控制权益、库存股、发行认股权证和可转债等。

---

① 合和公路基建有限公司:2016/17 年报 PDF 版第 150 页[R/OL],www.hopewellhighway.com

第七章

收入确认、计量与报告

市场经济条件下企业投资经营的主要目的是为了通过取得经营收入并进一步获取财务效益。企业的收入，主要体现为经济利益的流入；日常活动发生的经济利益的流入，体现为企业的营业收入。在对收入进行科学分类的基础上确认与计量的收入，是现代企业会计处理的一项重要任务。在本章中，主要结合 IFRS 体系和 CAS 体系中对收入确认和计量的规范，来进一步讨论收入业务会计处理的理论与方法及其涉及的相关理论与实务问题。

本章中讨论的收入，是指客户合同产生的收入，包括商品销售收入、劳务收入（含建造合同收入，下同）、让渡资产使用权收入、每股收益等一般收入会计处理事项，以及租赁收入、投资收益等特殊业务收入会计处理事项。

第一节　收入概述

收入概述部分的主要内容，是讨论收入的定义、确认、计量、报告等事项。其中，有关收入的界定、确认和计量，在企业财务会计准则体系内，是通过财务报告概念框架（中国的基本准则）和收入准则来予以明确的。

在现行准则体系中，对收入的界定、确认、计量和报告的规范，是分别通过收入准则和其他相关准则来进行的。

一、收入的界定

（一）IFRS 体系中对收入的界定

IASB《概念框架 2010》中定义的是收益的概念。IASB 认为，收益是指会计期间内经济利益的增加，其形式表现为因资产流入、资产增加或负债减少而引起的权益增加，但不包括与权益参与者出资有关的权益增加。

该定义表明 IASB 打算区别收益和收入的概念。按此定义，除了投资者的出资,只要导致所有者权益的增加,都可以理解为是收益。收益的概念比收入的概念宽泛;收益包括收入和其他收益。

这实际上反映了综合收益理念对收益界定的影响。这意味着,企业接受捐赠的价值,公允价值变动增加的价值等,都应当确认为企业的收益,包括收入等准则界定的营业收入,计入当期损益(营业外收入)的利得和直接计入权益(其他综合收益)的利得。

IASC 于 1982 年 12 月发布的《国际会计准则第 18 号:收入的确认》(IAS 18)中对收入的定义是:收入指一个企业在其正常活动中由于销售商品、提供劳务以及允许他人使用企业能够产生利息、管理费收入和股利的资源而形成的现金、应收款项或其他等价物的总流入。

1993 年 12 月 IASC 对 IAS 18 进行重新修订并更名为"收入"后发布。其中对收入的定义改为:收入是指企业在该期间日常活动中形成的经济利益的总流入。这些流入会导致权益增加,但不包括与权益参与者投入有关的增加。

与财务报告概念框架中的界定不同,由于 IAS 18 中将产生收入的活动限定为"日常活动",这就区别了计入利润表中的营业收入和利得(或营业外收入),以及形成其他综合收益的收益。

2014 年 5 月 28 日 IASB 发布了 IFRS 15,从生效之日起取代 IAS 11 和 IAS 18。IFRS 15 区别了收益和收入的概念,认为收益是指会计期间经济利益的增加,其形式表现为导致权益增加的资产流入、改良或负债的减少,不包括权益参与者投入的权益。而收入是指企业的正常活动产生的收益。

(二)中国准则中对收入的界定

1992 年 11 月 30 日公布的《企业会计准则》中对收入的定义是:收入是企业在销售商品或者提供劳务等经营业务中实现的营业收入,包括基本业务收入和其他业务收入。

这实际上是对营业收入的界定。这意味着,收入的概念不包括对外投资取得的收入以及非经营业务活动中取得的收入。

按照该定义,接受捐赠取得的价款,不属于销售商品、提供劳务取得的,故不应当确认为收入。按照当时的规定,企业接受捐赠取得的价款,需要直接确认为一项所有者权益(资本公积)。

1998 年 6 月 20 日发布的《企业会计准则——收入》中对收入的定义是:收入,指企业在销售商品、提供劳务及让渡资产使用权等日常活动中所形成的经济利益的总流入。

这具有明显的与 IAS 18(1982)中的界定趋同的特征。按此界定,企业的收入可划分为销售商品收入、提供劳务收入和让渡资产使用权收入三部分。

2000年12月印发的《企业会计制度》中对收入的定义是:收入,是指企业在销售商品、提供劳务及让渡资产使用权等日常活动中所形成的经济利益的总流入,包括主营业务收入和其他业务收入。收入不包括为第三方或者客户代收的款项。企业应当根据收入的性质,按照收入确认的原则,合理地确认和计量各项收入。

2006年2月15日发布的《基本准则》中对收入的定义是:收入是指企业在日常活动中形成的、会导致所有者权益增加的、与所有者投入资本无关的经济利益的总流入。CAS 14 中对收入的定义与其保持一致。这具有明显的与 IAS 18(1993)中的界定趋同的特征。

与 IASB《概念框架 2010》中对收益的界定相比,CAS 14 也强调了收入来自日常活动,及营业收入;而非日常活动产生的经济利益流入不属于其界定的收入。

所以,接受捐赠取得的价款,仍不能确认为营业收入,但可作为利得计入营业外收入。可供出售金融资产公允价值变动增加的金额,虽然也属于资产增加所引起的权益的增加,但也不能确认为营业收入,需要计入其他综合收益。

2017年7月5日,财政部印发了修订后的 CAS 14(财会[2017]2号),主要结合 IFRS 15 的规范内容对 CAS 14(2006)进行了修订。该文中对收入的界定没有发生变化。与 IFRS 15 不同,CAS 14(2017)中没有界定收益。

除了收入准则以外,收入的概念还应包括其他具体准则中规范的收入,包括租赁收入、投资收益、利息收入等。

(三)收入确认、计量和报告需要关注的问题

经济多样化的发展势态导致了收入多样化的发展趋势。目前,相关准则中对商品销售收入、劳务收入、资产使用费收入、租赁收入、投资收益、利息收入等收入会计处理行为的规范,还难以完全适应收入多样化发展的需求。例如,CAS 14(2006)和 CAS 15 在某些情形下边界不够清晰,可能导致类似的交易采用不同的收入确认方法,从而对企业财务状况和经营成果产生重大影响;CAS 15 对建造合同收入的规范,还难以适应 BOT 业务确认建造合同收入的需求;房地产销售、网络游戏、道路运输企业实行的内部单车承包经营业务和单车租赁经营业务等特殊行业和特殊业务涉及的收入确认过程中涉及的相关问题,还难以从现行相关准则中找到适当的答案。针对这些问题的会计处理,目前主要依赖于会计师的职业判断;但通过出台新的准则或者相应的准则指南或者准则解释来有效解决这些专业问题,也许更有助于保证所提供财务会计信息的一致性和可比性。

二、收入的构成内容

企业日常经营活动产生的收入属于营业收入。根据不同的确认和计量要求,营业收入可划分为以下三部分。

(一)销售商品产生的收入

销售商品的业务活动包括制造类企业销售产成品的业务活动、商品流通企业销售商品的业务活动、房地产企业销售房地产的业务活动以及电力、自来水、天然气等其他相关的商品销售业务活动。

中国企业销售商品取得收入的会计处理,应执行 CAS 14 的规定。

(二)提供劳务产生的收入

企业提供劳务应确认的收入一般包括以下内容。

1. 建造合同收入

建造合同收入包括不动产建造合同收入以及轮船、大型设备等建造合同收入。2017 年底以前,IFRS 体系和 CAS 体系中规范建造合同收入会计处理的具体准则分别是 IAS 11 和 CAS 15。2018 年以后,建造合同收入的会计处理,需要执行 IFRS 15 和逐步执行 CAS 14(2017)的规定。

2. 其他劳务收入

其他劳务收入包括企业从事交通运输业务以及提供餐饮、娱乐、住宿、金融保险、邮电通信、文化体育等服务取得的收入。

(三)让渡资产使用权取得的收入

让渡资产使用权取得的收入又可称之为使用费收入,是指由于本企业资产被他人使用而赚取的利息、使用费和股利。其中包括以下内容。

1. 企业出租资产取得的租金收入

租赁收入是典型的让渡资产使用权取得的收入。但是在会计准则体系中是采取制定专门准则的方式来规范租赁行为,包括出租人获取租赁收入的行为和承租人的相关行为。2017 年底 IFRS 体系和 CAS 体系中规范租赁收入的准则分别是 IAS 17 和 CAS 21。IFRS 16 将从 2019 年 1 月 1 日开始的会计年度生效。届时 IAS 17 将被废止。

2. 企业对外股权投资取得的股利收入

股利收入是企业对外投资取得的收入。股利收入也属于让渡资产使用权取得的收入。在 IFRS 体系中,IAS 27 具体规范了在编制单独财务报表时采取成本法(以及选择权益法)确认投资收益的行为;IAS 28 具体规范了在编制合并财务报表时采取权益法确认投资收益的行为。在 CAS 体系中,CAS 2 具体规范了分别采用成本法和权益法确认投资收益的行为。

3. 企业购买债券取得的利息收入

企业购买政府和其他企业发行债券取得的利息收入,也属于让渡资产使用权的收入。对债券利息收入确认的规范,是通过金融工具准则进行的。

除了购买债券取得的利息收入以外,金融企业对外发放贷款取得的利息收入,也应当归属于让渡资产使用权取得的收入。

4. 其他使用费收入

其他使用费收入主要是指企业对外转让商标权、专利权、非专利技术等无形资产使用权取得的收入。转让无形资产使用权也可视为一种无形资产的出租行为。在 CAS 体系中,也通过 CAS 14 来规范这些收入会计处理行为。

三、收入确认

IASB《概念框架 2010》中认为:如果与资产的增加或负债的减少相关的未来经济利益的增加已经发生,并且能够可靠地加以计量,则应在收益表中确认收益。这实际意味着,在确认收益的同时,也要确认资产的增加或负债的减少(例如,销售商品或劳务引发的资产的净增加或放弃某项债务引发的债务的减少)。

(一)收入确认的一般要求

IASB 和 FASB 都认为,仅当主体已向客户转让所承诺的商品或服务、从而已履行合同履约义务时才能确认收入。该转让导致收入确认,因为主体在履行履约义务后将不再承担提供商品或服务的义务[①]。

CAS 14(2017)也提出,企业应在履行了合同中的履约义务,即在客户取得相关商品控制权时确认收入。

取得相关商品控制权,是指能够主导该商品的使用并从中获得几乎全部的经济利益。

IFRS 15 提出的有关收入确认的核心原则是:主体确认收入的方式应反映向客户转让商品或服务的方式。根据这一原则,IASB 要求企业按照以下五个关键步骤确认收入:

第一步:识别与客户签订的合同。其主要内容是识别与客户之间的合同是否符合收入确认的条件。IFRS 15 中明确的收入确认需要同时满足的 5 项个条件是:(1)该合同得到了合同涉及各方的批准;(2)与商品或劳务移交有关各方的权

---

① 中国会计准则委员会翻译. 国际财务报告准则 2015(B 部分)[M]. 北京:中国财政经济出版社,2015:1286

利能够识别;(3)商品或劳务移交的支付条款能够识别;(4)合同具有商业性质;(5)企业用商品或劳务交换的对价很有可能取得。

第二步:识别合同中的履约义务。IFRS 15 要求,企业应当在合同开始日,对已向客户承诺的商品或劳务进行评估,并将以下确认为一项履约义务:(1)一项可区分的商品或劳务(或者一批商品或劳务);(2)一项可实质性地以相同的方式移交给客户商品或劳务系列。

如果同时满足以下条件,可认为一个商品或劳务系列是以相同的方式移交给客户:(1)企业承诺连续转移给客户的该系列中每一可区分的商品或劳务属于一项需要在一段时间内履行的履约义务;(2)向客户转移系列中每一可区分的商品或劳务的履约义务的完成进度是采用单一方法进行计量的。

同时满足以下条件的商品和劳务是可区分的:(1)客户可从这些商品和劳务自身或与其他易获资源的结合使用中受益;(2)企业将这些商品或劳务转移给客户的承诺能够与该合同中的其他承诺独立识别。

按照 FASB 的解释,要求商品或劳务可区分,是由于一项与客户的合同中可能涉及一项以上需要移交的商品或劳务。需要移交的商品或劳务应当能够单独识别;否则需要将其与其他商品或劳务结合形成可区分的一批商品或劳务。

第三步:确定交易价格。交易价格是指企业期望获得的交换移交的商品或劳务的金额。IFRS 15 要求,当进行这一决策时,企业应当考虑过去的习惯交易经历。

当一项合同包含可变的对价因素时,企业应估计执行合同可获取的可变对价的金额。可变对价将在发生折扣、回扣、退款、补贴、价格特许、激励机制、履约奖励、罚款以及其他类似事项时产生。

第四步:将交易价格分配给合同中的履约义务。当一项合同具有多项履约义务,企业应通过参考相关的各自销售价格将交易价格分配给合同中涉及的履约义务。如果个别销售价格难以直接观察,主体需要对其做出估计。IFRS 15 建议的可供使用的方法包括:(1)调整市场股价法;(2)预期成本加成法;(3)剩余价值法(只允许在有限的条件下采用)。

当对价提前支付或推后支付,主体需要考虑该合同是否包含了重要的融资安排。如果是,应按照货币时间价值予以调整。

第五步:在企业履约时确认收入。最后一个步骤是为针对每一项履约义务确定确认收入的时间。一般来说,企业应当在履约义务得到履行时确认收入。由于涉及相应商品和服务的控制权转移给客户的履约义务可能是在某一时段内履行或者在某一时点履行,故 IFRS 15 规定,企业应当区分不同情况,在某一时段内或某一时点确认收入。

对一项资产的控制可定义为取得了直接使用该项资产并实质性地获得了该项资产所有剩余利益的能力,包括防范他人通过直接使用给该项资产来获得其利益的能力。与资产相关的利益是指可直接或间接获得的潜在的现金流入,包括但不局限于:(1)使用该资产生产产品或提供劳务;(2)使用该资产增强其他资产的价值;(3)使用该资产偿还债务或减少费用;(4)销售该资产或用于交换其他资产;(5)用该资产为贷款进行担保;(6)持有该资产。

如果满足以下条件之一的,企业应在某一时段内确认收入:(1)客户在接受的同时消费了主体履约时提供的所有利益;(2)企业履约产生或增强了一项在产生时就由客户控制的资产;(3)企业履约未能产生一项具有其他用途的资产,并且该企业拥有按照已完成的履约取得付款的可实施的权利。

如果企业不是在某一时段内履约,则体现为在某一时点履约。这样企业应在控制权转移的某一时点确认收入。在该时点可反映控制权转移的因素包括但不局限于:(1)企业具有了取得资产付款的现实权利;(2)客户拥有了该项资产的法律名义;(3)企业已转移了该项资产的实物所有权;(4)客户已取得了与该项资产所有权相关的实质风险与收益;(5)客户已接受了该项资产。

(二)有关收入确认的讨论

1. 有关商品销售收入确认的讨论

销售商品属于 IFRS 15 中规范的在某一时点履行的履约义务。履行了该义务,意味着客户已取得了该商品的控制权;销售方企业取得了收取对价的权利,或客户承诺了支付对价的现实义务。

IAS 18 曾规定,销售商品的收入应当在满足所有下列条件时确认:(1)企业已经将该商品所有权上的实质性风险和报酬转移给了购买方;(2)企业既没有保留通常与所有权有关的继续管理权,也没有保留对已出售商品的有效控制权;(3)收入的金额能够可靠地计量;(4)与该交易相关的经济利益很有可能流入企业;(5)该交易的已发生或将发生的成本能够可靠地计量。CAS 14(2006)中采取了与 IAS 11 趋同的表述。

IAS 18 认为确认商品销售收入的关键,取决于对商品所有权上的主要风险和报酬是否转移给了购买方的判断。在实务中这样的判断有时难以体现客观性。对此 IFRS 15 主张,应以顾客是否取得了商品的控制权,来作为商品销售收入确认的主要依据。CAS 14(2017)中也采纳了这一观点。

客户取得了商品的控制权,意味着客户可通过使用该商品获得与其相关的几乎全部的经济利益。

2. 有关特殊商品销售业务收入确认的讨论

(1)附有退货权的商品销售。如果某销售合同中附有退货权,意味着客户可拥有基于某些方面的原因(例如对商品不满意等)而退货并返还全部已支付的对价,或者不退货但要求返还部分已支付的对价等权利。在这种情况下,企业应将预计有权获得的对价金额确认为收入,而将预计退回的商品确认为一项负债。

(2)附有质保权的商品销售。与其相关的例证是:按照购货合同的约定,客户在购买某品牌便携式计算机的同时即获得 1 年免费保修的服务。同时,客户可以自由选择是否额外支付 250 元将保修期延长至 3 年。

客户能够选择单独购买质保的,通常表明该质保构成单项履约义务。故如果客户选择了额外支付 250 元购买质保,这 250 元应执行 CAS 13 的规定单独确认为一项递延收入。

(3)售后回购和售后经营租回。按照 CAS 14(2006)应用指南的解释①,采取售后回购方式和售后经营租回方式销售的商品,一般不应确认为收入;但也允许在符合规定条件情况下确认为收入。

采取售后回购方式销售商品的企业,由于销售方一般不会将被销售的商品发出并移交给购买方,故虽然按照销售合同的约定,购买方在法律意义上取得了被销售商品的所有权,其经济行为实质上属于融资。销售方的主要经济行为,是从购买方取得销售合同约定的"销售价款";并按照销售合同中约定的期限届满后,需要支付合同约定的"购价"以取得该商品法律意义上的所有权。购价与售价之间的差额,相当于购买方由于让渡资金的使用权应当收取的使用费:利息。对此,按照实质重于形式的要求,销售合同约定的销售价格无论是否公允,都不应确认销售商品收入。

在实务中,层出不穷的销售方式的出现(例如商品零售企业出售购物卡的销售方式等),使得会计师的职业判断变得越发重要。

3. 有关劳务收入确认的讨论

除了履约时间较短的提供劳务的履约行为也可视为时点履约行为以外,提供劳务一般属于 IFRS 15 中规范的在某一时段内履行的履约义务。

对于在某一时段内履行的履约义务,需要采取适当的方法来衡量其履约进度,并根据其履约进度来确认收入。衡量履约进度的方法以前曾表述为完工百分比法。完工百分比法是指企业在资产负债表日按照履约进度确认收入的方法。采用这一方法,收入应当在提供劳务的会计期间确认。在 IAS 11、IAS 18、CAS 14

---

① 按照财政部的规定,该指南在施行 CAS 14(2017)时废止。

(2006)和 CAS 15 中都对完工百分比法进行了定义。

但 IFRS 15 和 CAS 14(2017)中均没有再采用完工百分比法的表述,而是要求考虑商品和服务的性质分别采用投入法和产出法来确定适当的履约进度。

投入法是指以主体履行履约义务所做的工作或投入相对于履行履约义务的预计总投入为基础来确认收入的方法。

产出法是指以对至今为止已转让的商品或服务,相对于合同剩余的已承诺商品或服务对于客户的价值的直接计量结果为基础来确认收入的方法。

除此以外,IFRS 15 中认为,如果主体的工作或投入在履约期间内平均消耗,则主体按照直线法确认收入可能是恰当的。

如果履约进度不能合理确定,企业则应按照已经发生的并且预计能够得到补偿的成本金额确认收入,直到履约进度能够合理确定为止。

劳务收入确认具体涉及建筑施工、大型设备建造、交通运输、金融保险、邮电通信、文化体育、娱乐、服务等行业和业务领域劳务收入确认的事项。

不同行业或专业领域劳务收入确认,具有不同的规范要求和会计师职业判断需要。以运输劳务收入确认为例,不同的运输劳务,包括道路客货运输、铁路客货运输、民航客货运输、远洋客货运输、内河客货运输等,其收入确认具有很大的不同。有必要进一步深入研究。

就旅客运输收入的确认问题而言,面临的主要问题是应在销售客票收取价款时确认收入、在旅客开始发运时确认收入还是在旅客到达目的地时确认收入? 如果资产负债表日长途客运业务尚未完成,有否必要以及如何按照履约进度确认收入?

需要明确的一点是:在实务中不同的企业有可能根据不同的会计师职业判断采取不同的确认方式。在研究中关注实务做法是重要的,但更重要的是如何根据收入确认实务进行必要的理论总结并进一步用于指导实务。

目前发表了不少有关交通运输业营业收入的确认的论文,邵瑞庆等一些学者,对交通运输行业的收入确认问题提出了自己的看法。有关这方面的研究,需要关注的一个重要问题是:针对交通运输业收入的确认,是 CAS 14 的规定存在一些局限性而需要进行必要的拓展和完善,还是需要研究 CAS 14 的原则规范如何在交通运输行业收入确认中进行合理应用? 这个问题似乎并没有很好地予以解决。

4. 有关资产使用费收入确认的讨论

可以认为,履行让渡资产使用权的履约义务,具有客户在履约期间平均取得并消耗企业履约所提供利益的特点。参照 IFRS 15 的相关规定,企业可采用直线法确认让渡资产使用权的收入。

以下问题的讨论也许是必要的：

（1）按照使用时间和实际利率法确认利息收入，意味着无论是长期贷款还是短期贷款，都应在资产负债表日而不是在收到利息时或合同约定的收取利息的日期确认利息收入。

（2）按照使用时间和实际利率法确认租赁收入，意味着无论是经营租赁还是融资租赁，都应在资产负债表日而不是在收到租金时或合同约定的收取租金的日期确认租赁收入。

（3）按照 CAS 14（2006）的规定，使用费收入的确认需要取决于有关合同约定的收费时间和方法。但如果执行 CAS 14（2017）的规定，则应按照在某一时段内履行履约义务的确认要求确认使用费收入。这意味着，是否应当确认收入，取决于客户是否取得并消耗了企业履约所提供的全部利益，而不是收费的时间和方法。对此，一般应在资产负债表日根据企业的履约进度来确认使用费收入。

收入的计量

（一）收入计量的规定

IAS 18 中提出，收入应当按照实际收到或应收对价的公允价值计量。公允价值是指在公平交易中熟悉并自愿交易的双方进行资产交换或债务清偿的金额。

从某交易中取得的收入金额通常按照企业与资产购买方或使用方之间的合同确定。应按收到或应收对价的公允价值，并考虑企业许诺的任何商业折扣和补偿数量后计量。

IFRS 15 提出的有关收入计量的核心原则是：主体确认的金额应反映主体预计因交付这些商品和服务而有权获取的对价。对此 IFRS 15 规定：主体应当在履约义务履行完毕时（或者履约过程中），将分摊至该履约义务的交易价格金额确认为收入。

CAS 14 中的表述是：企业应按照分摊至各单项履约义务的交易价格计量收入。

交易价格是指企业因向客户转让商品而预期有权收取的对价金额。企业代第三方收取的款项以及企业预期将退给客户的款项，应当作为负债进行会计处理，不计入交易价格。

（二）有关收入计量的讨论

收入计量涉及的主要问题，是如何确定交易价格、如何将交易价格分摊至履约义务以及交易价格变动对收入计量的影响。

1. 合同对价的性质、时间和金额对交易价格确定的影响

(1)合同对价的性质。按其性质,合同对价划分为现金对价和非现金对价。如果是非现金对价,按其规定,企业应按其公允价值进行计量。

(2)合同对价支付的时间和金额。合同对价可能具有融资性质。CAS 14 中采用了"重大融资成分"的表述。合同对价是否存在重大融资成分,取决于对价支付的时间及其金额。一般来说,对价可能采取立即一次支付或者分期支付的方式。如果采取了分期支付的方式并且分期支付总额明显超过了立即一次支付的金额,或者递延的一次支付金额明显超过了立即一次支付的金额,都意味着合同中存在重大融资成分。在这种状况下,企业应就重大融资成分调整已承诺的对价金额,按照假定客户在取得商品或服务控制权时立即一次支付的现金金额来确定交易价格。该交易价格与合同对价之间的差额,属于由于推迟收款应收取的融资利息,应在合同期间内采用实际利率法摊销。

在信用期内的付款不属于递延付款,也不应判断为具有融资性质。信用期的长短可取决于合同的约定。

递延付款间隔期或分期付款间隔期的长短,本不应对合同是否存在重大融资成分的判断产生影响。但为了便于实务操作,IFRS 15 和 CAS 14 均允许企业客户取得商品或服务的控制权与支付对价之间的间隔期为一年或更短期间时无须就重大融资成分的影响调整已承诺的对价金额。

但这只是一种简化的会计处理方式。如果影响市场交易价格的内含利率较高,使得其间隔期虽然短于一年但递延付款与即时付款之间具有明显的差异,有必要考虑融资的影响。会计师有必要对此做出合理的会计师职业判断,并在报表附注中披露。

2. 合同可变对价对交易价格的影响

合同中所承诺的对价可能包括可变金额。对价金额可能因折扣、回扣、退款、抵免、价格折让、激励措施、业绩奖励、罚款等而改变。如果企业获取对价的权利以某一未来事件的发生或不发生为条件,意味着对价金额是可变的。

CAS 14(2006)中规范的与收入确认相关的现金折扣、销售折让、销售退回等概念,在 CAS 14(2017)中被界定为产生可变对价的因素。CAS 14(2006)要求这些因素在发生时计入财务费用或冲减营业收入。与此不同,CAS 14(2017)则要求在将这些可变对价金额按其期望值或者最佳估计数计入交易价格,并在每个资产负债表日对这些计入交易价格的可变对价金额进行重新估计。

3. 应付给客户的对价

如果存在应付给客户的对价,企业应将其作为交易价格的抵减处理。企业应

当在以下两者中较晚发生的事件发生时(或过程中)确认收入的减少:(1)企业确认向客户转让相关商品和服务的收入;(2)企业支付或者承诺支付对价。

4. 将交易价格分摊至履约义务

如果一项合同中包含两项或多项履约义务,企业应在合同开始日,按照各项履约义务所承诺商品(或服务)的相对单独售价,将交易价格分摊至各项履约义务。

5. 有关劳务收入计量的讨论

如果资产负债表日某项劳务已经完成,按其公允价值计量收入并非困难。需要讨论的主要问题是当在资产负债表日按照履约进度确认收入时,应当如何计量所确认的收入?也许可按照合同约定价款和对履约进度的估计来确定该项劳务的公允价值。例如,资产负债表日某项劳务的履约进度为75%,合同约定的劳务价款为100 000万元;则已完工劳务的公允价值应当为75000元。

问题在于,取得价款的前提条件是劳务提供方应当按照合同约定的时间和质量提供全部劳务。某些劳务的不可分割性决定了未完成劳务对未来完成全部劳务可能性的影响或者在一定程度上决定着该项劳务收入的确认和计量。

五、收入列报

企业的收入是通过利润表或综合收益表进行列报的。

企业有关收入的信息,可在利润表或综合收益表中直接列报,也可通过附注和其他方式进行披露。

按照 IFRS 15 的规定,与客户的合同在企业财务状况表中是列报为一项合同负债,一项合同资产或应收款,取决于企业履约与客户支付之间的联系。

当客户在企业完成向客户移交相关商品或劳务前支付了对价金额,应在财务状况表中列报一项合同负债。

企业已经完成了向客户移交商品或劳务,但客户尚未支付相关的对价,应按照企业取得对价权利的性质在财务状况表列报一项合同资产或应收款。当企业收取对价的权利取决于除了时间推移以外的相关条件,例如企业未来的履约,应确认为一项合同资产;当企业收取对价的权利除了时间推移以外是无条件的,应确认为一项应收款。

合同资产和应收款应当按照 IFRS 9 的规定进行核算。任何与客户合同有关的减值都应按照 IFRS 9 的规定进行计量、列报和披露。任何应收款初始计量与相应收入金额的差异,例如减值损失,也应列报为一项费用。

【案例 7 - 1】意大利 ASTM 公司的收入列报

由于 IFRS 15 从 2018 年 1 月 1 日开始的年度生效,故该公司的 2016 年财务报表中,仍执行的是 IAS 11 和 IAS 18 的规定。

在该公司 2016 年合并利润表中,收入项目包括:高速公路收入——经营活动;高速公路收入——规划与建造活动;建造收入——规划与建造活动;建造收入、工程收入、技术收入、停车场收入和其他。

(1)"高速公路收入——经营活动"体现的是公司收取的车辆通行费和其他收入。2016 年收入总额 10.81 亿欧元,其中通行费净收入 9.79 亿欧元。

(2)"高速公路收入——规划与建造活动"体现的是公司按照 IFRIC 12 的规定,将公司为建造高速公路提供建造服务确认的收入。2016 年收入总额 1.75 亿欧元。

(3)"建造收入——规划与建造活动"是指公司按照 IFRIC 12 的规定,将企业为建造其他基础设施提供建造服务确认的收入。2016 年收入总额 0.12 亿欧元。

(3)"建造收入"是指企业对外提供建造服务取得的收入。2016 年收入总额 1.06 亿欧元。

【案例 7 - 2】西班牙法罗里奥(FERROVIAL)集团收入列报

在 FERROVIAL 集团 2016 年合并利润表中,与收入相关的项目只有两项:(1)收入;(2)其他经营收益。

附注表明:2016 年 107.59 亿欧元收入包括建造收入 41.94 亿欧元;收费公路收入 4.86 亿欧元;机场经营收入 0.04 亿欧元;服务收入 60.78 亿欧元;其他和调整项目 -0.04 亿欧元。其中按金融资产模式确认的收入 1.89 亿欧元。

2016 年其他经营收益只有 0.07 亿欧元,包括与收益相关的政府补助 0.06 亿欧元。

第二节　租赁收入

一、租赁概述

(一)租赁准则

IASC 于 1982 年 9 月发布了 IAS 17,自 1984 年 1 月 1 日开始的会计年度生效;1994 年对 1982 年的版本进行了重新构架;1997 年 4 月发出租赁准则的征求意见稿;1997 年 12 月修订,1999 年 1 月 1 日起生效;IASB 于 2003 年 12 月 18 日对该准则进行了再次修订,从 2005 年 1 月 1 日开始的会计年度生效。

在 2010 年和 2013 年两次印发对国际租赁准则修订意见的基础上,IASB 于 2016 年 1 月 13 日正式发布了 IFRS 16,并将在 2019 年 1 月 1 日开始的报告年度生效后废止 IAS 17 及其相关准则解释。

财政部曾于 2001 年 1 月 18 日印发了中国第一个有关租赁会计处理的具体准则:《企业会计准则——租赁》(财会〔2001〕7 号),自 2001 年 1 月 1 日在所有企业施行。该准则首次采取了与 IAS 17 趋同的思路,使得中国企业租赁业务会计处理规范基本适应了国际准则发展的要求。

在此之前,有关租赁业务的会计处理是体现在相关企业会计核算制度中的,与国际惯例有较大的差距。

2006 年 2 月 15 日财政部印发的 CAS 21,进一步体现了与修订后的 IAS 17 趋同的要求。

伴随着 IFRS 16 的发布,中国有必要按照会计准则国际趋同的原则对 CAS 21 进行修订。2018 年 1 月 8 日财政部办公厅印发了对 CAS 21 修订的征求意见稿(财会办〔2018〕1 号)〔以下简称"CAS 21(2018)"〕,迈出了租赁准则国际趋同新的步伐。

(二)租赁业务会计处理涉及的相关概念

1. 融资租赁业务会计处理的一般要求

现代租赁划分为经营租赁和融资租赁①。租赁准则分别站在承租人和出租人的角度,对所从事的融资租赁业务和经营租赁业务的会计处理行为进行了规范。

按照 IFRS 16 的规定,出租人仍需要将提供的租赁业务划分为融资租赁和经营租赁分别进行会计处理;承租人则无须划分融资租赁和经营租赁。

2. 租赁以及融资租赁和经营租赁定义的讨论

(1)租赁。相关租赁准则中均将租赁定义为一项合同。IFRS 16 中对租赁采取了以下定义:租赁是在议定期间内让渡使用一项特定资产的控制权以获取对价的合同。

与 IAS 17 中对租赁定义的主要区别是:将让渡资产的使用权变更为让渡资产的控制权。IASB 认为,控制权的让渡意味着承租人同时拥有了直接使用该项资

---

① IASB 在 2013 年 5 月印发的《国际财务报告准则第 × 号:租赁(征求意见稿)》中曾主张租赁不再划分为融资租赁和经营租赁,而是划分为 A 类型和 B 类型;但在 2016 年 1 月 13 日 IASB 发布的 IFRS 16 中并没有采纳 A 类型和 B 类型的划分建议。

产的权利以及通过使用该项资产获得几乎所有经济利益的权利。

CAS 21(2006)中对租赁的定义与 IAS 17 的定义基本相同。CAS 21(2018)中仍采取的是让渡资产使用权的表述。

这样界定存在的主要问题是:混淆了租赁行为与租赁合同的概念。租赁,可认为是为获取租金而让渡资产使用权的一种经济行为;而租赁合同则是为了规范租赁行为而由于承租人与出租人签订的协议。

(2)融资租赁与经营租赁。租赁准则主要定义的是融资租赁;而对经营租赁的定义则采取的是排除性的表述。

融资租赁是指本质上转移了与一项标的资产所有权有关的几乎全部风险和报酬的一种租赁。所有权最终可能转移,也可能不转移。

按照 IFRS 16 中的解释,融资租赁与经营租赁的划分,取决于其交易实质而不是其合同的形式。以下是可将其界定为一项融资租赁的例况:(1)如果在租赁期限届满时标的资产的所有权将转移给承租人;(2)承租人有购买租赁资产的选择权,所订立的购买价款预计将远低于行使选择权时租赁资产的公允价值,因而在租赁期开始日就可以合理确定承租人将会行使这种选择权;(3)即使资产的所有权不转移,但租赁期占标的资产使用寿命的大部分;(4)租赁期开始日,租赁付款额现值几乎相当于其标的资产公允价值;(5)租赁资产性质特殊,如果不作较大改造,只有承租人才能使用。

经营租赁是指融资租赁以外的另一种租赁,即 IFRS 16 中解释的没有转移与标的资产所有权相关的几乎所有风险和报酬的租赁行为。经营租赁一般具有租赁期限较短的特征。

3. 有关融资租赁与经营租赁划分的讨论

从性质上分析,融资租赁无疑是一种融资行为;是以融物为手段来达到融资目的的一种经济管理行为。故有必要从融资的角度来分析判断一种租赁行为是否应归类于融资租赁。

融资租赁具有通过借款取得租赁标的物、以支付租金的方式还本付息的特征。对此,无论租赁期限长短以及承租人是否需要在期末支付相应的对价来取得租赁资产的余值,只要租赁期限届满时租赁资产的所有权转移给承租人,都可认为符合分期付款购买的特征,也可将该项租赁界定为一项融资租赁。

即使标的资产的所有权在租赁期限届满时不转移,但与标的资产所有权相关的风险和报酬基本上转移给了承租人(一般认为其主要标志是租赁期限超过资产预期经济寿命的75%),也可将该项租赁界定为一项融资租赁。

在中国,融资出租业务只能由经银监会审批设立的金融租赁公司和经商务部等部门审批的其他融资租赁企业来承担。其他企业无权从事对外提供融资租赁业务。对此除了飞机租赁、船舶租赁等特殊租赁业务以外,一般不存在区分经营租赁和融资租赁的内在需求。

对此从非专业租赁公司取得租赁资产的行为都可界定为经营租赁。但经有关部门核准设立的专业租赁公司也有可能提供少量的经营租赁业务。

3. 与租赁相关概念的讨论。

(1)租赁总投资和租赁投资净额。IRFS 16 中明确了租赁总投资和租赁投资净额的概念。租赁总投资是指在一项融资租赁中出租人应收取的租赁付款额与属于出租人的未担保余值之和;租赁投资净额是指按照租赁内含利率折现的租赁总投资。租赁投资净额是确定租赁资产入账价值的主要依据。

IFRS 16 中对租赁付款的解释是:租赁付款是指在租赁期间与标的资产使用权相关的承租人支付给出租人的款项,包括固定支付、相关因素影响的变动支付、承租人在租赁期限届满时取得标的资产所有权发生的支付以及承租人为选择提前终止租赁而发生的支付。

CAS 21(2006)中没有明确租赁总投资和租赁投资净额的概念。与租赁总投资相关的概念是最低租赁付款额和最低租赁收款额。IAS 17 中采用了最低租赁付款额的概念,但没有定义最低租赁收款额。按照 IAS 17 的定义,站在出租人的角度来看最低租赁付款额,由于包括了承租人无须考虑的独立第三方对资产余值的担保,实际上就是 CAS 21(2006)中界定的最低租赁收款额。CAS 21(2018)中定义了租赁投资净额。

IFRS 16 中没有再采用最低租赁付款额的概念。为了与 IFRS 16 趋同,CAS 21(2018)中也采取了租赁付款额的概念。

(2)资产余值。资产余值划分为担保余值和未担保余值。明确担保余值的概念,意味着融资租赁合同约定承租人需要在租赁期限届满时将租赁资产移交给出租人。如果租赁期限届满时承租人无偿取得或需要通过支付约定的价款取得租赁资产余值,则不存在对担保余值的确认和计量事项。

IAS 17 和 CAS 21(2006)中均定义了担保余值和未担保余值,IAS 17 与 CAS 21(2006)中对担保余值定义的主要区别,在于 IAS 17 明确了担保余值反映了承租人需要支付的金额。为了有利于进一步明确担保余值的含义,IFRS 16 中采取的是余值担保的概念。按其定义,余值担保是指与出租人无关的一方对出租人在租赁期限届满时标的资产最低余值提供的担保。与 IFRS 16 相趋同,CAS 21(2018)中也采取了余值担保的概念。

(3)租赁内含利率。按照 IFRS 16 的解释,租赁内含利率,是指在租赁期开始日,使租赁付款额与未担保余值现值之和等于标的资产的公允价值与出租人的初始直接费用之和的折现率。CAS 21(2018)中采取了与 IFRS 16 基本一致的定义,不同之处在于在定义中采用的是"租赁收款额"的表述。可以看出,IFRS 16 和 CAS 21 都是站在出租人的角度来界定租赁内含利率。

二、融资租赁收入的确认与计量

(一)终止确认租赁资产和应收款的确认

按照 IFRS 16 的规定,出租人应在其财务状况表内确认已用于融资租赁的资产,并以相当于租赁投资净额的金额列报为一项应收款。

在融资租赁中,由于与所有权有关的所有风险和报酬,实质上已被出租人转移,因此,出租人应将应收租赁款视为对投资以及服务的补偿和回报,作为本金回收和财务收益处理。

CAS 21(2006)中的规定与其基本一致。存在的需要讨论的主要问题,是 CAS 21(2006)中有关"出租人应当将租赁开始日最低租赁收款额与初始直接费用之和作为应收融资租赁款的入账价值"的表述。由于资产负债表中"长期应收款"项目的列报金额与"长期应收款"科目的核算金额是不同的,故"入账价值"的表述,容易导致误解。例如,如果将入账价值理解为计入"长期应收款"科目的价值,则无法解释这部分应收款应当如何回收;但如果将其理解为计入资产负债表的长期应收款项目,则初始直接费用应在发生时直接计入"未实现融资收益"科目。但 CAS 21(2018)中仍采取的是"入账价值"的表述。

如果华夏金融有限公司付款 95 万元购买了一台用于对外融资租赁的设备,应在取得时将其确认为一项资产(融资租赁资产);并在租赁期开始日终止确认该项资产。该公司应在租赁期开始日将租赁投资净额确认为一项应收款。由于对外租赁的一般是按照市场价格购入的新设备,可认为其价格相当于租赁投资净额。按照 IFRS 16 的规定,应当按照标的资产的租赁投资净额进行初始计量。标的资产的租赁投资净额与账面价值的差额计入当期损益[①]。

如果该项租赁资产的公允价值为 100 万元,融资租赁合同约定的租赁期限为 5 年,每年年末应收取的租金收入为 25 万元,租赁资产期末无偿归属承租人,则租金中的内含利率为 K,有以下等式成立:

$$250\ 000 \times (P/A, K, 5) = 1\ 000\ 000$$

$$K = 7.93\%$$

---

① 本项业务的讨论不涉及增值税业务。

如果合同约定承租人需要在租赁期限届满时通过支付 100 000 元取得租赁资产,则计算内含利率的计算公式需要更改如下:

$$250\ 000 \times (P/A,K,5) + 100\ 000 \times (P/F,K,5) = 1\ 000\ 000$$

$$K = 10.36\%$$

由于将租赁资产余值出售增加了租赁公司获取的现金流入,故也将相应地增加了未实现融资收益并提高了确认租赁收入的实际利率。

由于租赁资产在租赁期限届满时归属承租人,故不存在担保余值和未担保余值的讨论。

需要进一步讨论的问题是余值担保和未担保余值对租赁核算的影响。余值担保应计入租赁收款额;未担保余值属于确定内含利率或租赁总投资的依据之一。

如果以上讨论中涉及的融资租赁合同约定租赁期限届满时租赁资产需要移交给出租人,并且移交租赁资产的公允价值最低不得低于 15 万元;但华夏公司估计由于超负荷使用租赁资产等原因有可能导致届时移交的租赁资产公允价值只有 5 万元,这意味着华夏公司将有可能收取 100 000 元的余值担保金额,以及 50 000 元的未担保余值。计算内含利率的计算公式需要更改如下:

$$250\ 000 \times (P/A,K,5) + 150\ 000 \times (P/F,K,5) = 1\ 000\ 000$$

$$K = 11.48\%$$

未担保余值的确认增加了租赁公司未来收回的金额,意味着确认的未实现融资收益的增加。

(二)租赁收入的确认和计量

既然融资租赁属于一种融资业务,故融资租赁收入的性质应当是债权投资的利息收入。IFRS 16 将租赁收入界定为一项财务收益,并要求财务收益的确认,应基于反映出租人在融资租赁中未收回投资净额上所产生的固定期间回报率的方式。CAS 21(2018)将租赁收入界定为一项利息收入,并要求出租人采取实际利率法进行计算确认。

出租人确认的租赁收入,为按照实际利率法对未确认融资收益的摊销额。资产负债表日确认租赁收入的账务处理为:借记"未实现融资收益"科目,贷记"租赁收入"科目。

(三)租赁期末会计处理的讨论

对于出租人而言,在一项融资租赁期限届满时,除了租赁合同约定承租人无偿取得租赁资产以外,可能涉及的会计事项如下。

1. 收到承租人支付的取得租赁资产的价款

如果出租人已在租赁期开始日将租赁合同约定的价格计入了长期应收款,承租人按照租赁合同的约定行使了取得租赁资产的选择权,并按照合同的约定支付了价款,则出租人收到的价款应相当于长期应收款的回收。

2. 收到承租人移交的租赁资产

该项业务有可能涉及以下不同情况时账务处理问题的讨论:

(1)如果承租人按照租赁合同的约定放弃了取得租赁资产的权利,并将租赁资产移交,出租人应做出的账务处理,CAS 21 中没有明确。本书认为,应按照收回资产的公允价值进行计量,同时冲销计入长期应收款的担保余值以及记录的未担保余值。出现的差异,计入当期损益。

(2)如果中华夏公司收回租赁资产的公允价值为 8 万元,超过了 5 万元的未担保余值,意味着需要收取的担保价款为 7 万元,其差异 3 万元应冲减需要收取的担保余值。

(3)如果收回租赁资产的公允价值仅为 3 万元,低于未担保余值,意味着应当收取的担保价款为 12 万元。

(4)如果租赁期限届满时收回租赁资产的公允价值由于各种原因超过了租赁合同约定的最低公允价值 15 万元,达到 16 万元,意味着需要调整原来估计收取的 10 万元的担保金额,相应终止确认该项金融资产。实际收回租赁资产公允价值超过合同约定担保金额的差额,可计入当期损益。

一些教材采取的将收回的资产确认为融资租赁资产[①]的表述值得商榷。确认为"融资租赁资产"的资产是指专业租赁公司按照租赁合同的约定用于对外融资租赁的资产。在租赁开始日,需要终止确认该项资产。融资租赁期限届满后收回的资产,其经济寿命至少已耗用了 70% 以上。即使该资产仍具有使用价值,租赁公司打算再次对外租赁,也只能界定为经营租赁,不可能符合融资租赁的条件。对此不应当将其界定为融资租赁资产[②]。

收回的资产应当如何确认,取决于该项资产可能发挥的作用。确认为企业的一项固定资产假设的是收回的资产是作为达到相应价值标准的生产工具发挥作用的。如果收回的资产只能拆散解体作为材料使用,则应当确认为企业的一项存货。

---

① 杜兴强. 高级财务会计[M]. 厦门:厦门大学出版社,2007(2):74

② 周国光. 也谈"营改增"下融资租赁业务会计核算问题——与蔡昌先生商榷[J]. 财会学习,2013(12)

三、经营租赁收入的确认与计量

（一）租金收入和初始直接费用

IFRS 16 规定，出租人应将经营租赁中取得的租赁收入按直线基础或者其他系统基础确认为收益。如果从标的资产使用取得的收益呈递减趋势，则应采用该类基础。

经营租赁中出租人发生的初始直接费用，是指在租赁谈判和签订租赁合同过程中发生的可归属于租赁项目的手续费、律师费、差旅费、印花税等。IFRS 16 要求出租人将其计入标的资产的账面价值，并按照确认租赁收入的相同基础在租赁期间将其确认为费用。CAS 21（2018）提出，如果初始直接费用的金额较小，可计入当期损益。计入当期损益可认为是一种简化处理方式。

四、售后租回交易的收入确认

（一）售后租回交易概述

售后租回交易反映的是将一项资产出售后又将这项资产租赁回来的交易。租赁付款和售价通常是相互关联的，因为它们是以一揽子方式进行谈判的。售后租回交易的会计处理取决于所涉及的租赁类型。

（二）有关售后融资租回交易会计处理的讨论

IAS 17 和与其趋同的 CAS 21（2006）均将售后租回交易划分为售后融资租回交易和售后经营租回交易。鉴于 IAS 17 和 CAS 21（2006）这方面规定具有明显的局限性①，故这里主要基于 IFRS 16 和 CAS 21（2018）的相关规定展开讨论。

IFRS 16 中不再要求区分售后融资租回交易和售后经营租回交易。按其规定，应当关注的主要事项，是一项售后回租交易中是否涉及标的资产的销售？如果转移行为符合 IFRS 15 的规定，只应确认由于销售取得的利得或者承担的损失，并相应调整标的资产的账面价值；如果不属于销售，则作为购买方和出租人的主体不应确认转移的资产，而是将实际支付或应支付的对价确认为一项金融资产，并按照 IFRS 9 的规定对该项金融资产进行会计处理。CAS 21（2018）中采取了与此基本一致的表述。

在中国的相关税收政策中，采取了"融资性售后回租业务"的表述，并将融资性售后回租业务界定为一项贷款业务②。

---

① 周国光. 论售后融资租回交易会计核算的改进[J]. 财会学习,2014(6)

② 详见财政部、国家税务总局于 2016 年 3 月 23 日印发的财税[2016]36 号文.

中国企业的售后回租交易实务主要是融资性售后回租业务。故这里主要针对融资性售后回租业务进行讨论。售后融资租回的交易行为,其法律形式是销售或购买;其交易实质应当是融资。按照实质重于形式的原则,购买方(出租人)并没有实质性取得标的资产,对此应将支付的对价确认为一项金融资产。

这样,购买方(出租人)支付的购买标的资产的价款,实质上属于对销售方(承租人)的一项贷款;贷款本息的回收,采取了确认一项融资租赁业务来向销售方(承租人)收取融资租赁费的方式。故购买方(出租人)应按照融资租赁方式确认租赁收入或贷款的利息收入。

第三节　投资收益

一、投资收益概述

(一)投资收益的界定

投资收益是企业对外投资取得的收益。由于投资收益的取得导致经济利益流入企业,并相应增加了所有者权益,所以投资收益符合财务报告概念框架中对收入的界定。

投资收益属于企业在日常活动中取得的收入,但不属于收入准则规范的收入。

(二)对外投资的划分及其规范

企业对外投资包括股权投资和债权投资。

1. 债权投资

企业对外债权投资是属于金融资产中的债务工具。在 IFRS 体系和 CAS 体系中,对外债权投资行为以及投资收益的取得是分别通过 IFRS 9 和 CAS 22 进行规范的。

2. 股权投资

(1)按照财政部的规定,股权投资可进一步划分为长期股权投资、交易性金融资产中的股权投资和可供出售金融资产中的股权投资等。长期股权投资行为以及投资收益的确认是通过 CAS 2 进行规范的;交易性金融资产和可供出售金融资产中的权益工具及其投资收益的确认是通过 CAS 22 规范的。

(2)按照 IFRS 体系中的相关规定,股权投资划分为对子公司、联营企业和合营企业的投资,以及其他投资。对子公司、联营企业和合营企业投资及其投资收益的规范,是分别通过 IAS 28 和 IFRS 11 等来进行规范的;对其他投资(金融资产中的权益工具)及其投资收益确认的规范,是通过 IFRS 9 等进行规范的。

财政部会计司认为,长期股权投资主要包括四类:(1)投资企业能够对被投资单位实施控制的权益性投资;(2)投资企业与其他合营方一同对被投资单位共同实施控制的权益性投资;(3)投资企业对被投资单位具有重大影响的权益性投资,即对联营企业投资;(4)投资企业持有的对被投资单位不具有控制、共同控制或重大影响,并在活跃市场中没有报价、公允价值不能可靠计量的权益性投资①。

按公允价值进行后续计量的股权投资,在 CAS 22 中被分别确认为交易性金融资产和可供出售金融资产。

二、投资收益的确认和计量

(一)投资收益确认与计量的一般原理分析

1. 债权投资收益

企业债权投资主要体现为购买债券的投资;债券投资的收益为利息收益,一般需要采用实际利率法在资产负债表日确认和计量。

2. 股权投资收益

股权投资一般是指对普通股的投资。股权投资的收益需要分别采用成本法和权益法进行确认和计量。

(1)采用成本法确认的投资收益体现为投资企业从被投资企业分得的利润。对于投资股份有限公司采用成本法确认的投资收益,采取了"股利"的称谓。

(2)采用权益法确认的投资收益反映了投资方在被投资方损益中所拥有的份额。当被投资方获取利润或出现亏损时,投资方需要按照其拥有的份额确认投资收益。被投资方向投资方分配的利润或股利,不再确认投资收益。

除了债权投资收益和股权投资收益以外,投资企业投资还有可能通过持有被投资企业的其他权益工具(包括优先股和永续债)以及基金、认股权证等金融工具取得投资收益。这意味着伴随着证券市场的发展,企业投资收益正在呈现多样化的发展势态;有关这方面会计确认和计量的研究仍有待进一步深入。

(二)IFRS 中对采用权益法确认和计量投资收益的规范

权益法最早的出现,是作为母公司合并子公司的一种方法。在 20 世纪初的美国和欧洲,使用权益法的主要目的,是将子公司纳入母公司的财务报表中。20世纪 30 年代出现了完全合并法以后,权益法曾一度被禁止使用。到 20 世纪 60 年

---

① 财政部会计司编写组. 企业会计准则讲解 2010[M]. 北京:人民出版社,2010

代,欧洲的荷兰等国家,开始将权益法作为在单独财务报表中对子公司、合营企业和联营企业投资的一种计量方法。在这一阶段。权益法被明确界定为以实质重于形式原则为基础,在投资方财务报表中完整体现其享有被投资方权利和义务的一种确认方法。

在 IASC 于 1976 年发布的《国际会计准则第 3 号:合并财务报表》(IAS 3)中,权益法被作为在编制合并财务报表时对联营企业投资的处理。1989 年 4 月,权益法被纳入新发布的 IAS 28 中。在 2011 年 5 月 12 日修订后发布的 IAS 28 中,权益法的适用范围扩大到了对合营企业投资的会计处理,同时 IASB 废止了采用比例合并法对合营企业投资会计处理的规定。2015 年底以前,权益法只适用于合并财务报表。2014 年 8 月 12 日 IASB 发布了题目为"单独财务报表中的权益法"的公告,宣布对 IAS 27 进行了适度修订,允许企业在单独财务报表中选择采用权益法核算在子公司、合营企业和联营企业中的投资。修订后的 IAS 27 从 2016 年 1 月 1 日开始的会计年度生效。

目前 IASB 是通过 IAS 28 来体现对权益法的规范要求的。IASB 于 2011 年 5 月 12 日对 IAS 28 进行了修订。IAS 28 对权益法有以下定义:权益法是一种会计核算方法,采用这种方法,投资应当按成本进行初始确认,然后按照其在被投资方净资产中份额的变动进行调整。投资方的损益包括其在被投资方损益中的份额;投资方的其他综合收益包括其在被投资方其他综合收益中的份额。

IAS 28 中对权益法下的核算有以下规定:(1)投资者对联营企业和合营企业的初始投资,应当按其成本进行计量;(2)投资者应当在资产负债表日编制合并财务报表时按照购买日后被投资企业损益中投资者拥有的份额,调整投资的账面价值。

(三)CAS 体系中投资收益确认和计量的规范

1. 采用成本法确认投资收益

CAS 2 中规范了采用成本法确认投资收益的行为。

CAS 2(2006)曾规定,投资企业确认投资收益,仅限于被投资单位接受投资后产生的累积净利润的分配额,所获得的利润或现金股利超过上述数额的部分作为初始投资成本的收回。

这样的规定应当具有理论上的合理性但实务中的不可操作性。存在的主要问题在于:投资企业如何界定接受分配的利润或者现金股利属于被投资企业接受投资后产生的累计净利润的分配? 鉴于此,2009 年 6 月 11 日财政部印发的《企业会计准则解释第三号》做出以下解释:"采用成本法核算的长期股权投资,除取得投资时实际支付的价款或对价中包含的已宣告但尚未发放的现金股利或利润外,投资企业应当按照享有被投资单位宣告发放的现金股利或利润确认投资收益,不再划分是否属于投资前和投资后被投资单位实现的净利润"。

按照 CAS 22(2006)应用指南的解释,企业持有交易性金融资产和可供出售金融资产取得的现金股利,确认为投资收益。

2. 采用权益法确认投资收益

中国改革开放以后的 20 世纪 80 年代中期,在一些介绍西方财务会计等的著作中开始引进了权益法的概念。1992 年 11 月 30 日财政部发布的《企业会计准则》中,首次明确了采用权益法核算股票投资的要求。

1998 年 1 月 27 日财政部印发的《股份有限公司会计制度——会计科目和会计报表》(财会字[1998]7 号)、1998 年 6 月 24 日财政部印发的投资准则和 2000 年 12 月 29 日财政部印发的《企业会计制度》中,均要求企业对被投资单位具有控制、共同控制或重大影响的,采用权益法核算长期股权投资。这意味着,采用权益法核算的长期股权投资,从对子公司的投资,延伸到对联营企业和合营企业的投资。2006 年 2 月 15 日财政部印发的 CAS 2 中,取消了对子公司投资的权益法核算。2014 年 1 月在对 CAS 2 进行修订时,仍坚持了这一做法。

CAS 2 中虽然没有定义权益法,但是规定了采用权益法采取的会计处理方式。采用权益法计量的长期股权投资,是指对联营企业和合营企业的投资。其基本要求如下。

(1)投资企业的初始投资成本应当大于或者等于取得投资时应享有被投资单位可辨认净资产公允价值份额。如果小于取得投资时应享有被投资单位可辨认净资产公允价值份额,其差额应计入当期损益。如果某企业投资 1000 万元现金取得被投资企业 30% 的股权;投资日被投资方可辨认净资产的公允价值为 4000 万元,则投资企业拥有的份额为 1200 万元;其差异应计入当期损益。

(2)投资企业取得长期股权投资后,应当按照应享有或应分担被投资企业实现损益的份额,确认投资收益并相应调整长期股权投资的账面价值。如果被投资企业会计年度实现了 1500 万元的净利润,投资企业应享有的份额为 450 万元,计入投资收益。

(3)投资企业应当根据应享有或应分担被投资企业除了损益以外的所有者权益变动的份额,调整长期股权投资账面价值并计入所有者权益。

如果被投资企业由于可供出售金融资产公允价值变动增加了 100 万元的资本公积,投资企业应将拥有的份额 30 万元计入其他综合收益。

按照 CAS 2 的规定,应当以取得投资时被投资单位各项可辨认资产等公允价值为基础,对被投资单位净利润进行调整后确认投资收益。例如,如果被投资单位是按照历史成本折旧的。如果按照固定资产的公允价值计提折旧,意味着存在计入当期损益的折旧成本上的差额。需要对被投资企业的净损益进行调整。

但按照 CAS 2(2006)应用指南的说明,如果由于各种原因无法确定或者无法调整净损益时,也可以按照账面净损益计算确认投资收益。

按照《企业会计准则解释第一号》的解释,投资企业与联营企业及合营企业之间发生的内部交易损益按照持股比例计算归属于投资企业的部分,应当予以抵销,在此基础上确认投资损益。投资企业与被投资单位发生的内部交易损失,按照 CAS 8 等规定属于资产减值损失的,应当全额确认。投资企业对于纳入其合并范围的子公司与其联营企业及合营企业之间发生的内部交易损益,也应按照上述原则进行抵销,在此基础上确认投资损益。

三、IAS 28 和 CAS 2 对投资收益确认和计量的差异比较与思考

(一)差异比较

按照 IAS 28 的规定,采用权益法,对联营企业和合营企业的投资应按其成本进行初始确认;其账面价值应当随取得投资后投资方在被投资方损益的份额增加或减少。投资方拥有被投资方损益的份额计入投资方的损益;收到被投资方分配的利润减少投资的账面价值;投资方拥有被投资方其他综合收益变动的份额同样需要调整投资方投资的账面价值。这些变动包括对不动产、厂房和设备的价值重估,以及汇率变动的影响等。投资方所拥有的这些变动的份额,应当计入投资方的其他综合收益。

IFRS 体系中有关对这方面会计处理的解释或规范,最早体现在 1997 年 12 月发布的《国际会计准则委员会常设解释委员会解释公告第 3 号——剔除与联营企业交易中的未实现利润和损失》(SIC 3)中。2005 年 1 月 1 日开始的会计年度,SIC 3 被 2003 年修订的 IAS 28 取代。

IAS 28 中采用了"顺流"和"逆流"的表述,分别用于界定联营企业和合营企业向投资方企业销售资产的交易,以及投资方企业向其联营企业和合营企业销售或提供资产的交易。按其规定,这些交易产生的利得和损失中归属投资方企业的份额应当抵销。

按照 IAS 28 的规定,采用权益法确认与计量在联营企业和合营企业中的投资,是编制合并财务报表的需要。企业在编制单独财务报表时,可以不采用权益法。

与此不同,CAS 2 中要求企业对联营企业和合营企业的投资采用权益法;对子公司的投资和其他股权投资,采用成本法或执行 CAS 22 的规定。

　　母公司在编制合并财务报表时,需要按照权益法调整对子公司的长期股权投资。

　　《企业会计准则解释第 1 号》中将顺流交易和逆流交易界定为投资方企业与其联营企业和合营企业之间的"内部交易",也要求这些交易产生的利得和损失中归属投资方企业的份额应当予以抵销。

　　(二)有关权益法确认投资收益的初步思考

　　采用权益法确认的投资收益,属于未实现投资收益。IFRS 体系中采用权益法确认投资收益的主要目的,是为了满足编制合并财务报表的需要。尽管允许,但 IASB 似乎并不提倡在单独财务报表中采用权益法确认投资收益。与此不同,CAS 体系中采用权益法确认的投资收益,主要是为了满足编制个别财务报表的需要。这样处理方式是否得当,值得商榷。常勋先生等也曾初步讨论过运用权益法确认投资收益的相关局限性[①]。

　　此外,除了权益法确认的投资收益以外,利润表中的投资收益项目体现的均为已实现的投资收益(或投资损失,下同)。将未实现的投资收益在利润表中的投资收益项目列示,似乎也不够合理。

第四节　每股收益

一、每股收益概述

　　每股收益(EPS)是股份有限公司最重要的反映财务效益状况的财务指标。每股收益衡量的是普通股平均每股获取的净利润。由于不同的股份有限公司具有不同的每股净资产,故每股收益一般不具有在不同股份有限公司之间的可比性。

　　为了规范每股收益的列报行为,IASC 于 1997 年 2 月发布了 IAS 33,从 1999 年 1 月 1 日开始的年度生效。2003 年 12 月 18 日发布了修订版,2005 年 1 月 1 日开始的年度生效。随后,还于 2008 年 8 月 7 日对 IAS 33(2003)进行了修订。

　　由于每股收益准则要求分别计算基本每股收益和稀释每股收益,这就涉及普通股和潜在普通股两个不同的概念。

---

　　① 常勋. 高级财务会计[M]. 大连:辽宁人民出版社,1995:171 – 172

1. 普通股

普通股是指次于所有其他种类的权益股的权益工具。

股权中的普通股,一般是相对于优先股、永续债、可回售工具等其他权益工具而言的。由于普通股属于拥有表决权的股权并拥有参与企业剩余利润分配的权利,故普通股持有者(或普通股股东)才算是企业真正的所有者。

2. 潜在普通股

潜在普通股是指可以使持有人获得普通股的金融工具或其他合同。

中国证监会从 2000 年开始要求上市公司在年度报告中列报每股收益指标,包括加权平均每股收益和全面摊薄每股收益。

2006 年 2 月 15 日财政部印发的 CAS 34,是中国发布的第一个涉及每股收益计算的具体准则。CAS 34 采取了与 IAS 33 趋同的思路,要求企业计算基本每股收益和稀释每股收益。

二、基本每股收益

基本每股收益是指按照已经实现的归属于普通股股东的净利润与流通在外普通股平均股数的比值。其一般计算公式为:

基本每股收益 = 归属普通股股东的净利润 ÷ 流通在外普通股平均股数

需要说明两个问题。

1. 归属于普通股股东净利润

使用归属于普通股股东净利润的概念,是考虑到优先股、永续债、可回售工具等其他权益工具的存在。

财会[2014]13 号规定,如果企业发行了除了普通股以外的其他权益工具,则归属普通股股东的净利润为企业净利润减去其他权益工具的股利或利息后的余额。

其中,对于发行的不可累积优先股等其他权益工具应扣除当期宣告发放的股利,对于发行的累积优先股等其他权益工具,无论当期是否宣告发放股利,均应予以扣除。

对于同普通股股东一起参加剩余利润分配的其他权益工具,在计算普通股每股收益时,归属于普通股股东的净利润不应包含根据可参加机制计算的应归属于其他权益工具持有者的净利润。

2. 流通在外普通股

使用流通在外普通股的概念,是考虑到库存股的存在。CAS 34 中采取的是

"发行在外"的概念①。

一般采取加权平均法计算平均股数。

三、稀释每股收益

按照 IAS 33 的规定,稀释每股收益应按照调整后的收益和股数进行计算。

计算稀释每股收益的主要原因,是依据稳健性的要求,分析假设在可转债转股、认股权证行权等增加普通股股数的状况下对每股收益稀释的影响。

如果认股权证行权,可转债等转换为普通股,将增加稀释性潜在普通股的股数。

如果可转债转换为普通股,其债券利息就无须支付;所以需要调整归属普通股股东的当期净利润。

四、有关每股收益的简要讨论

每股收益并非财务会计直接确认、计量的产物,而是按照相关准则的规定,根据利润表中归属于普通股股东的净利润,结合企业普通股股份在会计期间的变化情况计算的结果。与净资产收益率不同,每股收益体现的是普通股股东投入权益资金的获利能力。净资产收益率与每股收益在体现获利能力方面的差异,在一定程度上体现的是优先股等其他权益工具的杠杆作用。

计算与披露每股收益信息体现了一个重要的事实,普通股股东才是企业真正的所有者;普通股股东投入权益资金的获利能力有别于其他权益工具持有人投入权益资金的获利能力。对此,站在普通股股东的立场上,也有一些国外的财务会计著作主张应当将优先股股权和其他权益作为一项负债在资产负债表列报;将优先股股息和其他权益的收益作为费用计入利润表,尽管这些负债和费用并不符合 IASB《概念框架 2010》中对负债和费用的定义。

需要讨论的另一个问题,是有否必要将其他综合收益纳入计算每股收益的范

---

① 本书认为,IAS 33 中的"outstanding"应翻译为"流通在外"而不是发行在外。其主要原因在于西方一些国家(例如英国、澳大利亚等)的公司法允许企业发行的股份可采取分期收取股款的方式。对此,如果某公司普通股的发行价格为每股 10 元,但根据公司开展经营业务活动的需要可能只需要股东先支付每股 4 元即可取得股票。尚未支付的每股 6 元则构成了股东需要对公司债务承担的有限责任。故计算每股收益的股份,不仅需要已发行,而且需要流通,即股款已为公司收取,形成已投入(Paid – in)或者付清(paid – up)的股本。

由此产生了一个重要的问题值得讨论:如果公司发行股份所需收取的股款尚有 60% 尚未收取,应当如何计算加权平均股数? IAS 33 和 CAS 34 中似乎均未涉及。

畴。尽管其他综合收益的作用还不是十分明确,但无可置疑的是,其他综合收益
也属于企业的收益。在国外会计处理实务中,澳大利亚 TNT 股份有限公司就曾将
发行认股权证取得的扣除发行费用后的净额 5966.2 万澳元,计入了当期损益,成
为普通股股利分配的主要资金来源①。除非其他权益工具发行合同中有明确的
约定,其他综合收益一般应界定为归属普通股股东的收益。

本章小结

　　本章中讨论的收入,包括收入准则中规范的销售商品、提供劳务和让渡资产
使用权的收入,还包括其他准则中涉及的收入,包括租赁收入、投资收益、每股收
益等。其中,租赁收入和投资收益属于让渡资产使用权取得的收入;每股收益是
衡量股份有限公司盈利水平的一项重要指标。

　　广义的收入包括所有的增加所有者权益的经济利益流入(自然不应包括投资
者的投入);但狭义的收入(即营业收入)只是由于日常活动引起的,不包括由于非
日常活动产生的利得,包括直接计入所有者权益的利得和计入当期损益的利得。
直接计入所有者权益的利得被界定为其他综合收益。按照《概念框架 2010》中的
界定,计入当期损益的利得和其他综合收益也符合收入的定义。

　　IFRS 15 的发布体现了 IASB 对收入确认、计量和报告规范要求的最新进展。
IFRS 15 的发布与实施对 CAS 14 的修订有重要的影响。从 2018 年 1 月 1 日开始,
中国企业将分批开始实施修订后的 CAS 14(2017)。

　　还需要关注 IFRS 16 的发布以及 CAS 21 的修订对与租赁相关的收入确认的
影响。

---

① 　TNT limited. 1987 Financial Statements &Statutory Infomation,12

第八章

费用确认、计量与报告

费用意味着企业经济利益的流出。费用是企业为取得收入付出的经济代价。在本章中,主要结合 IFRS 体系和 CAS 体系中对费用确认和计量的规范,来进一步讨论费用核算的理论与方法。

本章中讨论的费用,包括商品销售成本、期间费用、所得税费用等一般费用核算事项,以及借款费用、资产减值损失、股份支付费用、租赁费用等特殊业务的费用核算事项。

第一节　费用概述

费用概述部分的主要内容,是讨论费用的定义、确认、计量、报告等事项。其中,有关费用的既定、确认和计量,在 IFRS 体系内,是通过财务报告概念框架来予以明确的;在 CAS 体系内,是通过《基本准则》予以规范的。

一、费用的界定

(一)IFRS 体系中对费用的界定

IASB《概念框架 2010》中对费用的定义是:费用是指在会计期间经济利益的减少,其形式表现为因资产流出、资产折耗或产生负债而导致的权益减少,但不包括与权益参与者分配有关的权益减少。

《概念框架 2010》是从广义的角度来定义费用,包括日常活动中发生的经济利益的流出和非日常活动发生的经济利益的流出。前者构成了计入当期损益的费用;后者构成了计入当期损益或其他综合收益的损失。

(二)CAS 体系中对费用的界定

《基本准则》中对费用的定义是:费用是指企业在日常活动中发生的、会导致所有者权益减少的、与向所有者分配利润无关的经济利益的总流出。

可以看出，与《概念框架2010》中对费用的定义相比，《基本准则》的定义更强调了费用是日常活动中发生的经济利益的流出，不包括非日常活动发生的经济利益的流出。

非日常活动发生的经济利益的流出，按照《基本准则》的规定应当界定为损失，区别不同情况分别计入当期损益或其他综合收益。

(三)对费用界定的讨论

需要进一步讨论的问题是：日常活动发生的一项支出是由于被界定为费用计入了当期损益而导致了所有者权益的减少，还是由于导致了所有者权益的减少而应被界定为一项费用并计入当期损益？一项支出如果尚未界定为费用，如何会导致所有者权益减少？这说明准则中对费用的界定也许存在一定的局限性。准则中对费用的表述也许仅仅是为了说明费用的表现形式，而不是在界定费用的本质特征。

从其本质特征来看，费用可表述为企业为取得收入付出的经济代价，即按照配比要求计入当期损益的支出。按此要求，需要予以资本化的支出不是为取得当期收入付出的经济代价，故不应被界定为一项费用；而在企业经营活动中耗用的资产价值(包括耗用的存货、发生的固定资产折旧和无形资产摊销等)是为了取得当期收入而发生的，故应被界定为一项费用。

计入当期损益的损失是由于非日常活动或偶然因素所导致的，不是企业有目的经营活动的预期结果，故损失不属于为取得收入付出的经济代价，也有必要区别于费用。

二、费用的分类

费用可采取以下两种方式进行分类。

(一)按照费用的性质分类

按照费用的性质分类的结果，也可称之为费用要素。费用要素一般划分为原材料费用、员工薪酬和福利费用、固定资产折旧费用、无形资产摊销费用、利息费用等。

1. 原材料费用

原材料费用要素是指在一定的会计期间整个企业为从事生产经营活动耗用的原材料，包括为生产产品和提供劳务耗用的原材料，以及企业销售部门和管理部门耗用的原材料。

2. 员工薪酬和福利费用

员工薪酬和福利费用要素是指在一定的会计期间整个企业为从事生产经营

活动支付的员工工资和相关福利费用,包括企业生产部门生产人员、销售部门和管理部门员工的工资、薪金和福利费用。

3. 折旧与摊销费用

折旧费用要素包括生产用设备和厂房、车间的折旧费用,以及销售部门和管理部门的设备和不动产的折旧费用。

摊销费用要素包括生产用无形资产的摊销费用,以及销售部门和管理部门使用的无形资产的摊销费用。

4. 利息费用

计入损益的利息费用属于财务费用的范畴。除了计入损益的利息费用以外,企业还有可能发生应予以资本化、计入相关资产成本的利息支出。

(二)按照费用的功能分类

按照费用功能分类的结果,也可称之为成本项目或费用项目。

从事不同的经营业务具有不同的成本项目构成。

1. 制造业务的费用功能分类

从事制造业务的企业的成本费用项目一般划分为销售成本和期间费用。

(1)销售成本。在综合收益表(或利润表,下同)中一般只列报销售成本。在成本核算中,销售成本还可进一步划分为直接材料、直接人工和制造费用三个成本项目。

(2)期间费用。在综合收益表中,期间费用一般划分为销售费用、行政管理费用、财务费用等费用项目。

2. 运输业务费用功能分类

从事运输业务的企业的成本费用项目一般划分为运输成本和期间费用。

(1)运输成本。在综合收益表中一般只列报运输成本。铁路运输业务、民航运输业务、水路运输业务、道路运输业务等具有不同的成本构成。在道路运输业务成本核算中,运输成本还可进一步划分为车辆费用和营运间接费用;车辆费用还可进一步划分为人工、燃料、轮胎、折旧、维修、车辆通行费、站务费等成本项目。

(2)期间费用。在综合收益表中,运输企业的期间费用也可划分为销售费用、行政管理费用和财务费用三个费用项目。但有些运输企业将销售费用并入了管理费用中。

三、费用确认

IASB《概念框架2010》中认为:如果与资产的减少或负债的增加相关的未来经济利益的减少已经发生,并且能够可靠地加以计量,则应在收益表中确认费用。

这实际意味着,在确认费用的同时,也要确认资产的减少或负债的增加(例如,应计人员工资或设备折旧)。

《基本准则》中对费用确认的表述是:费用只有在经济利益很有可能流出从而导致企业资产减少或者负债增加且经济利益的流出额能够可靠计量时才能予以确认。

确认费用需要关注以下三个重要问题。

1. 导致经济利益流出企业的交易或事项已经发生,并且这些经济利益很有可能流出企业

如果导致经济利益流出企业的交易或者事项尚未发生,或者经济利益流出企业的可能性不大,都不应确认费用。典型的例子是或有负债有可能引发的未来流出企业的经济利益不应分别确认为一项费用和负债,但有必要在资产负债表附注中予以披露。

2. 需要确认的费用,其金额应当能够可靠地计量

这一般涉及按照权责发生制的要求对未来经济利益流出的确认。不能可靠计量的未来经济利益流出,不应当确认为企业的一项费用。

3. 按照配比原则确认费用

按照《基本准则》的规定,企业应当在确认收入的同时,将为取得收入发生的产品成本和劳务成本确认为费用并计入当期损益;在发生期间费用时进行确认并计入当期损益。对此,如果企业在发出商品时确认销售收入,在提供劳务时确认劳务收入,也需要同时将相应的产品销售成本或劳务成本确认为一项费用;如果在资产负债表日按照履约进度确认劳务收入,也需要同时按照履约进度确认相应的劳务成本。

四、费用的列报

企业的费用计入损益,并在综合收益表进行列报。

IAS 1 规定,主体应根据可靠性和关联性将计入损益中的费用按其性质或功能进行分类。

(一)费用按其性质分类的列报

费用按其性质进行列报的例子如下:

(1)收入。收入一般表现为企业通过销售商品、提供劳务取得的营业收入。综合收益表中的收入应当有别于其他收益。

(2)其他收益。除了收入以外,其他收益一般表现为对外投资获取的股利收入和利息收入;对外出租固定资产取得的租金收入;等等。

(3)存货中产成品和在产品的变动。采用实地盘存法,需要根据存货的变动

调整计入当期损益的费用。产成品和在产品的减少增加了计入损益的费用;而产成品与在产品的增加应相应冲减计入损益的费用。

(4)耗用的原材料和消耗品。采用实地盘存法,需要将当期购入原材料和消耗品发生的支出确认为费用计入当期损益。

(5)员工福利费用。按照费用性质确认的员工福利费用,是指企业所有员工的福利费用;包括计入产品和劳务成本的员工福利费用以及计入期间费用的员工福利费用。

(6)折旧与摊销费用。按照费用性质确认的折旧与摊销费用,是指企业所有固定资产计提的折旧费用和无形资产的摊销费用;包括计入产品和劳务成本的折旧与摊销费用以及计入期间费用的折旧与摊销费用。

(7)其他费用。除了以上费用以外,企业还有可能发生一些其他的费用,例如支付的租金和借款利息、确认的资产减值损失等。

(二)费用按其功能分类的列报

费用按其功能进行列报的例子如下:

(1)收入。企业应按照 IFRS 15 的规定确认销售商品确认的收入、提供劳务确认的收入以及使用费收入。专业租赁公司确认融资租赁收入应执行 IFRS 16 的规定。

(2)销售成本。广义的销售成本,包括产成品的成本、外购商品的成本以及提供劳务的成本。产成品的成本和商品成本在产品或商品被销售时转化为销售成本。劳务成本在发生时直接计入当期损益。

产成品和外购商品的成本核算应执行 IAS 2 的规定。

(3)推销费用。推销费用即为了推销产品发生的相关销售费用。这些销售费用一般可划分为三部分:广告宣传等商品推销费用、商品销售过程中发生的相关费用和商品销售后发生的相关售后服务费用。

(6)行政管理费用。行政管理费用是指企业行政管理部门发生的为组织与管理企业的生产经营活动发生的办公费、水电费、行政管理用固定资产的折旧费和维修费、无形资产摊销费、业务招待费等费用。

(7)其他费用。除了销售与行政管理费用以外,应当从毛利中扣除的费用,包括利息费用、借款手续费等财务费用和其他费用。

IAS 1 规定,企业如果按其费用的功能分类,应当增加披露费用性质的信息,包括折旧费用、摊销费用以及员工福利费用。

【案例 8-1】意大利 ASTM 公司的费用列报

ASTM 公司 2016 年合并利润表中的费用,是按照费用性质进行列报的。列报的费用项目包括：人工成本,劳务成本,原材料成本,其他成本,固定资产的资本化成本,摊销、折旧与资产减值费用,非补偿应归还资产的养护、重置与修复费用,其他风险与应付款准备费用,财务费用等。

(1)固定资产的资本化成本是指企业发生的符合固定资产确认条件应予以资本化处理的成本,作为减项从计入当期损益的成本费用中扣除。(2)非补偿应归还的资产是指确认为无形资产的公路特许经营权。按照特许经营合同的约定,企业不能从政府获取相应的补偿资金,但需要在特许经营期限届满将该资产无偿归还政府。(3)财务费用包括利息费用、其他财务费用和权益投资的减值费用。

【案例 8-2】澳大利亚 Transurban 集团的费用列报

在该公司截至 2017 年 6 月 30 日会计年度的合并综合收益表中,费用也是按照其性质列报的,费用项目包括:(1)员工福利费用;(2)道路经营成本;(3)建造成本;(4)交易与综合费用;(5)公司管理费用和其他费用;(6)摊销费用;(7)折旧费用;(8)财务费用净额;(9)所得税费用。

根据附注中提供的资料:在综合收益表中列报的财务费用净额,是指财务费用扣除财务收益后的净额。财务收益包括银行存款利息收益、持有至到期投资收益等。

第二节　企业的成本和费用

一、产品和劳务成本

(一)成本与费用概念的界定

成本的概念有别于费用的概念。成本的一般概念是指为取得资产付出的经济代价,这些经济代价被界定为成本构成相关资产的入账价值。

例如,企业为购买存货支付的价款,构成了该项存货的采购成本;为购买设备支付的经济代价,构成了该项设备的初始计量成本;企业为建造房屋建筑物等不动产付出的经济代价,构成了不动产的成本;等等。

当存货被售出时,存货的成本转化为费用,计入当期损益;当固定资产、无形资产被使用时,其价值摊销转化为费用,计入当期损益。

(二)实物资产成本

1. 存货成本

存货包括原材料、在产品、半成品、产成品、商品等。

（1）原材料、在产品和半成品在生产中被耗用时，其成本转入所制造产品或提供劳务的成本。

（2）半成品、产成品和商品被销售时，其成本转化为费用，计入当期损益。

（3）劳务在提供的同时被耗用，对此劳务成本转化为费用，计入当期损益。

2. 不动产、厂房、设备和无形资产成本

企业在计提资产折旧和摊销无形资产时，其折旧费用和摊销费用可根据职业判断进行以下区别处理：

（1）为生产产品和自行建造不动产、厂房和设备发生的折旧费用和摊销费用，计入相关资产的成本。

（2）为销售和提供劳务以及行政管理发生的折旧费用和摊销费用，计入当期损益。

（三）劳务成本

由于劳务不具有实物形态，一般在生产的同时即被销售与消费，对此劳务成本应当界定为费用直接计入当期损益。

劳务成本一般包括：

1. 运输成本

按照运输方式的不同，可进一步划分为道路运输成本、铁路运输成本、民用航空运输成本、水路运输成本、城市轨道运输业务成本等等。

按照提供运输服务的不同，可进一步划分为旅客运输成本、货物运输成本等。

2. 基础设施经营业务成本

基础设施经营一般纳入的政府特许经营的范畴。按照基础设施经济业务的不同，可进一步划分为公路特许经营业务成本、港口特许经营业务成本、民用机场特许经营业务成本等等。

3. 其他劳务成本

按照提供服务的不同，可进一步划分为邮电通信业务成本、娱乐业务成本、金融保险业务成本、文化体育业务成本等等。

二、经营费用

企业的经营费用应计入当期损益。

计入当期损益的经营费用包括以下两部分。

（一）计入当期损益的产品和劳务成本

企业为制造产品发生的成本，或为取得商品发生的相关成本，应在其销售时确认为费用，计入当期损益。

企业为提供劳务发生的相关成本,应在发生时确认为费用,计入当期损益。

(二)期间费用

企业的期间费用,包括销售费用、行政管理费用和财务费用。期间费用在发生时直接计入当期损益。

1. 销售费用

销售费用是指企业为销售商品发生的费用,或者企业的销售机构发生的相关费用,一般包括销售手续费、销售佣金、销售商品的运费、杂费等以及按照税法的规定需要缴纳的各种税费。

2. 行政管理费用

行政管理费用是指企业的行政管理部门发生的管理费用,一般包括公司经费、行政管理部门用固定资产的折旧费用、无形资产的摊销费用等。

3. 财务费用

财务费用是指企业为筹措和使用资金发生的费用。财务费用的主要内容是计入损益的借款利息费用。其他财务费用包括借款手续费、发行公司债券手续费等。

三、所得税费用

所得税费用是指按照企业所得税法和会计准则的规定计入当期损益的当期所得税和递延所得税。

(一)当期所得税

计入当期损益的当期所得税是按照企业所得税法规定的应纳税所得额和所得税率确认的。计算当期所得税的公式如下:

当期所得税 = 应纳税所得额 × 所得税率

(二)递延所得税

计入当期损益的递延所得税,是指以前年度形成的应计入当期损益的递延所得税,减去当期所得税中应当递延到以后会计年度的递延所得税的余额。

对此,计入当期损益的所得税费用可确认如下:

所得税费用 = 当期所得税费用 ± 递延所得税费用

= (应纳税所得额 ± 递延所得税资产或负债) × 所得税率

第三节　会计准则规范的特殊费用项目

一、职工薪酬费用

（一）职工薪酬概述

职工薪酬是中国会计准则走与国际趋同的发展之路后提出的新的理念。到2017 年底为止，伴随着企业会计准则和政府会计制度的先后出台与修订，职工薪酬的概念已分别在企业和行政事业单位的会计制度规范中得以明确。

1. 职工薪酬准则

2006 年 2 月财政部印发的 CAS 9，自 2007 年 1 月 1 日起在上市公司施行。2014 年 1 月 27 日财政部印发了修订后的 CAS 9，自 2014 年 7 月 1 日起施行。

CAS 9（2006）首次明确并规范了职工薪酬的概念，以及职工薪酬确认与计量的一般事项。与 CAS 9（2006）相比，CAS 9（2014）进一步明确和充实了带薪缺勤、利润分享计划、离职后福利、辞退福利等事项的确认与计量，引入了其他长期职工福利的概念，进一步完善了职工薪酬的会计处理。

科学规范由于企业提供的补充养老保险、医疗保险等职工福利引发的应付长期职工薪酬的确认和计量事项，是 CAS 9（2014）的主要特点。

在 IFRS 体系中规范职工薪酬核算的准则是 IASB 于 2011 年 6 月 16 日修订后发布的 IAS 19。

按照 IAS 19 的解释，该准则规范的会计处理包括：（1）将员工提供的用于交换未来支付员工福利的服务确认为一项负债；（2）将企业耗用的员工为交换员工福利提供的服务确认为一项费用。

CAS 9（2014）采取了与 IAS 19 基本趋同的表述和规定。

除了以股份为基础支付的薪酬以外，其他职工薪酬的确认与计量都需要执行CAS 9 的规定。

2. 职工薪酬

CAS 9（2006）中曾将职工薪酬定义为"企业为获得职工提供的服务而给予各种形式的报酬以及其他相关支出"。相比较之下，CAS 9（2014）突出了补偿的含义，并将该定义修改为"企业为获得职工提供的服务或解除劳动关系而给予的各种形式的报酬或补偿"。

IAS 19 中明确的是员工福利的概念，并将其定义为"主体为换取员工提供的服务支付的各种方式的对价"。为企业提供服务的员工,包括全职人员和兼职人员;长期工和临时工。企业董事会成员和其他管理人员也包括在内。

3. 职工薪酬的构成内容

按照 CAS 9 的规定,职工薪酬由四部分构成:(1)短期薪酬;(2)离职后福利;(3)辞退福利;(4)其他长期职工福利。企业提供给职工配偶、子女、受赡养人、已故员工遗属及其他受益人等的福利,也属于职工薪酬。

IAS 19 认为,将职工薪酬划分为四部分,是因为这四部分具有不同的确认与计量的特征要求。

(二)职工薪酬确认与计量的一般要求

1. 职工薪酬确认的一般要求

职工薪酬应当区别以下两种情况分别确认:

(1)支付给职工和为职工支付的薪酬。支付给职工的薪酬和为职工支付的薪酬与职工为企业提供的服务有关,故应当在职工提供服务的会计期间确认应支付的薪酬以及应为职工支付的薪酬。

(2)补偿给职工的薪酬。企业一般是在职工被辞退的情况下按照有关规定或者用人合同的约定向职工提供补偿金的。由于职工不再向企业提供服务,故应当在职工被辞退的会计期间确认应补偿给职工的薪酬。

2. 职工薪酬计量的一般要求

职工薪酬也应当区别以下两种情况分别计量:

(1)在职工提供服务的会计期间结束后的一年内支付。职工薪酬一般是在资产负债表日确认。故将在职工提供服务的会计期间结束后的一年内支付的职工薪酬,应按照支付金额确认为企业的一项流动负债。

CAS 9 中定义的短期薪酬,基本符合这一特征。离职后福利、辞退福利中的一部分也符合这一特征。

(2)在职工提供服务的会计期间结束后的一年后支付。在职工提供服务的会计期间结束后的一年后支付的职工薪酬,应按照支付金额的现值确认为企业的一项非流动负债。

这属于长期职工福利的概念,包括辞退福利和离职后福利的一部分以及其他长期职工福利。

(三)短期薪酬确认与计量

1. 短期薪酬及其确认

短期薪酬是指企业在职工提供相关服务的年度报告期间结束后十二个月内需要全部予以支付的职工薪酬,因解除与职工的劳动关系给予的补偿除外。

短期薪酬一般包括职工工资、奖金、津贴和补贴,职工福利费,医疗保险费、工伤保险费和生育保险费等社会保障费,住房公积金,工会经费和职工教育经费,短期带薪缺勤,非货币性福利,短期利润分享计划等。

企业应在职工为其提供服务的会计期间,将实际发生的短期薪酬确认为负债;并根据职工提供服务的受益对象,分别计入资产成本或者当期损益。

(1)计入产品和劳务成本。一般来说,直接生产人员和生产管理人员的短期薪酬,计入产品成本或劳务成本。这些短期薪酬,或者直接计入产品或劳务成本;或者计入制造费用、施工管理费、营运间接费用等间接费用,并通过适当的分配方式计入产品或劳务成本。

(2)计入在建工程和无形资产成本。从事基本建设工程等工程项目人员的短期薪酬,以及从事无形资产开发人员的短期薪酬,如果符合 CAS 4 或 CAS 6 的规定可予以资本化,计入在建工程成本或无形资产开发成本。

(3)计入期间费用。企业行政管理人员和销售人员的短期薪酬,分别计入管理费用和销售费用。

2. 短期薪酬计量

计入当期损益或相应资产成本的短期薪酬,一般反映了企业应支付给职工以及为职工支付的短期薪酬。企业应按照实际发生额进行计量。

有特殊计量要求的短期薪酬是短期带薪缺勤。带薪缺勤是指企业支付工资或提供补偿的职工缺勤,包括年休假、病假、伤残假、婚假、产假、丧假、探亲假等。

按照不同的计量要求,带薪缺勤划分为累积带薪缺勤和非累积带薪缺勤。

(1)累积带薪缺勤。累积带薪缺勤是指带薪缺勤权利可以结转下期的带薪缺勤,本期尚未用完的带薪缺勤权利可以在未来期间使用。

对于累积带薪缺勤,企业需要在资产负债表日预计确认未来有可能承担的支付带薪缺勤的义务。

IAS 19 中列举的与短期带薪缺勤有关的例证是:某企业拥有 100 名员工。按照企业的规定,每名员工每年可获得 5 天的带薪病假缺勤福利。未使用的病假缺勤福利可递延到下一日历年度,并采用 LIFO 基础进行结算。20×8 年 12 月 31 日平均每位员工有两天的未使用病假福利。该企业按照过去的经验估计,20×9 年 92 名员工使用的病假不会超过 5 天;其他 8 名员工平均使用的病假天数为 6.5 天。

按此推断,20×8 年 12 月 31 日该企业需要确认的病假福利天数为 12 天(8 名员工,每人 1.5 天),并确认一项金额相当于 12 天病假工资的负债。

如果平均每天员工工资为 400 元,这些员工均为企业的管理人员,则确认的职工薪酬 4800 元应计入管理费用。

(2)非累积带薪缺勤。非累积带薪缺勤,是指带薪缺勤权利不能结转下期的带薪缺勤,本期尚未用完的带薪缺勤权利将予以取消,并且职工离开企业时也无权获得现金支付。

按照 CAS 9 的规定,企业应当在职工实际发生缺勤的会计期间确认与非累积带薪缺勤相关的职工薪酬。如果女职工按照国家的规定休产假,则应当将产假期间的职工薪酬计入缺勤的会计期间。

(四)离职后福利确认与计量

1. 离职后福利

离职后福利是指企业为获得职工提供的服务而在职工退休或与企业解除劳动关系后,提供的各种形式的报酬和福利。辞退福利与职工提供的服务无关,所以辞退福利不属于离职后福利。

企业为职工缴纳的失业保险费和养老保险费,属于离职后福利的组成部分。如果企业承担了为退休人员缴纳医疗保险、人寿保险等义务,也属于离职后福利的范畴。

CAS 9 要求企业将离职后福利计划分类为设定提存计划和设定受益计划,并在此基础上确认与计量离职后职工福利。

2. 设定提存计划

设定提存计划是指向独立的基金缴存固定费用后,企业不再承担进一步支付义务的离职后福利计划。企业应当在职工为其提供服务的会计期间,将根据设定提存计划计算的应缴存金额确认为负债,并计入当期损益或相关资产成本。

按照 IAS 19 的解释,采用设定提存计划,企业的职责是按照该计划向离职后福利基金或者保险公司交纳提存金,然后由该基金或者保险公司用提存款以及用提存款投资的收益向离职员工支付离职后的福利。获得的离职后福利低于预期的风险由离职员工承担。

企业为职工缴纳的失业保险费和养老保险费,符合设定提存计划的基本特征,故应将确认缴纳的金额计入相关成本费用项目。

3. 设定受益计划

设定受益计划是指除设定提存计划以外的离职后福利计划。设定受益计划不仅适用于离职后福利计划,也适用于其他长期福利计划。与设定提存计划不同,与离职后福利有关的设定受益计划是企业根据一定的标准(包括职工服务年限、工资水平等)确定每个职工离职后每期的年金收益水平,由此测算出企业每期应为职工缴费的金额。

设定受益计划的核算取决于设定受益计划的具体内容。不同内容的设定受益计划具有不同的核算要求。

2011 年 2 月 12 日发布的《企业年金基金管理办法》(中华人民共和国人力资源和社会保障部、中国银行业监督管理委员会、中国证券监督管理委员会、中国保险监督管理委员会令第 11 号)、2017 年 12 月 18 日发布的《企业年金办法》(中华人民共和国人力资源和社会保障部 中华人民共和国财政部令第 36 号)等有关规定,对设定受益计划的会计处理有重要的影响。

按照 IAS 19 的解释,采用设定受益计划,企业需要承担向在职员工和离职后的员工提供商定福利的义务。这样,支付比预期更多的福利的风险以及投资风险将实质性地由企业承担。

CAS 9 提出,企业对设定受益计划的会计处理通常包括下列四个步骤:

(1)计量设定受益计划义务。企业应根据预期累计福利单位法,采用无偏且相互一致的精算假设对有关人口统计变量和财务变量等做出估计,计量设定收益计划所产生的义务,并确定相关义务的归属期间。企业还应当按照一定的折现率将设定收益计划所产生的义务予以折现,以确定设定收益计划义务的现值和当期服务成本。

(2)确定设定受益计划的资产或负债。设定受益计划存在资产的,企业应当将设定受益计划义务现值减去设定受益计划资产公允价值所形成的赤字或盈余确认为一项设定受益计划净负债或净资产。

按照 IAS 19 的解释,设定收益计划资产反映了企业通过支付价款设置与设定受益计划相关的年金基金或购买与设定收益计划相关用途的保单形成的资产。

设定受益计划存在盈余的,企业应当以设定受益计划的盈余和资产上限两项的孰低者计量设定受益计划净资产。其中,资产上限,是指企业可从设定受益计划退款或减少未来对设定受益计划缴存资金而获得的经济利益的现值。

(3)确定应当计入当期损益的金额。应当计入当期损益的金额包括当期服务成本、过去服务成本、结算利得和损失以及设定受益计划净负债或净资产的利息金额。

(4)确定应当计入其他综合收益的金额。应计入其他综合收益的金额是重新计量设定收益计划净负债或净资产的变动,具体包括精算利得或损失,即由于精算假设和经验调整导致之前所计量的设定受益计划义务现值的增加或减少;计划资产回报扣除包括在设定受益计划净负债或净资产的利息净额中的金额;以及资产上限影响的变动扣除包括在设定受益计划净负债或净资产的利息净额中的金额。

计入其他综合收益的金额,在后续会计期间不允许转回至损益,但企业可在权益范围内转移这些在其他综合收益中确认的金额。

设定受益计划概念的提出及其实施,对会计核算提出了新的要求。首先,也许有必要通过设置"设定受益资产"科目,核算确认的与设定受益计划相关的设定受益资产;其次,设定受益计划导致产生的与职工薪酬相关的长期负债,是通过专门设置"长期应付职工薪酬"科目,还是在"预计负债"科目中核算,值得进一步研究。

(五)辞退福利确认与计量

1. 辞退福利

辞退福利是指企业在职工劳动合同到期之前解除与职工的劳动关系,或者为鼓励职工自愿接受裁减而给予职工的补偿。

2. 辞退福利确认

CAS 9 规定,向职工提供辞退福利的,应在下列两者孰早日确认辞退福利产生的职工薪酬负债,并计入当期损益:(1)企业不能单方面撤回因解除劳动关系计划或裁减建议所提供的辞退福利时;(2)企业确认与涉及支付辞退福利的重组相关的成本或费用时。

企业如有实施的职工内部退休计划,虽然职工未与企业解除劳动关系,但基于双方意愿,企业承诺提供实质上类似于辞退福利的补偿,符合辞退福利计划确认预计负债条件的,比照辞退福利处理。

企业应将自职工停止提供服务日至正常退休日的期间拟支付的内退人员的工资和缴纳的社会保险费等,确认为应付职工薪酬(辞退福利),不得在职工内退后各期分期确认因支付内退职工工资和为其缴纳社会保险费而产生的义务。

3. 辞退福利计量

IAS 19 认为,应根据员工福利的性质进行计量。这些员工福利可能包括:(1)作为其他离职后福利的增加;(2)作为一项短期员工福利;(3)作为一项其他长期员工福利;等等。

对此,辞退福利的计量根据不同情况应采取以下不同方式:(1)将辞退福利计入当期损益。如果辞退福利在解除劳动关系时一次性补偿,可视同为一项短期薪酬在确认一项负债的同时将其计入当期损益;(2)将辞退福利的现值计入当期损益。辞退工作在一年内实施完毕、补偿款项超过一年支付的辞退计划(含内退计划),企业应当选择恰当的折现率,以折现后的金额进行计量,计入当期损益。折现后的金额与实际应支付的辞退福利的差额,作为未确认融资费用,计入以后各期的财务费用。

（六）其他长期职工福利确认与计量

1. 其他长期职工福利

其他长期职工福利是指除短期薪酬、离职后福利、辞退福利之外所有的职工薪酬,包括长期带薪缺勤、长期残疾福利、长期利润分享计划等。

IAS 19 中对其他长期员工福利的定义是:除了离职后福利和辞退福利以外的无需在员工提供服务的会计期间结束后 12 个月以内结算的员工福利。

按照 CAS 9 的规定,企业向职工提供其他长期职工福利,需要分别按照设定提存计划或设定收益计划进行确认与计量。

2. 长期利润分享计划

企业在职工为其提供相关服务的年度报告期间结束后十二个月内,不需要全部支付利润分享计划产生的应付职工薪酬,该利润分享计划属于长期利润分享计划。

职工只有在企业工作一段特定期间才能分享利润的利润分享计划,一般属于长期利润分享计划。

按照 CAS 9 的规定,企业在计量长期利润分享计划产生的应付职工薪酬时,应当反映职工因离职而无法享受利润分享计划福利的可能性。

3. 长期残疾福利计划

长期残疾福利是企业对因公导致残疾的职工提供的一种长期职工福利。长期残疾福利划分为与职工提供服务有关的长期残疾福利和与职工提供服务无关的长期残疾福利。

（1）与职工提供服务有关的长期残疾福利。长期残疾福利水平取决于职工提供服务期间长短的,企业应当在职工提供服务的期间确认应付长期残疾福利义务,计量时应当考虑长期残疾福利支付的可能性和预期支付的期限。

（2）与职工提供服务无关的长期残疾福利。长期残疾福利与职工提供服务期间长短无关的,企业应当在导致职工长期残疾的事件发生的当期确认应付长期残疾福利义务。

4. 长期带薪缺勤

企业需要在确认带薪缺勤义务的会计期间结束 12 个月以后支付的带薪缺勤福利,属于长期带薪缺勤福利。

例如按照某企业与职工签订的合同中的约定,当职工在本企业提供服务满 15 年后,可获得带薪休假三个月的职工福利。由于企业预期将在职工提供服务满 15 年后才提供该项福利,故其属于其他长期职工福利中的长期带薪缺勤。由于职工在提供服务届满 15 年前有可能离职,故需要对未来提供该项福利的最佳估计数来确认与计量应付职工薪酬。

按照 CAS 9 的规定,企业在职工为企业服务 15 年后向其提供的带薪缺勤福利,需要计入该职工提供服务的 15 年的会计期间。故如果预计 15 年后该职工的月薪为 20 000 元,则需要计入 15 年会计期间的职工薪酬为 60 000 元,平均每年 4 000 元;每月 333.3333 元。

由于每人 60 000 元属于对未来支付长期带薪缺勤的最佳估计,故当出现了职工离职的情况时,需要在资产负债表日重新估计企业承担的长期带薪缺勤义务并对形成的债务进行相应调整。

按照 CAS 9 的规定,企业应当对所有设定受益计划义务予以折现。对此企业有必要采取折现的方式确认计入各会计期间损益的职工薪酬。如果选择的折现率为 6%,则应当计入分年度损益的金额可计算如下:

$A \times (F/A, 6\%, 15) = 600\ 000$

$A = 600\ 000 \div 23.27597 = 25\ 777.66(元)$

每月应当确认的职工薪酬为:$25\ 777.66 \div 12 = 2148.14(元)$

二、借款费用

(一)借款费用概述

1. 借款费用准则

IASC 于 1984 年 3 月发布了 IAS 23,自 1986 年 1 月 1 日开始的会计年度生效;1993 年 12 月修订,1995 年 1 月 1 日起开始的会计年度生效;IASB 于 2007 年 3 月 29 日和 2008 年 5 月两次对该准则进行修订,自 2009 年 1 月 1 日开始的会计年度生效。

2001 年 1 月 18 日印发的《企业会计准则——借款费用》(财会[2001]7 号),是中国第一个涉及借款费用的具体准则。该准则自 2001 年 1 月 1 日起在所有企业施行。

2006 年 2 月财政部印发的 CAS 17,采取了与 IAS 23 趋同的借款费用会计处理规定。

2. 借款费用

借款费用是企业因借款而发生的利息费用和其他相关成本。这里的借款是一个广义的概念。借款包括从银行等金融机构以及其他单位和个人取得的借款,以及发行债券、融资租赁等方式取得的其他债务资金。IAS 23 提出,借款费用包括:(1)银行透支和借款的利息;(2)借款溢价和折价的摊销;(3)融资租赁财务费用;(4)界定为利息费用调整的外币借款汇兑差异。

（二）借款费用确认与计量

1. 借款费用确认

借款费用确认的核心问题,是如何通过必要的会计师职业判断,将发生的借款费用分别计入相关资产成本或当期损益。

按照借款费用准则的原则规定,能够直接归属于购买、建造或生产符合条件的资产的借款费用,构成该资产成本的一部分,应当予以资本化。

企业为建造一项固定资产(或不动产、厂房和设备)发生的借款费用,是指为建造固定资产取得借款发生的借款费用,包括借款手续费、借款利息等,应当计入所建造固定资产的成本。

当该项固定资产建造完毕投入使用后,与该项借款有关的利息费用,应当停止资本化,不得再计入固定资产成本,而是确认为一项费用。

其他借款费用应确认为一项费用。确认为一项费用的借款费用计入当期损益(财务费用)。

2. 借款费用计量

借款手续费的初始直接费用以及溢价和折价按照 CAS 22 的规定应计入各项金融负债的初始计量金额。借款费用应在资产负债表日采用实际利率法予以计算确认。借款费用一般应在月资产负债表日进行计算确认;根据具体情况也可简化为在每年年末资产负债表日进行计算确认。

2. 借款费用确认与计量涉及的主要问题

稳健原则的实施要求对予以资本化的借款费用进行严格的限定。对此借款费用确认与计量需要解决的主要问题,是如何科学把握借款费用开始资本化和停止资本化的时点。IAS 23 和 CAS 17 中均只有原则性规定,对此会计师的职业判断对科学确认与计量借款费用有重要的影响。

三、资产减值损失

（一）资产减值概述

资产减值,是指资产的可收回金额低于其账面价值。企业应当将发生资产减值计入当期损益。

对资产减值会计处理行为的规范,主要是资产减值准则。除此以外,存货准则、租赁准则、金融工具准则等也具有对特定资产减值会计处理行为的规范。

IASC 于 1998 年 6 月发布了 IAS 36,自 1999 年 7 月 1 日开始的会计年度生效;IASB 于 2004 年 3 月 31 日对该准则进行了修订,增加了对企业合并产生商誉减值的规范等内容,自 2004 年 4 月 1 日开始的会计年度生效。2008 年 5 月进行部分修订,从 2009 年 1 月 1 日开始的会计年度生效。2009 年 4 月 16 日根据 2009 年国际财务报告准则年度改进报告中有关商誉减值测试的内容进行修订,从 2010 年 1 月 1 日开始的会计年度生效。

1993 年 7 月 1 日开始的财务会计改革,建立了计提应收账款坏账准备和存货跌价准备的制度,拉开了中国计提资产减值准备的序幕。

2000 年 12 月印发的《企业会计制度》中,将资产减值准备扩大到了八项,包括应收账款坏账准备、存货跌价准备、长期股权投资减值准备、固定资产减值准备、工程物资减值准备、在建工程减值准备、无形资产减值准备和贷款减值准备。

2006 年 2 月财政部印发的 CAS 8,采取了与 IAS 36 基本趋同的资产减值账务处理规定。

(二)资产减值包括的范围

资产减值涉及所有资产的减值。其中,存货减值、建造合同涉及的资产减值、递延所得税资产减值、员工福利涉及的资产减值、金融资产减值、按公允价值计量的投资性房地产减值、按公允价值计量的农业资产减值、保险合同资产减值、持有待售非流动资产减值等适用于相关准则的规定,不属于 IAS 36 规范的内容。

这样,适用于 IAS 36 的资产减值,主要是固定资产和无形资产(含商誉)。由于财政部要求将"商誉""在建工程"和"工程物资"在资产负债表中单独列示,故 CAS 8 中也规范了计提商誉减值准备、在建工程减值准备和工程物资减值准备等事项。此外,CAS 2 要求长期股权投资的减值,执行 CAS 8 的规定。

(三)资产减值损失确认与计量

1. 资产减值涉及相关概念的讨论

资产减值是稳健性的体现。一般来说,当一项资产的公允价值低于其账面价值时,需要计提资产减值准备,并将减值损失计入当期损益。当资产公允价值超过其账面价值时则无须进行会计处理。

显然资产减值的理念与 IASB《概念框架 2010》中的中性质量特征是不符的。这方面的协调工作 IASB 正在安排进行。

资产减值涉及资产减值损失、账面金额、可回收金额、使用价值等概念。

资产减值将产生两方面的影响:(1)计提的减值准备需要从相关资产的账面价值中予以抵减,在资产负债表中列示;(2)形成的资产减值费用计入当期损益(资产减值损失)。

资产减值损失是指一项资产的账面金额超过了其可收回金额。企业应将账面金额与可收回金额之间的差额确认为资产减值损失。

账面金额(或账面价值)是指一项资产扣除累计折旧(摊销)和累计减值准备

后确认的金额。

可收回金额是指一项资产的公允价值减去销售费用后的余额与其使用价值之间的较高者。

使用价值是指在未来连续使用一项资产以及在使用期末处置该项资产预期可获得现金流量的折现值。

2. 资产减值损失确认和计量

IAS 36 中有以下有关资产减值损失确认的规定:(1)当一项资产的可收回金额低于其账面价值时,应确认其减值损失;(2)资产减值损失作为一项费用计入损益;(3)如果资产减值属于对资产的重估,其价值变动直接计入权益;(4)需要调整未来期间的折旧。

如果按照平均年限法计提固定资产折旧,则确认固定资产减值损失后的年折旧额的计算公式应调整为:

年折旧额 = (固定资产原值 - 已累计折旧 - 固定资产减值准备) ÷ 剩余使用年限

如果凯撒实业有限公司拥有原值为 1000 万元的生产设备,预计使用寿命为 10 年,采取直线法折旧,不考虑净残值的影响,每年折旧额为 100 万元。

2018 年 12 月 31 日(资产负债表日),该公司的会计师做出职业判断,该公司拥有的该项设备包括本年计提折旧 100 万元在内,累计折旧 200 万元,账面金额为 800 万元;但估计其可收回金额为 720 万元,故需要计提 80 万元的设备减值损失,计入 2018 年损益。

确认减值损失后,该公司该项资产未来 8 年的折旧额调整计算如下:

平均年折旧额 = (1000 — 200 — 80) ÷ 8 = 90(万元)

(四)资产减值损失的转回

IAS 36 中有以下有关资产减值损失转回的规定:(1)以前年度确认的资产减值损失不存在或者减少,可以转回已确认的减值损失;(2)对于因折现展开而导致可回收金额高于其账面金额,不能转回;(3)资产减值损失转回导致账面金额的增加,不应当超过资产以前年度没有确认资产减值损失时的账面价值;(4)减值损失的转回金额需要作为一项收益在利润表中确认;(5)调整未来期间的折旧;(6)商誉减值损失不允许转回。

IAS 36(1998)曾允许将以前年度计提的商誉减值损失转回。IAS 36(2004)则明确禁止将商誉减值损失转回。

如果 2019 年 12 月 31 日凯撒实业有限公司的会计师在计提了当年 90 万元折旧后对该项设备的可回收金额再次做出职业判断,发现其可回收金额为上升至

720万元,比计提折旧和减值准备后的账面金额630万元超过了90万元。这意味着,上年确认的资产减值损失已不存在,需要在其确认资产减值损失范围内转回。对此会计师做出以下确认的决定:(1)转回2018年确认的设备减值损失80万元,作为收益计入2019年损益;(2)重新调整未来7年的折旧额。计算如下:

平均年折旧额 = (720 + 80 − 90) ÷ 7 = 10.14(万元)

与IAS 36的规定不同,CAS 8不允许固定资产、无形资产等资产计提的减值准备予以转回,主要是为了防范一些企业有可能利用资产减值损失的转回政策来人为调节企业的分期利润。该规定虽然有些不尽合理,但在企业全面建立并有效实施内部控制制度以前,仍具有一定的必要性。

与CAS 8的规定不同,CAS 1、CAS 22等相关准则仍允许企业将计提的存货跌价准备、应收账款坏账准备等予以转回。

四、股份支付费用

(一)股份支付准则概述

IFRS 2和CAS 11分别在各自的实施范围内规范了企业的股份支付行为。

IFRS 2由IASB于2004年4月正式发布,从2005年1月1日开始的会计年度生效;2008年1月17日对该准则进行了部分修订,从2009年1月1日开始的会计年度生效。2009年4月根据2009年年度改进报告修订,从2009年7月1日开始的会计年度生效。2009年6月18日对股份支付交易中的集团现金结算内容进行修订,从2010年1月1日开始的会计年度生效。

2011年针对IFRS 13的发布,IASB对IFRS 2进行了从属性修改,提出"本准则使用的术语'公允价值'在某些方面与IFRS 13中公允价值的定义不同。因此,当主体采用IFRS 2时,应根据本准则进行公允价值计量,而不是IFRS 13。"这意味着IFRS 2中公允价值概念与IFRS 13中的公允价值概念并不完全相同。

2014年11月,IASB发布了《以股份为基础的支付交易的分类和计量(征求意见稿)》,并拟据此对IFRS 2中分类和计量的相关内容进行修改。

2006年2月15日财政部印发的CAS 11,是中国第一次对企业股份支付会计处理行为进行的规范。随后,财政部在相关会计准则解释中对股份支付事项按照IASB对IFRS 2的修改做出了某些调整。

(二)股份支付费用涉及相关概念的讨论

股份支付金额之所以确认为一项费用,是由于企业是用支付的股份来换取员工提供的服务。CAS 11指出,股份支付是指企业为获取职工和其他方提供服务而授予权益工具或者承担以权益工具为基础确定的负债的交易。

IFRS 2 中采取了"以股份为基础的支付交易"的表述。按其界定,以股权为基础的支付是指企业为接受或获取物品或劳务而授予权益工具或承担以企业的股份或其他权益工具价格为基础确定的债务的交易。

股份支付划分为以权益结算的股份支付和以现金结算的股份支付。

1. 以权益结算的股份支付交易

以权益结算的股份支付交易,是指企业为获取商品或服务以股份或其他权益工具作为对价进行结算的交易。职工可通过向企业提供股份支付协议约定的服务,取得相应的股份或其他权益工具。

2. 以现金结算的股份支付交易

以现金结算的股份支付交易,是指企业为获取商品或服务承担以股份或其他权益工具为基础计算确定的交付现金或其他资产义务的交易。职工可通过向企业提供股份支付协议约定的服务,取得按照相应的股份或其他权益工具公允价值计量的现金或其他资产。

企业授予职工期权、认股权证等衍生工具或其他权益工具,对职工进行激励或者补偿,以换取职工提供的服务,实质上属于职工薪酬的组成部分。不同于一般职工薪酬的特点是:股份支付以权益工具的公允价值为计量基础。

(三)以权益结算股份支付的确认与计量

CAS 11 规定,以权益结算的股份支付换取职工提供服务的,应以授予职工权益工具在授予日的公允价值进行初始计量。

相比较之下,IFRS 2 规定,权益结算的股份支付,应按照接受的产品和劳务的公允价值进行计量。如果接受的产品和劳务的公允价值不能可靠地计量,应参照授予权益工具在授予日的公允价值进行计量。

有必要划分以下情况进行讨论。

1. 授予日即可行权的股份支付

授予日即可行权意味着授予日就是可行权日。授予日是指股权支付协议获得批准的日期;可行权日是指可行权条件得到满足、职工或其他方具有从企业获得权益工具或现金权利的日期。

授予后即可行权的股份支付,应当在授予日按照其权益工具的公允价值进行计量,并计入相关成本和费用,相应地增加资本公积。

企业支付的股份,通常是上市公司的股份;对此可按照该公司股票在授予日的市场交易收盘价,作为这些股份的公允价值。

如果华润实业股份有限公司按照与公司管理人员签订的股份支付协议,决定授予这些管理人员授予日公允价值为 10 万元的普通股,作为对这些管理人员以前对本公司所做贡献的回报。华润公司则需要在可行权日(授予日)将10万元的股份支付费用计入当期损益(管理费用),并相应地确认一项资本公积(其他)①。

在行权日,企业应当根据实际行权的权益工具数量,计算确定应当转入股本和资本溢价的金额,并进行相应的账务处理②。

行权日是指职工或其他方行使权利、获取权益工具的日期。

当华润公司行权时,假设这些股份的面值为20 000元,需要分别计入股本和资本公积(资本溢价),并相应地冲减资本公积(其他)。

2. 满足行权条件的股份支付

行权条件包括服务期限条件和业绩条件。业绩条件进一步划分为市场条件和非市场条件。合同中约定的服务期限条件一般要求职业员工或其他方只有在约定的服务期限届满后才能取得行权资格;市场条件意味着与权益工具市场价格相关的业绩条件,例如只能当权益工具的市场价格提升至一定水平才能行权;非市场条件意味着只有通过员工的主观努力使得企业实现了预期的盈利目标或销售目标才能行权。

如果满足一定的条件才可行权(即授予日不同于可行权日),依据CAS 11及其应用指南的规定,在授予日,企业不做任何账务处理;在等待期的各资产负债表日,应按照这些权益工具在授予日的公允价值以及对可行权权益工具数量的最佳估计,作为确认股份支付费用的主要依据。这意味着,授予日以后权益工具公允价值发生的变动,不再对股份支付费用产生影响。

等待期是指可行权条件得到满足的期间。

如果华润实业股份有限公司按照股份支付协议的约定,允许符合行权条件的公司管理人员按照60万元的价格购买一批公司的普通股,这批普通股按照授予日的公允价值计算为300万元。这意味着股份支付金额为240万元。

在等待期各资产负债表日,华润公司需要对可行权权益工具数量的最佳估计。如果可行权权益工具数量不变,等待期为两年,则第一个月资产负债表日需要确认的股份支付费用为10万元(240÷24)。

如果在等待第二年第一个月资产负债表日,由于个别管理人员的离职,使得

---

① 按照财政部会计司的解释,以权益结算的股份支付产生的所有者权益,计入资本公积(其他资本公积)(财政部会计司. 企业会计准则第2号——长期股权投资[M]. 北京:经济科学出版社,2014:51)

② 行权日这些股份的公允价值,有可能不同于授予日的公允价值。由于企业实际为此付出的经济代价是行权日这些股份的公允价值,故需要进一步讨论的问题是:应根据行权日还是授予日这些股份的公允价值来计量股份支付费用?

按照调整后的可行权权益工具数量计算的普通股的公允价值减少到 255 万元,股份支付金额相应地减少至 204 万元。则月末需要确认的股份支付费用为 7 万元 $[(204-120)\div12]$。

这样,到了可行权日,全部股份支付金额 204 万元均计入了等待期各会计期间的成本费用。

如果所有的股份都进行了行权,华润公司将收到 51 万元的行权价款,并将 25 万股计入股本和资本公积(股本溢价)。

行权日公司股票的市场交易价格(公允价值)的高低与其账务处理无关。

相比较而言,IFRS 2 的规定更为科学。但目前中国尚不具备用公允价值计量接受产品和劳务的条件。

(四)以现金结算的股份支付的确认与计量

以现金结算的股份支付,也需要划分为两类:授予后即可行权的股份支付,即授予日和可行权日为同一日期,应在授予日进行确认,并按照企业股份支付协议中应承担负债的公允价值计量;完成等待期内的服务或者达到规定业绩条件以后才可行权的股份支付,应在等待期内各会计期间的资产负债表日,以可行权情况的最佳估计为基础,按照企业承担负债的公允价值金额,将当期取得的服务计入成本费用并确认相应的负债。

依据 CAS 11 及其应用指南的规定,企业应在资产负债表日,按照对这些权益工具在可行权日公允价值的估计,作为确认股份支付费用的主要依据。这意味着,授予日以后权益工具公允价值发生的变动,也会影响资产负债表日确认的股份支付费用。

企业在资产负债表日确认股份支付费用,借记"管理费用""生产成本"等科目,贷记"应付职工薪酬——股份支付"科目①;行权日支付现金时,借记"应付职工薪酬——股份支付"科目,贷记"银行存款"等科目。

如果华润公司在股份支付协议中约定,管理人员如果在本公司连续服务二年,可获得相当于 10 万股股票在可行权日股价的现金奖励。

在等待期的第一个月的资产负债表日,如果预期可行权日的股价为每股 9 元,则应确认 37500 元(900000÷24)的股份支付费用。

在等待期的第二年的第一个月的资产负债表日,如果预期可行权日的股价将上升为每股 10 元,意味着需要计入成本费用的金额为 100 万元。由于第一年已

---

① 在等待期超过一年的情况下,资产负债表日确认的职工薪酬负债应界定为一项非流动负债。

确认了 45 万元的成本费用和相应的负债,则负债的公允价值 50 万元与其账面价值之间的差额 5 万元应计入当期损益(公允价值变动损益);第二年各月需要确认的股份支付费用金额为 41666.67 元(50÷12)。

如果可行权日的股价上升至每股 11 元,则在行权时公司签发 110 万元的支票对职工进行奖励。10 万元的股价变动计入当期损益(公允价值变动损益)。

(五)需要进一步讨论的问题

针对 CAS 11 和 IFRS 2 中的规范,有必要对以下问题进行关注。

1. 关于权益结算的股份支付

按照 CAS 11 的规定,需要按照授予日权益工具的公允价值,来作为确认股份支付费用的依据。如果存在着等待期,则可行权日或行权日权益工具的公允价值有可能与授予日权益工具的公允价值不相一致。这意味着,采取股份支付方式授予员工权益工具的公允价值,与计入成本费用的金额有可能不一致。对此,也许有必要借鉴 IFRS 2 的规定,按照可行权日或行权日权益工具的公允价值进行计量。

2. 关于股份支付的计量

按照 CAS 11 的规定,无论是权益结算的股份支付,还是现金结算的股份支付,计入成本费用的股份支付金额,取决于权益工具的公允价值与预期授予的权益工具的数量。即使在存在超过一年的等待期的情况下,CAS 11 也没有要求对预期的股份支付金额进行折现。

相比较之下,CAS 9(2014)中明确了对长期职工福利的计量进行折现的要求。

3. 股份支付协议变更对其会计处理的影响

由于安排的条款和条件的变更,以现金结算的股份支付可能转换为以权益结算的股份支付。另外,在有些交易中,新的以权益结算的股份支付结算或替代了以现金结算的股份支付。IFRS 2 和 CAS 11 中均没有专门规范此类情况。

对此 IASB 提出建议:(1)股份支付交易应参考由于变更而授予的权益工具在变更日的公允价值来计量;(2)在变更日终止确认前期关于以现金结算的股份支付的负债,同时根据截至变更日所提供的服务的程度,确认以权益结算的股份支付;(3)将变更日负债账面价值与同日所确认的权益金额之间的差额计入当期损益。

4. 股份支付涉及的纳税事项

IASB 提出,按照税收法律或监管要求,企业可能有责任按股份支付导致员工承担的纳税义务的金额,代扣税款并通常以现金方式将该项金额转交税务部门。为履行该义务,一些员工股份支付安排的条款允许或要求企业,从应在股份支付行权(或可行权)时发放给员工的权益工具总数量中,扣除与员工纳税义务货币价值等值数量的权益工具,以满足法定代扣税义务。

如果权益工具结算的股份支付涉及纳税到义务的扣除,将涉及对股份支付进行净额结算的问题。有必要对这一会计处理事项进行明确。

五、租赁费用

涉及租赁准则的讨论已经在第六章中进行。在本部分,主要讨论与承租人所涉及的租赁费用的确认与计量等事项。

2017年底IAS 17和CAS 21规范的租赁费用,划分为融资租赁费用和经营租赁费用。按照IFRS 16的规定,承租人不再区分融资租赁和经营租赁。鉴于CAS 21(2018)也开始征求意见,故本部分的讨论主要围绕着IFRS 16的规定进行。按照IFRS 16的规定,承租人不再区分经营租赁和融资租赁。除了短期租赁和低价值资产租赁采取简化会计处理以外,一般租赁费用的确认和计量,基本采取了IAS 17和CAS 21(2006)中有关融资租赁费用确认和计量的思路。

(一)一般租赁费用的确认与计量

一般租赁业务涉及的费用包括两项内容:(1)使用权资产的折旧费用;(2)租金中的内含利息费用。使用权资产的折旧费用进一步涉及使用权资产的确认和计量以及使用权资产的折旧年限和折旧方法;租金中的内含利息费用进一步涉及未确认融资费用的确认及其摊销。

1. 确认一项使用权资产的确认和计量

承租人应在租赁期开始日,将通过支付租金取得的使用租赁资产的权利,确认为一项使用权资产①,并相应地确认一项金融负债。

按照IFRS 16的规定,使用权资产应按其成本进行初始计量。使用权资产的初始计量成本包括:(1)租赁负债初始计量的金额;(2)租赁开始日发生的任何租赁费用,减去收到的任何租赁激励款项;(3)承租人发生的初始直接费用;(4)预计发生的与标的资产相关的其他费用。

CAS 21(2017)中还要求承租人为拆卸及移除租赁资产、复原租赁资产所在场地或将租赁资产恢复至租赁条款约定状态预计将发生的成本,也计入使用权资产成本,并按照CAS 13的规定进行计量。

---

① IFRS 16中采取了使用权资产的表述,意味着承租人取得的不是一项实物资产,而是在租赁期间使用实物资产的权利;对此使用权资产应属于无形资产的范畴;但IFRS 16仍要求对使用权资产进行折旧,这又具有取得的是一项有形非流动资产的特征。

租赁负债的初始计量金额,为租赁开始日尚未支付的租赁付款按照租赁内含利率计算的现值。如果租赁内含利率无法确定,应采用承租人的增支借款利率计算现值。

承租人为取得租赁资产使用权支付或承担的经济代价有:(1)按照租赁合同的约定分期支付的租金;(2)租赁合同约定的承租人需要在租赁期末为取得租赁资产支付的价款或根据承租人提供的余值担保预计应支付的款项;(3)为取得租赁资产发生的初始直接费用。承租人需要支付或承担的这些经济代价成为确认租赁资产入账价值的主要依据。

如果一项租赁合同约定承租人需要按照每年年末支付10万元租金的方式取得某设备10年期限的租赁权,并且允许承租人在租赁期末无偿取得租赁资产的所有权,则其租赁付款总额为100万元;按照8%的折现率计算,其租赁付款额的现值为:

租赁现值 = $100\ 000 \times (P/A, 10\%, 10) = 100\ 000 \times 6.7101 = 671\ 101.00(元)$

(1)如果租赁协议约定租赁期限届满承租人需要支付5万元取得租赁资产所有权,则租赁现值需要调整如下:

租赁现值 = $100\ 000 \times (P/A, 10\%, 10) + 50\ 000 \times (P/F, 10\%, 10)$

$= 100\ 000 \times 6.7101 + 50\ 000 \times 0.4632 = 694\ 261.00(元)$

(2)按照租赁合同的约定,承租人需要在租赁期限届满时向出租人移交租赁资产,且移交租赁资产的公允价值不得低于15万元(即标的资产的余值担保金额为15万元)。如果在租赁开始日承租人估计租赁期限届满时移交租赁资产的公允价值可能只有10万元,则需要在租赁开始日确认支付5万元担保金额的义务,并计入租赁付款额。

在这种情况下,租赁现值仍是694 261元。

(3)承租人发生的任何初始直接费用,计入租赁使用权资产价值。

2. 租赁付款额的确定

应付租赁款反映了承租人为取得租赁资产使用权预期需要发生的全部支出,包括需要分期支付的租赁费总额、在租赁期末为取得租赁资产支付的价款或者为余值担保需要支付的款项等。

3. 未确认融资费用的确定

承租人应当将未来需要支付的租金及其相关支出与租赁使用权资产入账价值之间的差额,确认为一项未确认融资费用。

4. 计提租赁资产折旧

IFRS 16规定,承租人一般应采用成本模式(即计提使用权资产折旧的方式)

进行后续计量。特殊情况下承租人还可选择公允价值或重估价值模式对使用权资产进行后续计量。

承租人应将使用权资产的折旧计入相关资产成本或者计入当期损益。

(1)确认计提使用权资产折旧的期间。按照 CAS 21(2018)中的表述,计提使用权资产的期间取决于以下判断:承租人能够合理确定租赁期届满时取得租赁资产所有权的,应在租赁资产使用寿命内计提折旧;无法合理确定租赁期届满时能够取得租赁资产所有权的,应在租赁期与租赁资产使用寿命两者孰短的期间内计提折旧。

这一表述存在的局限性是:在实务中,租赁资产的使用寿命不大可能短于租赁年限。对此可认为,如不能合理确定承租人在租赁期满后是否将取得资产的所有权,承租人有必要在租赁期限内计提全部折旧。

如果由于科技进步等方面的原因导致租赁资产继续使用失去了意义,承租人将承担资产闲置的损失。承租人不能因此单方面终止租赁合同,退租或拒绝继续缴纳租金。

但由于科技进步等原因所导致的租赁资产的实际使用年限低于租赁年限并无法在租赁期开始日就准确预计,对此也无法在租赁期开始日就能决定按照短于租赁年限的预计使用年限计提折旧。

(2)确定应计提折旧的金额。一般来说,如果租赁期限届满时租赁资产无偿归属承租人或者承租人打算按照租赁合同约定的价格取得租赁资产,则应计折旧总额可按照一般固定资产的要求确定,即按照租赁期开始日使用权资产的入账价值扣除其经济寿命结束时的预计净残值确定。

如果租赁期限届满租赁资产将移交给出租人,无论承租人或与其有关的第三方是否对租赁资产余值提供了担保,其应计折旧总额均为租赁期开始日使用权资产的入账价值。

5. 租赁负债的后续计量

租赁负债的后续计量涉及另一项租赁费用:租金中内含利息费用的计量。IFRS 16 中涉及的租赁负债后续计量事项有:(1)按照租赁负债的利率增加租赁负债的账面价值;(2)支付租赁费用时减少租赁负债的账面价值;(3)其他因素对其账面价值调整的影响。

按照 IFRS 16 中的表述,承租人应按照实际利率法摊销未确认融资费用,并计入当期损益。

如果租赁合同中约定的影响租赁付款的情况发生导致租赁付款出现变化的,需要重新计算租赁内含利率,并按照修正后的利率计算计入当期损益或相关资产成本的租赁费用。

6. 租赁期届满的账务处理

租赁期届满时涉及的需要进行会计处理的事项一般有以下三类:(1)承租人支付价款取得租赁资产;(2)向出租人移交租赁资产;(3)向出租人支付租赁资产公允价值低于余值担保的差额。

需要讨论的主要问题,是承租人可能需要向出租人支付的与余值担保相关的金额。如果某项租赁资产的余值担保金额为 15 万元,承租人在租赁期开始日预计租赁期限届满时租赁资产的余值为 10 万元,则计入使用权资产入账价值的金额为 5 万元。这样,需要进行的是租赁期限届满时租赁资产的公允价值与余值担保金额之间的比较。如果其公允价值超过了余值担保金额 15 万元,则应将原预计支付的 5 万元担保金额计入当期损益(资产处置收益);如果其公允价值低于余值担保金额 15 万元但超过了预计的 10 万元,应将多预计部分计入当期损益(资产处置收益);如果其公允价值低于余值担保金额差额超过了 2 万元,则应当将支付的差额计入当期损益(资产处置损失)。

(三)短期租赁和较低价值资产租赁费用的确认与计量

1. 短期租赁和较低价值资产租赁

IFRS 16 要求除了短期租赁和标的资产价值较低的租赁以外,承租人不再区分经营租赁和融资租赁,均需要在租赁开始日确认一项使用权资产和一项负债。这意味着,租赁费用不再区分经营租赁和融资租赁。

IFRS 16 中界定的短期租赁,是指租赁期限在 12 个月以内(含 12 个月)的租赁。有必要说明的是:租赁期限虽然短于 1 年,但包含购买选择权的租赁,不应当界定为短期租赁。

IFRS 16 中没有界定较低价值资产的价值标准,但在其解释中有 1000 美元的建议。企业有必要根据不同的情况对价值较低资产的价值标准做出规定并在附注中予以披露。

CAS 21(2018)中提出,对于短期租赁和低价值资产租赁,承租人可以选择不确认使用权资产和租赁负债。如果不选择,则纳入了一般租赁的范畴。

2. 短期租赁和较低价值资产租赁费用的确认和计量

IFRS 16 规定,短期租赁和较低价值的标的资产租赁业务支付的租金,应当在租赁期限内采用直线基础或其他系统基础进行分摊。

CAS 21(2018)中没有明确初始直接费用的会计处理。由于短期租赁和较低价值资产租赁不确认使用权资产和租赁负债,故其租赁初始直接费用应计入当期损益。

本章小结

本章主要讨论的是企业费用的确认与计量事项。企业为从事生产经营活动发生的费用,包括营业成本和期间费用。当企业向客户销售商品、提供劳务时,商品和劳务的成本转化为费用。确认与计量费用与企业确认经营损益有密切的关系,故费用的确认和计量成为财务会计的重要内容。

本章讨论的费用,包括销售商品、提供劳务发生的费用,以及特殊业务产生的费用,包括职工薪酬、借款费用、股份支付费用、资产减值损失、租赁费用等。不同的具体准则规范着特定领域费用的确认与计量,也影响并促进着费用确认与计量理论与方法的发展。

需要关注 IFRS 16 的正式实施以及 CAS 21 的修订对租赁费用确认的影响。

第九章

财务报告

现代企业是通过编制财务报告的形式对外提供企业的财务成本信息以及对决策有用的其他资料或信息。财务报表是企业财务报告的主要构成部分。编制与列报财务报表和财务报告,是现代企业财务会计的一项重要工作。

第一节　财务报表概述

一、财务报告和财务报表

（一）企业财务报表的构成

财务报告包括财务报表和其他应当在财务报告中披露的相关信息和资料。

IASB 体系中规范的财务报表,按照种类划分,包括财务状况表、综合收益表、现金流量表和权益变动表。

IAS 1 中认为,一套完成的财务报表,包括会计期末财务状况表,会计期间的综合收益表、权益变动表和现金流量表,由重要会计政策和其他解释信息构成的附注,以及当某主体采取需要追溯的会计政策、在财务报表中追溯重列相关项目或在财务报表中重新分类相关项目时的最早比较会计期间期初的财务状况表。

公司集团需要编制合并财务报表,包括合并财务状况表、合并综合收益表、合并现金流量表和合并权益变动表。

按照财务报告涵盖的会计期间,财务报告划分为年度财务报告和中期财务报告。

CAS 体系中则采取的是"财务会计报告"的表述。《基本准则》的规定,财务会计报告包括会计报表及其附注和其他应当在财务会计报告中披露的相关信息和资料。会计报表至少应当包括资产负债表、利润表、现金流量表等报表。

其中,会计报表及其附注构成财务报表;财务报表和其他应当披露的相关信息和资料构成了财务报告。

(二)企业财务报告的目标

明确企业财务报告的目标要解决的主要问题有:为什么要编报财务报告?财务报告应提供哪些信息?等等。财务报告的目标一般涉及两个核心理论或观点。

1. 决策有用观

决策有用观的基本观点是,财务报告应当向其使用者提供对其决策有用的信息。

1953 年,乔治·J. 斯托布斯教授在美国芝加哥大学首次提出了"决策有用观"理论,并于 1961 年在其著作《投资者的会计理论》中完善了该理论。他提出,会计的目标,是提供有助于做出决策的信息。有助于决策的信息,必须是与投资者因投资关系而预期产生的现金流量的时间和金额的信息。

1973 年成立的 FASB 认可了这一观点。FASB 于 1978 年正式发布的《财务会计概念公告第 1 号——商业企业财务报告的目标》中采取了"决策有用观"的观点。

葛家澍先生曾认为:"受托责任观"适用于所有者和受托者都十分清晰的市场经济环境。"决策有用观"适用于资本可以趋利性流动、所有者(委托者)缺位和模糊的市场经济环境①。

2. 受托责任观

受托责任是指资源的管理者所承担的、对资源所有者交付资源进行有效经营和管理的责任。受托责任是按照委托代理原则所确立的,资源所有者作为委托方,有关要求受托方履行好受托责任,并通过编制财务报告的形式来报告受托责任的履行情况。

美国会计学家 A. G. 利特尔顿和 W. A. 佩顿于 1940 年出版的《公司会计准则绪论》一书,建立了"受托责任观"下财务报告目标的基本框架,并以历史成本法为基础,讨论了公司收入和成本、收益、费用和盈余的概念,对以后的会计准则相关理论具有极其重要的影响②。

曾担任美国会计学会会长的美籍日裔会计学者井尻博士在其编著的《会计计量理论》一书中将受托责任的概念扩大到了"因宪法、法律、合同、组织规则、风俗习惯甚至口头合同而产生的一个公司对其股东、债权人、雇员、客户、政府或有关

---

① 葛家澍. 关于市场条件下会计理论与方法的若干观点[J]. 财会月刊,1995(5)
② 天职国际会计师事务所(特殊普通合伙)专业技术委员会. 会计准则内在逻辑[M]. 北京:中国财经出版传媒集团中国财政经济出版社,2016:3

联的公众承担的受托责任",以及"公司内部下级对上级应承担的受托责任",并主张用 Accountability 一词来体现受托责任。他认为,反映资源受托方受托责任的关键指标,是企业的经营业绩;对经营业绩的计量,应采用统一的、可验证的计量方法。故其认为,历史成本法应当作为会计计量的主要方法①。

3. 对决策有用观和受托责任观的评价

IAS 1 中明确提出,财务报表的目标,是提供有关某主体财务状况、财务业绩和现金流量的信息,这些信息有助于广泛区域的使用者制定经济决策。财务报表还反映主体管理层对受托资源经营管理责任的成果。

这意味着,IAS 1 采取的是以决策有用为主、兼顾受托责任的观点。不可否认,IAS 1 中的观点,受到了当时 IASC《框架 1989》的影响。

《基本准则》中规定,企业应当编制财务会计报告。财务会计报告的目标是向财务会计报告使用者提供与企业财务状况、经营成果和现金流量等有关的会计信息,反映企业管理层受托责任履行情况,有助于财务会计报告使用者做出经济决策。

这表明,《基本准则》中采取的是决策有用和受托责任相结合的观点。

但 IASB《概念框架 2010》中针对通用目的财务报告目标的表述,采取的则是决策有用的观点,不再涉及受托责任。IASB 认为,报告主体的管理层同样关注主体的财务信息。但管理层并不需要依赖通用目的财务报告,因为他们可从主体内部获取财务信息。

本书支持决策有用的观点。这是因为现代财务报告的主要用户是企业外部的关系人,包括政府部门,税务机关,企业现有和潜在的投资者、债权人,企业的供货商和其他关系人,高校以及其他机构的研究人员等等。这些用户只能从对外财务报告中获取相关财务会计信息;获取财务会计信息的主要目的是用于投融资决策和其他经济决策,以及从事与该企业相关的经济研究。这些需求,与企业是否履行了受托责任没有直接联系。

在建立企业管理会计体系的前提下反映企业受托责任履行情况的报告应当是管理会计报告以及其他所需的报告。体现企业管理当局履行受托责任情况的报告中所采用的相关资料和信息,具有灵活多样的特点,无须受会计准则的限定;报告中的一些解释也许并不便于对外公开;这就使得企业管理当局履行受托责任情况的报告,应当有别于企业的财务报告;财务报告应当按照对外部关系人决策

---

① 天职国际会计师事务所(特殊普通合伙)专业技术委员会. 会计准则内在逻辑[M]. 北京:中国财经出版传媒集团 中国财政经济出版社,2016:4

有用的基本要求进行编制和规范。

二、财务报表准则

（一）IFRS 体系中涉及财务报表的准则

IFRS 体系中有关规范财务报表编制行为的准则如下。

1. 财务报表列报

IASC 于 1997 年 8 月修订后发布了 IAS 1，从 1998 年 7 月 1 日开始的年度生效，取代了 IASC 于 1975 年 10 月发布的《IAS 1：会计政策的披露》、1976 年 10 月发布的《IAS 5：财务报表应披露的信息》和 1979 年 11 月发布的《IAS 13：流动资产和流动负债的列报》。

IAS1 主要规范资产负债表、利润表和权益变动表的编报行为。

IASB 曾于 2003 年 12 月 18 日对该准则修订的内容从 2005 年 1 月 1 日开始的年度生效；2005 年 8 月修订的内容从 2007 年 1 月 1 日开始的年度生效。

2007 年 9 月 6 日，IASB 发布了修订后的 IAS 1（2007）。涉及的主要修改内容是：（1）将资产负债表更名为财务状况表；（2）引入综合收益概念，将利润表更名为综合收益表；（3）将现金流量表的英文名称 Cash flow statement 更名为 Statement of cash flows。

IAS 1（2007）从 2009 年 1 月 1 日开始的年度生效。

2008 年 2 月 14 日增加了与可回售工具以及清算义务披露有关的内容，从 2009 年 1 月 1 日开始的年度生效。

2009 年 4 月 16 日修订了对负债的分类，从 2010 年 1 月 1 日开始的年度生效。

2010 年 5 月 6 日根据 IFRS2010 年度改进报告的修改，从 2011 年 7 月 1 日开始的年度生效。

2011 年 6 月 16 日主要针对综合收益列报事项进行了修订，从 2012 年 7 月 1 日起生效。这次修订仍保留了企业编制一张综合收益表或者编制利润表和综合收益表的选择权，仅仅修改了其他综合收益的列报方式。

2012 年 5 月 17 日根据发布的 2009 年至 2011 年周期年度改进报告进行修订，从 2013 年 1 月 1 日开始的年度生效。2014 年 12 月 18 日的修订，从 2016 年 1 月 1 日开始的年度生效。

2. 现金流量表

在 1976 年 6 月发布《征求意见稿第 7 号：资金来源与运用表》的基础上，IASC 于 1977 年 10 月发布《IAS 7：财务状况变动表》，要求执行 IAS 的企业编制财务状况变动表。1992 年 12 月发布了现金流量表准则（IAS 7），从 1994 年 1 月 1 日开始的年度生效。2007年9月6日根据IAS 1的修订更名为"Statement of Cash Flows"。2009年4月16日,根据2009年年度改进报告进行修订,主要涉及与已确认资产无关的支出,从2010年1月1日开始的年度生效。2016年1月29日IASB发布的对IAS 7的修订文件,主要针对的是融资活动带来的负债变化。IASB要求在财务报表中披露下列融资活动带来负债变化的信息:(1)融资性现金流量的变动;(2)获得或失去子公司或其他企业控制权引起的负债变动;(3)汇率变动的影响;(4)公允价值的变动;(5)其他变动。此外,融资活动引起的负债变化在财务报表中应当独立于其他资产和负债之外进行单独披露。

IAS 7主要规范主体现金流量表的编报行为。

3. 合并财务报表

IFRS体系中第一项规范合并财务报表行为的准则,是IASC于IASC于1976年6月发布的《国际会计准则第3号:合并财务报表》(IAS 3)。1989年4月发布了《国际会计准则第27号:合并财务报表和对子公司投资会计处理》(IAS 27),自1990年1月1日开始的年度生效。IAS 27和同时发布的IAS 28一起取代了IAS 3。2011年4月,新成立的IASB采纳了IAS 27。

IASB于2003年12月18日对该准则进行了修订,并更名为《国际会计准则第27号:合并财务报表和单独财务报表》,自2005年1月1日开始的年度生效。2008年6月,IASB根据对IFRS 3的修订对该准则进行了相应的修订,主要涉及对非控制权益和丧失对子公司控制权的核算等内容。

IASB于2011年5月12日发布了IFRS? 10,从2013年1月1日开始的年度生效。IFRS 10部分替代了IAS 27中的合并报表部分;IAS 27修订更名为"单独财务报表",自2013年1月1日开始的年度生效。随后,还分别于2012年10月31日、2014年9月11日、2014年12月18日、2015年12月17日对IFRS 10(2011)进行了修订。

4. 中期财务报告

IASC于1998年6月发布了IAS 34,从1999年7月1日开始的会计年度生效。随后,还分别于2010年5月6日、2012年5月17日和2014年9月25日对IAS 34进行了修订。

5. 经营分部

IASC曾于1981年8月发布了《国际会计准则第14号:报告分部财务信息》(IAS 14),1983年1月1日开始的年度生效。1994年对该准则进行了重编。1997年8月发布了修订后的IAS 14,并更名为"分部报告",1998年7月1日开始的年度生效。

IASB 于 2006 年 11 月 30 日发布了 IFRS 8,自 2009 年 1 月 1 日开始的会计年度生效,同时取代了 IAS 14。随后,还分别于 2009 年 4 月 16 日、2013 年 7 月 18 日、2013 年 12 月 12 日对 IFRS 8 进行了修订。

6. 报告期后事项

报告期后事项又叫作"资产负债表日后事项"。IASC 于 1978 年 10 月发布了《国际会计准则第 10 号:资产负债表日后发生的或有事项和事项》(IAS 10),1980 年 1 月 1 日开始的年度生效。1994 年对 IAS 10(1978)进行了重编;1998 年 9 月发布的 IAS 37,取代了其中的或有事项。1999 年 5 月发布了 IAS 10 的修订版,并更名为"资产负债表日后事项",取代了 IAS 10(1978),自 2000 年 1 月 1 日开始的年度生效。2003 年 12 月 18 日发布了修订版,2005 年 1 月 1 日开始的年度生效。由于 IAS 1 的修订,IAS 10 在 2007 年 9 月 6 日被更名为"报告期后事项"。

报告期日后事项是指在报告期后至财务报告得到决策机构批准之日前发生的有利或不利事项,包括调整事项和非调整事项。

报告期日后的调整事项,是指在报告期内已经存在、在报告期后得到证实的事项。

报告期日后的非调整事项,是指在报告期后发生的事项。

主体发生的报告期后调整事项,需要调整报告期的财务报表。

主体发生的报告期后非调整事项,不得调整报告期的财务报表,但对重要的非调整事项导致的债务和亏损,需要在报表附注中披露。

(二)CAS 体系中涉及财务报表的准则

1. 财务报表列报

财政部 2006 年 2 月 15 日印发了 CAS 30,开始通过会计准则规范企业编报财务报告的行为。

2009 年 6 月 11 日财政部印发的《企业会计准则解释第三号》(财会[2009]8号),对在利润表中列报其他综合收益提出了要求。

财政部提出,企业应当在利润表"每股收益"项下增列"其他综合收益"项目和"综合收益总额"项目。"其他综合收益"项目,反映企业根据企业会计准则规定未在损益中确认的各项利得和损失扣除所得税影响后的净额。"综合收益总额"项目,反映企业净利润与其他综合收益的合计金额。"其他综合收益"和"综合收益总额"项目的序号在原有基础上顺延。

根据 IASB 对 IAS 1 的修订,2014 年 1 月 26 日财政部印发了修订后的 CAS 30,对财务报表列报事项进行了新的规范,明确提出了在资产负债表单独列示持有待售资产和持有待售组中的资产和负债、在利润表中单独列示其他综合收益和综合收益总额以及在报表附注中披露其他综合收益构成情况、终止经营的收入、费用、利润总额、所得税费用、净利润以及归属于母公司的所有者的终止经营利润等信息。

2014 年 7 月财政部会计司提供了 CAS 30(2014)应用指南和 CAS 30(2014)起草说明①。

2. 现金流量表

1998 年 3 月 22 日财政部印发的《企业会计准则——现金流量表》(财会字[1998]10 号),首次提出了编制现金流量表的要求。按照财政部的规定,所有企业都应当从 1998 年 1 月 1 日起,编制现金流量表。在此以前,财政部只是在 1993 年 7 月 1 日开始施行的分行业会计制度中提出了编制财务状况变动表的要求。财务状况变动表的编制基础可以是现金基础,也可以是营运资金基础。以现金基础编制的财务状况变动表,类似于现金流量表。

2001 年 1 月 18 日财政部印发的财会[2001]7 号文对现金流量表准则进行了修订,并要求自 2001 年 1 月 1 日起在所有企业施行。

2006 年 2 月 15 日财政部印发的 CAS 31,采取与 IAS 7 趋同的方式规范企业现金流量表的编制。

3. 合并财务报表

2006 年 2 月 15 日财政部印发的 CAS 33,采取与 IAS 27 趋同的方式规范企业合并财务报表的编制。

根据 IASB 新发布的 IFRS 10 和进一步完善合并财务报表编制规范的需要,2014 年 2 月 17 日财政部印发了修订后的 CAS 33。

财政部会计司于 2014 年 6 月提供了 CAS 33(2014)应用指南和 CAS 33(2014)修订说明②。

4. 中期财务报告

2001 年 11 月 2 日财政部印发的《企业会计准则——中期财务报告》(财会[2001]52 号),首次提出了对编制中期财务报告的规范要求。

2006 年 2 月 15 日财政部印发的 CAS 32,采取与 IAS 34 趋同的方式规范企业中期财务报告的编制。

---

① 财政部会计司. 企业会计准则第 30 号——财务报表列报[M]. 北京:中国财政经济出版社,2014

② 财政部会计司. 企业会计准则第 33 号——合并财务报表[M]. 北京:中国财政经济出版社,2014

5. 分部报告

2006 年 2 月 15 日财政部印发的 CAS 35,采取与 IAS 14 趋同的方式规范企业分部报告的编制。

6. 资产负债表日后事项

1998 年 5 月 12 日财政部印发的《企业会计准则——资产负债表日后事项》（财会［1998］14 号），首次提出了资产负债表日后事项的概念，以及规范资产负债表日后事项的要求。

2003 年 4 月 14 日财政部印发的财会［2003］12 号文对资产负债表日后事项准则进行了修订，并要求股份有限公司及执行《企业会计制度》或《金融企业会计制度》的其他企业从 2003 年 7 月 1 日起执行。

2006 年 2 月 15 日财政部印发的 CAS 29,采取与 IAS 10 趋同的方式规范企业资产负债表日后事项的处理。

三、单独财务报表

2003 年 12 月 18 日 IASB 修订后发布的 IAS 27 开始提出单独财务报表的概念，并规范了单独财务报表的编制行为。2011 年 5 月修订后发布的 IAS 27,保留了对单独财务报表编制行为的规范。

（一）单独财务报表的概念

按照 IAS 27 的定义，单独财务报表是指由母公司、合营企业和联营企业的投资者编制的财务报表。

IAS 27 中曾特别说明：采用权益法编制的财务报表不是单独财务报表；没有子公司、合营企业和联营企业的企业编制的财务报表，也不是单独财务报表。

2014 年 8 月 12 日 IASB 发布了题目为"单独财务报表中的权益法"的公告，宣布对 IAS 27 进行了适度修订，允许企业在单独财务报表中选择采用权益法核算在子公司、合营企业和联营企业中的投资。修订后的 IAS 27 从 2016 年 1 月 1 日开始的会计年度生效。

（二）单独财务报表的特殊性

与非单独财务报表相比，单独财务报表的特殊性主要体现在对子公司、合营企业、联营企业投资的会计处理方法中。

按照 2014 年 8 月修订后的 IAS 27 的规定，编制单独财务报表的投资者对子公司、合营企业、联营企业投资的会计处理，可以选择采用成本法或权益法，或者与 IFRS 9 的规定相一致。采用成本法，企业应当在确认取得股利的权利时确认计入当期损益的投资收益；选择采用权益法，应按照 IAS 28 中有关权益法的规定确认投资收益。

如果执行 IFRS 9 的规定,企业应当按照投资的公允价值进行后续计量,其变动计入当期损益。

按照 IAS 27 的规定,当主体成为一家投资主体时,应执行 IFRS 9 的规定,按照按 FVTPL 计量的要求核算对子公司、合营企业和联营企业的股权投资,并将其公允价值与原账面价值之间的差异,确认为一项利得或损失计入当期损益。

第二节　财务报表编制与列报

一、财务状况表

(一)财务状况表概述

财务状况表是 IFRS 体系中采取的称谓。财务状况表的同义词有:资产负债表、资金平衡表、财务情况表等。2007 年 9 月 6 日 IASB 修订后发布的 IAS 1 中提出将"资产负债表"更名为"财务状况表"。IASB 表示,新的名称将在今后的 IAS 或 IFRS 中使用,但并不要求企业在财务报表中使用新的名称。

IAS 1 规定:在正常情况下企业必须提供分类的财务状况表,流动资产和非流动资产、流动负债和非流动负债需要单独列示。

IAS 1 没有规范资产负债表的格式。资产可以按照先流动资产、后非流动资产列报,也可以按照先非流动资产、后流动资产列报;负债和权益可以按照流动负债、非流动负债和权益的排序列报,反过来也可以。允许列报净资产(资产减去负债)。在英国和其他地区使用的长期融资编报法也可以接受:

固定资产 + 流动资产 − 短期应付款项 = 长期债务 + 权益

(二)中国的资产负债表概念及其演进

可以认为,资产负债表是根据财务会计"为使用者制定经济决策提供关于企业财务状况方面的信息"的目标要求设置的。

资产负债表的构成要素有资产、负债和所有者权益。

在 1993 年以前,中国采取的是"资金平衡表"的表述。编制资金平衡表采取的是"三段平衡"的基本原理,即:

固定资产 = 固定资金(包括固定基金、基建借款中的固定资产借款等)

流动资产 = 流动资金(包括流动基金、基建借款中的流动资产借款、流动资产借款等)

专项资产＝专项资金(包括专用基金、专项借款等)

1993 年进行的企业财务会计制度改革中引入了"资产负债表"的概念,开始要求企业按照"资产＝负债＋所有者权益"的基本原理编制资产负债表。

2000 年 6 月国务院发布的《企业财务会计报告条例》中对资产负债表的定义是:资产负债表是反映企业在某一特定日期财务状况的报表。资产负债表应当按照资产、负债和所有者权益(或者股东权益)分类分项列示。

2006 年 2 月财政部发布的《基本准则》中对资产负债表的定义与《企业财务会计报告条例》是一致的。

财政部印发的 CAS 30 中进一步规范了资产负债表的编制要求。

(三)资产负债表的编制

1. 资产负债表编制的一般要求

编制资产负债表是指按照企业会计准则的规定将会计要素项目在资产负债表列报的行为。

按照《中华人民共和国会计法》的规定,国家统一制定出台会计核算制度,这样就有可能在会计核算制度中按照资产负债表列报的要求设置相应的会计科目,故早期的资产负债表有点类同于科目余额表,即将资产负债类科目的余额直接在资产负债表(原来的资金平衡表)列报。进入 21 世纪以后,随着会计准则国际趋同的发展,资产负债表的编制应符合会计准则的规定和要求,不再简单地将会计科目的余额直接在资产负债表中列报。

2. 资产负债表项目与会计科目

按照会计准则国际趋同的要求,会计准则规范的是在资产负债表列报的会计要素的确认、计量和报告,并未对会计科目设置以及账务处理做出规范。例如,《企业会计准则解释第二号》规定将通过 BOT 方式建造的基础设施确认为无形资产,并非意味着为建造基础设施发生的相关支出必须通过"无形资产"科目核算。但无论通过何科目核算,编制资产负债表时,都需要确认为一项"无形资产"进行列报。

20 世纪 90 年代末以前,财政部对资产负债表编制的规范具有明显的科目余额表的痕迹。进入 21 世纪以来尽管有了较大的改善,但财政部对一般企业资产负债表格式的规范,仍具有一定的科目余额表的痕迹。

3. 资产负债表项目的列报方式

根据会计科目的不同设置,分别采取以下三种方式列报:

(1)将一些会计科目的余额直接在资产负债表列报。例如可将"应收票据""可供出售金融资产""短期借款""应交税费"等会计科目的余额直接在资产负债表的相关项目中直接列报。

(2)将会计科目的余额合并列报或分解列报,例如需要将"库存现金""银行存款""其他货币资金"三个科目的余额合并在资产负债表中的"货币资金"项目列报;将"未确认融资费用"科目的借方余额作为备抵项目冲减"长期应付款"科目的贷方余额后在资产负债表的"长期应付款"项目列报;等等。

(3)将会计科目余额分析列报。例如,有必要"长期借款""应付债券"等科目的余额,通过分析分别在资产负债表中的"长期借款""应付债券"和"一年内到期的非流动负债"项目列报;需要将"持有至到期投资"科目余额通过分析分别在资产负债表中的"持有至到期投资""一年内到期的非流动资产"和"其他流动资产"项目列报。

4. 资产负债表(或财务状况表)编制的国际比较

英美等西方国家按照 IFRS 体系以及所在国家会计准则的规定,资产负债表列报的项目在满足基本要求的前提下,具有灵活处置的特点,这意味着不同国家和企业的资产负债表列报项目和内容具有较大的差异。案例3-1.案例3-2等在一定程度体现了这一特点。

与此不同,CAS 30 中虽然也采取了与 IAS 1 趋同的方式,只规定了至少需要列报的项目,但企业在编制资产负债表时,仍需要执行财政部有关一般企业资产负债表格式的规定。这意味着需要在资产负债表中列报的项目仍有明确的规定,原则上不允许企业自主增加、减少或变更资产负债表的列报项目。这样的管理要求是否得当,仍有商榷的必要。

二、利润表与综合收益表

(一)利润表

利润表是企业需要编制最重要的财务报表之一。在有些国家,采取损益表或业绩表等称谓。

利润表最重要的功能,是体现企业会计期间获取的净利润。

1993 年以前,中国要求企业编制的反映经营成果的报表是利润表。利润表体现的是企业在会计期间实现的利润总额。

1992 年 11 月财政部发布的《企业会计准则》中将利润表更名为"损益表"。按其要求,损益表仍体现的是企业实现的利润总额;企业依法缴纳的所得税,纳入了利润分配的范畴。

1994 年 6 月财政部通过出台规范企业所得税核算的规定,明确了所得税费用的概念,开始通过损益表体现企业会计期间实现的净利润。

1998 年 1 月 5 日财政部印发的《股份有限公司会计制度——会计科目和会计报表》(财会[1998]7 号)中,恢复了"利润表"的表述。

2000 年 12 月财政部印发的《企业会计制度》中,在利润表中明确了七个利润的概念,即主营业务利润、其他业务利润、营业利润、投资收益、营业外收支净额、利润总额和净利润。其中,营业利润体现了对内投资获得的利润;投资收益体现了对外投资获得的利润;营业外收支净额体现了非正常活动获得的利润;三部分之和构成了企业的利润总额。

2006 年 2 月 15 日财政部印发的 CAS 30 中具体规范了利润表的编报要求;2006 年 10 月印发的 CAS 30 应用指南中具体规定了一般企业和商业银行、保险公司、证券公司等特殊行业利润表的格式以及利润表项目的信息披露要求。

按其规定,企业的利润总额由两部分构成:(1)企业正常活动获得的营业利润;(2)企业非正常活动获得的计入当期损益的利得和损失。

CAS 30(2014)仍采取了"利润表"的表述,但通过增加"其他综合收益各项目分别扣除所得税影响后的净额"和"综合收益总额"项目的单独列示要求,实际上发挥的是综合收益表的作用。2017 年 12 月财政部通过出台修订后的一般企业财务报表格式对利润表的编制提出了新的规范要求。

(二)综合收益表

在国际上,编制综合收益表的要求最早是美国提出的。2007 年 9 月 6 日,IASB 在修订后发布的 IAS 1 中提出:将"利润表"更名为"综合收益表",树立了综合收益的新理念,要求企业的财务报告不仅要披露会计期间的净收益,还需要报告企业的综合收益。

IASB 认为:这些变化要求财务报表的信息在共享特征的基础上进行汇集并引入一张综合收益表。这有助于读者区分由业主交易(例如分配股利和股权回购)引起的公司权益变动以及由非业主交易(例如与第三方之间的交易)所引起的权益变动。针对咨询过程中取得的各种意见和建议,修订后的准则为报表编制人提供了选择:在一张综合收益表中分列收益、费用项目和其他综合收益项目,或者编制两张单独的报表(一张利润表和一张综合收益表)。

1. 综合收益

IAS 1 中对综合收益的定义是:全部综合收益是指由交易或其他事项导致的会计期间权益的变动,不包括权益交易导致的权益变动。

权益交易是指母公司拥有的子公司权益的变动,该变动不会导致母公司丧失对子公司的控制。

综合收益、其他综合收益和净利润之间的关系如下:

综合收益＝净利润＋其他综合收益

2. 其他综合收益

IAS 1 中定义了其他综合收益。按其规定,其他综合收益是指其他国际财务报告准则要求和允许不计入损益的收入与费用,包括:(1)重估盈余变动。重估盈余变动主要是采取重估模式对"不动产、厂房与设备"以及"无形资产"后续计量产生的公允价值变动;(2)根据 IAS 19 确认的福利计划导致的利得和损失;(3)汇率变动利得和损失;(4)可供出售金融资产后续计量的利得和损失。按照 IFRS 9 的规定,可供出售金融资产公允价值变动额计入其他综合收益。(5)现金流量套期工具利得和损失的实际份额。

3. 综合收益表的列报

按照 IAS 1 的规定,在综合收益表中至少应当列报以下项目:(1)营业收入;(2)财务费用;(3)采用权益法应享有联营企业和合营企业损益的份额;(4)所得税费用;(5)构成终止经营的税后损益和终止经营中处置资产或资产组确认的税后利得或损失的单独金额;(6)损益;(7)按性质分类的其他综合收益的组成部分;(8)采取权益法核算的联营企业和合营企业的其他综合收益份额;(9)综合收益总额。

4. 综合收益表信息披露

按照 IAS 1 的规定,企业应当在综合收益表中披露以下信息:(1)分别归属非控制权益和母公司的损益;(2)分别归属非控制权益和母公司的综合收益总额。

5. 有关其他综合收益和综合收益表的简要讨论

到 2017 年底为止,尽管财政部规定的利润表实际上发挥的是综合收益表的作用,但并没有采取"综合收益表"的称谓。

涉及的主要问题是:其他综合收益是否属于一种收益? 能否将其他综合收益作为衡量企业盈利能力指标的依据之一? 能否和净利润一样向投资者进行分配? 由于这些问题在 IASB 层面上仍处于讨论阶段,这方面的研究还有待进一步深入。

三、现金流量表

(一)现金与现金等价物的概念

现金流量表中的现金概念包括现金和现金等价物。IAS 1 中的现金概念是明确的;需要进一步明确的概念是现金等价物。在 IAS 7 中,将现金等价物界定为期限短、流动性强、易转换为已知金额、价值变动风险很小的投资。IAS 7 认为,一般来说,从取得之日起三个月内到期的投资,符合现金等价物的定义。

除了取得的其赎回期限在三个月以内的优先股属于现金等价物以外,其他权益投资都应排除在外。

中国企业在编制现金流量表时,有必要进一步界定现金的概念。需要明确的是:现金的概念并非等同于货币资金的概念,因为其他货币资金的构成内容(外埠存款、保证金存款、银行本票存款、银行汇票存款等)基本不符合现金的定义;现金也并非等同于企业的库存现金和存款,因为存款中的无法提前支取的定期存款,也不符合现金的定义。

现金等价物的概念也许并不等同于交易性金融资产和其他按公允价值计量且其变动计入损益的金融资产的概念。例如打算在三个月内出售的、证券市场交易价格变动有可能较大的权益工具、基金等,也许并不符合现金等价物的要求。

对此,有必要在企业年报的附注中明确现金和现金等价物的标准。如果仅仅简单照搬 CAS 31 中的定义①,有可能导致现金流量表编报行为的随意性。

(二)现金流量表项目

IAS 7 规定,在编制现金流量表时,需要按照经营活动、投资活动和筹资活动划分现金流量。

经营活动是指主体投资活动和筹资活动以外的主要获取收入的活动;投资活动是指取得和处置长期资产和其他不属于现金等价物的投资的活动;筹资活动是指导致主体的权益资本和债务结构发生变化的活动。

按照 IAS 7 的解释,收到或支付的利息和股利,可以界定经营活动、投资活动或筹资活动现金流量,但其分类需要在各会计期间保持一致。

(三)现金流量表的列报方法

经营活动现金流量的列报方法包括直接法和间接法。IAS 7 鼓励采用直接法,但也允许采用间接法。

1. 直接法

采用直接法编制现金流量表,企业现需要体现经营活动现金流入和流出的主要项目,并在此基础上计算出经营活动现金净流入量。

印蒂亚实业有限公司采用直接法编制现金流量表中的经营活动现金流量如下:

向客户收取的现金　　　　　　　　　　　　　　　　　　　$ 1 200 000.00

---

① 在实务中,中国交通建设股份有限公司、中国南方航空股份有限公司、江西长运股份有限公司等上市公司在编制的 2016 年年报中,对现金及现金等价物的确定标准均采用了与 CAS 31 类同的表述。与此相比,保利房地产(集团)股份有限公司在 2016 年年报中对"期限短"做出了"从购买日起三个月到期"的解释,迈出了精细化管理的步伐。

支付给供应商的现金	$460 000.00
支付给员工的现金	345 000.00
支付的其他经营费用	143 600.00
支付的所得税	45 000.00
合计	(993 600.00)
经营活动现金净流入	$206 400.00

2. 间接法

间接法的基本思路是在应计制确认损益的基础上调整非现金交易的影响。

印蒂亚实业有限公司采用间接法编制现金流量表中的经营活动现金流量如下：

息税前利润	$175 000.00
加：折旧	63 000.00
商誉摊销	9 800.00
减：应收账款增加	(24 000.00)
加：存货减少	12 000.00
应付账款增加	35 600.00
利息费用	25 000.00
减：应计但尚未支付的利息	5 000.00
支付的利息	(20 000.00)
支付的所得税	(45 000.00)
经营活动现金净流入	$206 400.00

四、财务报表附注

附注是对在资产负债表、利润表、现金流量表和所有者权益变动表等报表中列示项目的文字描述或明细资料，以及对未能在这些报表中列示项目的说明等。

2014 年修订后印发的 CAS 30 提出了在财务报表附注中披露终止经营信息的要求。按照其规定，企业应当在附注中披露终止经营的收入、费用、利润总额、所得税费用和净利润，以及归属于母公司所有者的终止经营利润。

五、合并财务报表

（一）合并财务报表概述

合并财务报表最早出现在美国。第一次世界大战期间，美国税法强制规定企业应当采取合并方式纳税，导致大部分控股公司开始编制合并财务报表。1940

年,美国证券交易委员会(SEC)规定证券市场涉及合并的上市公司必须编制合并财务报表,使得编制合并财务报表成为上市公司的法定义务。

(二)对合并财务报表和合并范围的界定

1. 合并范围

IFRS 10 规定,当某主体取得了对其他某主体或多个主体的控制,需要编制合并财务报表。

按照 IFRS 10(Appendix A)中的定义,合并财务报表是指:将母公司及其子公司作为一个单独的经济实体,来列报其资产、负债、权益、收益、费用和现金流量的集团财务报表。

CAS 33 中对合并财务报表的定义是:合并财务报表,是指反映母公司和其全部子公司形成的企业集团整体财务状况、经营成果和现金流量的财务报表。

虽然编制合并报告的责任人是母公司,但合并财务报表的报告主体应当是公司集团,即合并财务报表反映的是公司集团(包括母公司及其子公司等不同的会计主体)。这就体现了会计主体与报告主体的区别。

但是 IFRS 10 在涉及发布该准则理由的解释中采取了"某报告主体控制另一主体但未拥有该主体的多数投票权"的表述,似乎没有将公司集团作为报告主体。

与修订前的 IAS 27 相比,IFRS 10 更侧重于对"控制"的界定。IRFS 10 建立了控制应同时具备的三个要素:(1)投资方拥有对被投资方的权力;(2)披露或拥有通过参与被投资方的相关活动而获得可变回报的权利;以及(3)具有运用对被投资方的权力影响其回报金额的能力。

2011 年 5 月被取代前的《国际会计准则第 31 号——合营中的权益》(IAS 31)曾要求在编制合并财务报表时采取比例合并法核算其在合营企业的份额。对此,欧洲大陆的一些上市公司,例如西班牙阿伯蒂斯基础设施股份有限公司、意大利 ASTM 公司等,合并报表的范围包括子公司和合营企业。其中,对子公司的合并采用逐行合并法;对与少数股东共同实施控制的企业合并采取比例法。

2011 年 5 月 12 日 IASB 发布的 IFRS 11 中要求在合并财务报表中统一采用权益法核算合营企业中的权益,取消了比例合并法。与其相适应,同日 IASB 发布的 IFRS 10 中要求在编制财务报表时按照 IAS 28 和 IFRS 11 的规定核算在联营企业和合营企业拥有的权益。

2014 年 2 月印发的 CAS 40 中不涉及与编制合并报表相关的事项。

与 IFRS 的规定不同,CAS 33 规定的合并范围中只涉及子公司。《企业会计准则解释第二号》中也专门说明对合营企业不采用比例合并法。对此,深圳高速公路股份有限公司到 2010 年底虽然间接持有马来西亚 JEL 公司 55% 的股权,但按照相关协议的约定,马来西亚 JEL 公司只是深圳高速股份有限公司与深圳国际控股有限公司共同控制的合营企业。从 2011 年 7 月 1 日开始,根据相关协议的调整,深圳高速股份有限公司取得了对马来西亚 JEL 公司的实际控制权,才开始将该公司纳入深圳高速公路股份有限公司集团的合并范围①。

按照 IASB 的相关规定,权益法是拥有子公司的投资方在编制合并财务报表时核算其在联营企业和合营企业拥有权益的方法。拥有联营企业和合营企业的投资方编制的单独财务报表中并不采用权益法。对此,权益法属于合并财务报表的编制方法。与此不同,CAS 2 中则要求企业在个别财务报表中提供采取权益法核算的财务信息。

CAS 33(2006)曾要求所有的母公司都应当编制合并财务报表。CAS 33(2014)则提出了不同的规范要求:"如果母公司是投资性主体,且不存在为其投资活动提供相关服务的子公司,则不应当编制合并财务报表,该母公司应当以公允价值计量其对所有子公司的投资,且公允价值变动计入当期损益"。

2. 控制

CAS 33 规定,合并财务报表的合并范围应当以控制为基础予以确定。对此确定编制合并报表的范围取决于投资者是否对被投资者实施了控制的会计师职业判断。

CAS 33(2006)曾将控制定义为"一个企业能够决定另一个企业的财务和经营政策,并能据以从另一个企业的经营活动中获取利益的权力"。参照了 IFRS 10 的表述,CAS 33(2014)将对控制的定义调整如下:

控制,是指投资方拥有对被投资方的权力,通过参与被投资方的相关活动而享有可变回报,并且有能力运用对被投资方的权力影响其回报金额。

有必要关注以下会计师职业判断:

(1)拥有对被投资方的权力,一般意味着拥有被投资方 50% 以上的表决权。但拥有被投资方 50% 以上的表决权资本,并不意味着就拥有了被投资方 50% 以上的表决权;拥有的表决权资本低于 50% ,也有可能通过一定的协议安排,取得被投资方 50% 以上的表决权。

表决权资本,一般是指普通股的股权。界定为权益的有限股权,一般不属于表决权资本。

(2)虽然拥有被投资方的表决权只有 50% 及以下,但通过与其他表决权持有

---

① 深圳高速公路股份有限公司:2011 年年度报告 PDF 版第 33 页［R/OL］,www. cninfo. com. cn

人之间的协议,或者通过相关事实判断,也可认为对被投资方拥有权力。

(3)投资方将对被投资方的表决权委托代理人行使,并不意味着代理人取得了对被投资方的权力。

(4)仅仅拥有对被控制方的权力,但不能取得或者影响可变投资回报,也不能判定取得了对被投资方的控制。

(三)编制合并财务报表的理论基础

尽管不同文献涉及的编制合并财务报表理论有不同的表述,例如陈少华先生等认为,合并财务报表的理论基础包括所有权观、主体观、母公司观和母公司延伸观[①];薛晓林等认为"目前国际上形成的合并报表理论主要有三种:所有权理论、母公司理论及主体理论"[②];但总体来看,实体理论和母公司理论是其中最有影响的两大理论体系。

1. 实体理论

实体理论最早由美国会计学者莫里斯·穆尼茨(Maurice Moonitz)提出,这一理论在其编著并由美国会计学会于1994年出版的《合并报表的实体理论》一书中得以系统阐述。作者认为,实体理论更加符合合并财务报表编制的目的与要求。但当子公司存在少数股权时,能否以母公司取得子公司股份的成本推断并计价属于少数股东的净资产,计算少数股东利润,在学术界存在着不同的看法。实体理论是合并理论的一种。从公司集团角度解释与说明合并财务报表的目的、编制方法、少数股权性质、合并资产的计价、合并利润的计量及企业集团内部未实现损益抵消等合并财务报表编制方法的一整套原理与结论。它是实体论的延伸。

实体理论存在以下观点:(1)合并财务会计报表是以整个企业集团为会计主体而编制的会计报表,它们服务于在企业集团拥有权益的所有集团或个人,包括少数股东。(2)合并净利润是整个公司集团所有权益性证券持有人的净利润;少数股东利润是企业集团净利润的一部分,是企业集团净利润分配给少数股东的部分;少数股东利润的计量与母公司确认从子公司取得的投资收益方法相同。(3)少数股东权益是企业集团合并股东权益的一部分,少数股东权益的计价与多数股权的计价采用相同的方法。(4)子公司的所有净资产均按母公司取得股权投资时支付价款所蕴含的公允价值计价。这样,少数股权和多数股权的净资产计价方法相同。(5)无论是母公司向子公司出售资产的业务,还是子公司向母公司出售资

---

① 陈少华主编. 财务会计研究[M]. 北京:中国金融出版社,2007:421 – 425

② 薛晓林,毕茜,朱丽丽. 中国企业合并报表理论选择及实务研究[J]. 西南农业大学学报(社会科学版),2011(1)

产的业务,它们所产生的损益,均应全部抵消合并净利润,但在子公司向母公司出售资产时,抵消的未实现损益需按多数股权和少数股权的比例加以分摊。(6)无论是子公司购入母公司发行的债券,还是母公司购入子公司发行的债券,它们所产生的推定损益,均应全部调整合并净利润,但在母公司购入子公司发行的债券时,确认的推定损益需按多数股权和少数股权的比例加以分摊。

2. 母公司理论

由于最早是由何人提出的母公司理论仍显得很模糊,故母公司理论至今为止仍缺乏一个全面、准确并被学术界公认的定义。

母公司理论一般认为,合并财务报表是母公司财务报表的扩展,其编报的基本目的是从母公司的角度出发,为母公司股东的利益服务。

由于母公司理论至今并没有一个全面、准确的定义,故在相关文献中体现的母公司理论,也许只能体现为相关学者对母公司理论的理解和看法。对此只能对其主要思想加以描述。

按照母公司理论,合并财务报表的编制把公司集团假设为单一的报告主体。界定这种主体必须解决两个问题:(1)该主体的信息向谁提供?(2)提供这种信息的目的何在?

传统上认为,合并财务报表主要是为现有和潜在的母公司或控股公司(指有法定支配权,下同)普通股股东编制的,强调母公司或控股公司的股东利益。合并资产负债表中的股东权益和合并损益表中的净收益仅指母公司或控股公司拥有和所得部分,而少数股东权益则被看成负债;少数股权所享有的净收益则被视作费用。合并财务报表不过是母公司财务报表的延伸和扩展。这也许可认为是母公司理论的主要观点。

母公司理论是以法定控制为基础的,这通常是以持有多数股份和表决权(通常是50%以上)而取得的,但也可以通过使一家公司处于另一家公司的法定支配下的控制协议而实现。当一定公司处于另一家公司的法定支配下时,母公司或控股公司可完全控制子公司的财务和经营决策。所以母公司理论与现行实务中的法规较协调,或者说,现行实务中有关合并财务报表的法规正体现母公司理论的主要思想。

3. 实体理论和母公司理论对合并财务报表的影响及其评价

按照以上对两种理论的描述,可以认为,中国从1995年2月财政部印发的《合并会计报表暂行规定》到2000年12月出台的《企业会计制度》中,对编制的合并财务报表,均体现的是母公司理论的色彩①。2006 年 2 月财政部印发的合并财务报表准则,开始采用实体理论规范合并财务报表的编制和列报②。

IASC 修订后发布的 IAS 1(1997)中体现出 IASC 倾向于采用母公司理论来编报合并财务报表。但伴随着修订后的 IAS 1(2003)的发布,体现出 IASB 开始倾向于按照实体理论规范合并财务报表的编报。

这似乎意味着实体理论成为目前合并财务报表准则规范的主要理论依据。但本书持有不同的观点。本书认为,无论是实体理论还是母公司理论,都有必要在财务会计理论与实务的发展进程中不断得以充实和完善③。实体理论与母公司理论的主要区别,也许并不在于是否将财务状况表中的非控制权益(或少数股权,下同)确认为一项负债;以及是否将综合收益表中非控制权益享有的净利润确认为一项费用。这种观点并不符合 IASB《概念框架 2010》中对负债和费用的定义,故母公司理论和实体理论的相关表述也需要改进。从其实质分析,合并财务报表毕竟是母公司编制的,合并范围取决于母公司的控制和影响力。一个不容回避的事实是:IFRS 11 出台前,IASB 曾要求主体在编制合并财务报表时采用比例合并法合并在合营企业中的权益。尽管 IFRS 11 发布后取消了比例合并法,但仍要求投资方企业在编制合并财务报表时采用权益法合并在合营企业和联营企业中的权益。从目前 IAS 1 和 CAS 30 中体现的对编制合并财务报表的要求来看,似乎仍是站在母公司的角度,来界定和规范合并范围和合并内容的。将全部子公司的资产、负债、收入和费用纳入合并范围的主要理由,是因为母公司能够对其实施有效控制;而非控制权益是无法控制这些资产、负债、收入和费用的。由于母公司对非控制权益及其享有的净利润无法控制,故需要分别在资产负债表和利润表中单独列示非控制权益及其归属非控制权益的净利润。由于投资方能够对联营企业和合营企业施加重大影响,故需要采用权益法将其影响的份额纳入合并范围;对于无法影响的份额,则不应在编制合并财务报表时予以考虑。

(四)合并财务报表的编制

1. IASB 对编制合并财务报表的基本要求

IFRS 10 中涉及合并财务报表的编制有以下规定:(1)母公司应当采取一致的

---

① 其重要依据是,《企业会计制度》要求企业在编制合并会计报表时,将合营企业合并在内,并按照比例合并方法对合营企业的资产、负债、收入、费用、利润等予以合并。(《最新企业会计制度》编委会. 最新企业会计制度[M]. 北京:中国工商出版社,2001:81)

② 耿建新,杜美杰,续芹. 高级会计学[M]. 北京:北京大学出版社,2009:165

③ 例如,陈少华先生就曾讨论过"母公司延伸观的合并理念"。(陈少华. 财务会计研究[M]. 北京:中国金融出版社,2007:426)

会计政策编制合并财务报表。如果集团的某成员企业使用的是与编制合并报表不一致的会计政策,应当按照统一会计政策的要求对其财务报表做出适当调整。(2)对被投资方的合并应当从投资方取得对被投资方的控制之日起开始,到投资方丧失对被投资方控制为止。例如,合并日后合并综合收益表中折旧费用的确认,应当基于合并日合并财务报表中确认的相关应计提折旧资产的公允价值。(3)母公司应当在财务状况表中的权益中单独列报非控制权益(NCI)以及母公司股东的权益。(4)母公司拥有的子公司权益的变动,如果不会导致母公司丧失对子公司的控制,叫作权益交易。(5)如果母公司丧失对某子公司的控制,母公司需要在合并财务报表中终止确认该子公司的资产和负债;对于任何保留的原子公司的股权,应当按照丧失控制权时的公允价值重新确认,并随后按照相关准则的规定对其以及子公司赊欠或者赊欠子公司的金额进行核算;重新确认与丧失控制权有关并归属于前控制权益的利得或损失。

2. 财政部对编制合并报表的基本要求

CAS 33 中具体规范了编制合并财务报表的合并程序。按其规定,编制合并报表的合并程序的一般要求是:(1)统一母公司和纳入合并范围的子公司的会计政策。子公司应当采取与母公司一致的会计政策编制财务报表。如果子公司所采用的会计政策与母公司不一致的,应当按照母公司的会计政策对子公司财务报表进行必要的调整;或者要求子公司按照母公司的会计政策另行编制财务报表。(2)统一母公司和纳入合并范围的子公司的会计期间。子公司应当采取与母公司一致的会计期间编制财务报表。如果子公司所采用的会计期间与母公司不一致的,应当按照母公司的会计期间对子公司财务报表进行必要的调整;或者要求子公司按照母公司的会计期间另行编制财务报表。(3)合并会计要素项目。编制合并财务报表,需要逐项合并资产负债表、利润表、所有者权益变动表、现金流量表中相同的资产、负债、权益、收入、费用以及现金流量项目。(4)集团内部交易或事项的相互抵销。需要抵销的内部交易或事项有:母公司对子公司的长期股权投资与母公司在子公司所有者权益中拥有的份额之间的相互抵销;集团内部母公司与子公司之间以及不同子公司之间相互提供产品和劳务确认的收入和费用的相互抵销;集团内部母公司与子公司之间以及不同子公司之间发生的相关交易或事项产生的债权和债务的相互抵销;等等。(5)其他需要调整的项目。CAS 33 还要求站在企业集团角度对特殊交易事项予以调整。

(五)合并财务报表的编制程序

IFRS 10 提供了合并财务报表的编制程序如下:(1)将母公司与子公司相同的资产、负债、权益、收入、费用和现金流量项目合并;(2)将母公司对各子公司投资的账面金额与每一子公司权益中母公司的份额相互抵销;有关商誉的确认,由 IF-RS 3 解释。(3)抵销与集团内部各主体之间交易有关的全部资产、负债、权益、收入、费用和现金流量。内部交易产生的损益并确认资产(例如存货、固定资产等)的金额也需要全部抵销。

内部交易损失也许有必要在合并财务报表中确认为一项资产减值损失。内部交易抵销的损益导致的暂时性差异执行 IAS 12 的规定。

CAS 33 具体规定了编制合并资产负债表、合并利润表、合并现金流量表和合并所有者权益变动表的具体编制要求。

编制合并财务报表中涉及的相关事项还具有进一步研究的空间。

本章小结

编制财务报告是财务会计的一项重要工作;对决策有用的财务信息和其他相关信息是通过财务报表来列报和披露的。财务报告包括财务报表和其他需要披露的信息和资料;财务报表可进一步划分为会计报表和会计报表附注。

按照 IASB 的规定,财务报表划分为单独财务报表和合并财务报表;财政部明确的是个别财务报表的概念,没有专门提出单独财务报表的概念并规范单独财务报表的编制。

中国企业会计报表包括资产负债表、利润表、现金流量表和所有者权益变动表。在 IFRS 体系中,采用的是财务状况表、综合收益表、现金流量表和权益变动表的表述。

财务报表附注是对在资产负债表、利润表、现金流量表和所有者权益变动表等报表中列示项目的文字描述或明细资料,以及对未能在这些报表中列示项目的说明等。财务报表的使用者可通过财务报告附注获取更多、更详细的财务成本信息。

第十章

会计政策、会计估计与信息披露

会计政策和会计估计是现代企业财务会计的重要组成部分。由于企业规模日趋扩大,经营业务日趋多样化与繁杂,任何准则和制度都很难对企业的所有交易或者事项的确认和计量做出明确的具体规定;赋予会计师一定的职业判断空间是大势所趋。而会计师的职业判断通常是通过会计政策和会计估计来体现的。企业会计师有必要在财务报告中披露所采用的会计政策与会计估计。在本章中,主要结合会计准则中对会计政策和会计估计及其信息披露行为的规范,进一步讨论会计政策、会计估计和信息披露的理论与方法以及涉及的相关问题。

第一节　会计政策和会计估计概述

一、会计政策与会计估计

采取权责发生制的会计基础,就有必要对发生的经济业务做出判断,明确应当列入的会计要素项目,确认计入当期损益的收入和费用。可采取以下两种方式进行会计判断。

(一)通过统一会计核算制度做出规范和判断

国家可通过出台统一财务会计核算制度,对不同情况下的会计要素确认做出明确和详细的具体规定。按照这种思路,应通过企业财务会计核算制度的具体规定,以避免会计师职业判断可能出现的主观随意性。如果经济业务种类相对单一,经济业务数量相对较少,在企业统一财务会计核算制度中做出明确规定的设想也许具有可行性。在中华人民共和国成立后较长的一个时期,受当时特定的政治体制、社会环境和经济发展水平等诸因素的影响,对企业会计核算的规范,基本采取了这种思路。但是在经济全球化发展、企业生产经营业务数量日趋繁多、经济业务种类日趋繁杂的状况下,任何企业统一财务会计核算制度的具体规定都难免会出现遗漏。制度的空缺往往会为权力提供运作的空间。

(二)会计师职业判断

现代会计允许企业的会计师对所发生经济交易与事项的会计确认和计量在一定范围内自主作出职业判断。按照这种思路,不同的会计师,有可能对同一种业务的会计处理做出不同的职业判断。不同企业的会计师可根据各自股东的不同要求作出相应会计师职业判断,所形成的相关财务信息也许不具有企业之间的可比性。例如按照《公路经营企业会计制度》(财会字[1998]19号)的规定,高速公路建成通车交付使用的试运营期间收取的车辆通行费,应确认为企业的营业收入。在实务中,绝大多数高速公路经营企业执行了这一规定。但湖南省高速公路建设开发总公司却采取了将试运营期间收取的车辆通行费用于冲减建设成本的会计处理。2014年和2015年,用于冲减建设成本的车辆通行费分别为13.04亿元和10.20亿元;贵州高速公路集团有限公司也在2015年将处于试运营阶段高速公路收取的车辆通行费15.21亿元用于冲减项目建设成本①。

现行体制采取了制度规范与会计师职业判断相结合的方式。制度规范对会计师职业判断的空间范围做出限定;在限定的空间范围内,允许会计师根据对经济业务以及准则原则规定的理解做出相应的职业判断。

这意味着,会计师职业判断是指会计师根据会计法律、法规,会计原理和会计原则等会计标准,充分考虑企业现实与未来的理财环境和经营特点,以及对经济业务性质的精确分析,运用自身专业知识,通过分析、比较、计算等方法,客观公正地对应列入会计系统某一要素的项目进行判断与选择的过程。

(三)会计师职业判断与会计政策和会计估计

会计师的职业判断主要体现为对会计政策和会计估计的选择及其应用。

例如,IASB和财政部均允许企业会计师选择先进先出法、加权平均法等方法进行存货的后续计量;财政部允许企业会计师在年限平均法、工作量法、年数总和法和双倍余额递减法四种方法中选择适当的方法对固定资产在使用过程中发生的价值损耗做出职业判断;企业会计师对固定资产折旧方法的选择,体现为其所做出的会计估计。

既然会计准则允许会计师在限定空间范围内选择会计政策和会计估计,意味着会计师可通过会计政策与会计估计的选择对企业提供的财务会计信息质量产生影响。

这是否意味着企业会计师可利用其会计政策和会计估计的选择来操纵利润

---

① 周国光. 完善高速公路特许经营业务会计处理的相关思考[J]. 交通财会,2018(01)

或粉饰企业的财务状况或经营业绩？值得关注。

二、对会计政策和会计估计的规范

（一）IFRS 体系中对会计政策和会计估计的规范

IASB 要求主体在编制财务报表需要依据其采纳的会计政策和会计估计。为了科学规范主体选择和采纳会计政策和会计估计的行为，IASC 曾于 1978 年 12 月发布了《国际会计准则第 8 号：非正常与前期项目和会计政策变动》（IAS 8）；1993年 12 月将 IAS 8 更名为"当期净利润或亏损、基本差错和会计政策变动"。IASB于 2003 年 12 月 18 日发布了 IAS 8 的修订版，并更名为《会计政策、会计估计变更和差错》，从 2005 年 1 月 1 日起开始的会计年度生效。

2017 年底在用的 IAS 8（2003）涉及以下对会计政策和会计估计规范的内容：(1)对会计政策、会计估计变更和国际财务报告准则、重要性以及前期差错的定义；(2)会计政策应用和选择；(3)会计政策的一致性；(4)会计政策变更；(5)与会计政策变更相关的信息披露；(6)会计估计变更；(7)与会计估计变更相关的信息披露。

（二）英国财务报告准则中的规范

英国会计准则理事会 2000 年 12 月发布的《财务报告准则第 18 号：会计政策》（FRS 18）中，主要对以下事项进行了规范：(1)会计政策与财务报表；(2)会计政策选择的目标和约束；(3)检查与改变会计政策；(4)会计政策披露。

2015 年 1 月 1 日起 FRS 18 废止后，FRS 102 第 10 部分："会计政策、估计与差错"为编制财务报表采用的会计政策的选择提供了应用指南，同时也包括了会计估计变更以及前期财务报表中差错内容的更正。

1. 会计政策选择和应用

FRS 102 中定义了会计政策的概念，并明确了选择与应用会计政策的具体要求。

2. 会计政策一致性

按此要求，类似的交易或其他事项应当选择和应用一致的会计政策，除非FRS 要求或者允许采用其他更适当的会计政策。

3. 会计政策变更

FRS 102 中规定了主体变更会计政策所需具备的条件，以及对会计政策变更的限定。FRS 102 要求根据会计政策的变更对相关信息进行追溯调整，以保证相关会计期间的财务信息具有可比性。

4. 会计政策变更披露

需要在财务报表中披露与会计政策变更相关的信息,包括会计政策变更的性质;对各会计期间财务信息的影响;等等。

5. 会计估计变更

FRS 102 中定义了会计估计变更的概念,但没有对会计估计的概念进行定义。会计估计变更只应当对当期和以后会计期间的损益产生影响。

会计估计变更的性质以及对当期资产、负债、收益和费用的影响应当进行披露。

6. 前期差错更正

FRS 102 中定义了前期差错的概念,以及前期差错更正的基本要求。

(三)中国准则中对会计政策和会计估计的规范

财政部曾于 1998 年 6 月 25 日印发了中国第一个涉及会计政策和会计估计的具体准则:《企业会计准则——会计政策、会计估计变更和会计差错更正》(财会〔1998〕28 号),自 1999 年 1 月 1 日起在上市公司执行。2001 年 1 月 18 日财会〔2001〕7 号文对其进行了修订,自 2001 年 1 月 1 日起在所有企业施行。

2006 年 2 月 15 日财政部印发的 CAS 28,成为规范会计政策和会计估计行为的最新会计处理规范。

在 CAS 28 中,涉及的主要规范内容如下。

1. 会计政策

CAS 28 对会计政策的概念进行了定义,明确了会计政策的采纳以及会计政策变更的条件,并对追溯调整法和未来适用法及其应用进行了界定。

2. 会计估计变更

CAS 28 定义了会计估计变更的概念以及规范会计估计变更的基本要求,但同样没有对会计估计的概念做出定义或解释。

3. 前期差错更正

CAS 28 对前期差错的概念进行了定义,并对更正前期差错提出了具体要求。

4. 披露

CAS 28 明确了有关会计政策、会计估计及其变更信息披露的基本要求。

CAS 28 应用指南中对会计政策和会计估计的确定、会计政策及其变更、前期差错及其更正等内容做出了相关解释。

第二节 会计政策

一、会计政策及其披露

（一）会计政策

IAS 8 中对会计政策的定义是：会计政策是主体在编制和列报财务报表时所采用的专门原则、基础、惯例、规则和实务。FRS 102 中采用了与其基本一致的定义。

CAS 28 中对会计政策的定义为：会计政策是指企业在会计确认、计量和报告中所采用的原则、基础和会计处理方法。

1. 原则

原则是指按照企业会计准则规定的、使用于企业会计核算所采用的具体会计原则，例如收入确认的原则，成本与可变现净值孰低的原则，等等。

以收入确认为例，尽管 CAS 14 中明确了收入确认的基本要求，但企业针对特定业务收入（例如道路旅客运输收入、房地产销售收入等）确认的原则，仍有必要在财务报表附注中予以说明。

2. 基础

基础是指为了将会计原则应用于交易或事项而采用的基础，例如历史成本、重置成本、可变现净值、现值、公允价值等计量属性或计量基础等。

如果某企业按照 CAS 3 的规定选择用公允价值对投资性房地产进行后续计量，就有必要在财务报表附注中明确投资性房地产公允价值的取值方式。

3. 会计处理方法

会计处理方法是指企业在会计核算中按照法律、法规或者国家统一会计制度等规定采用或者选择的、使用于本企业的具体会计处理方法，例如确认劳务收入所采用的投入法和产出法；长期股权投资后续计量中所采用的权益法和成本法；计量发出存货成本所采用的先进先出法；等等。

（二）会计政策的选择与应用

IAS 8 中对会计政策选择与应用有以下规定。

1. 如果 IFRS 中对应用的会计政策有明确的规定，主体应当选择和应用。

例如，修订后的 IAS 2 要求从 2005 年 1 月 1 日开始的会计年度，取消"后进先出"存货计量方法。对此，执行 IFRS 的企业，应从编制 2005 年度财务报表开始，不再选择"后进先出"法计量发出存货的成本。

国际财务报告准则解释委员会于 2006 年 11 月 30 日发布了 IFRIC 12,要求从 2008 年 1 月 1 日开始的会计年度,将采取特许经营方式建造的基础设施,确认为主体的一项无形资产或金融资产。对此,执行 IFRS 的企业,应从编制 2008 年度财务报表开始,选择和应用这一会计政策。

2. 如果缺乏 IFRS 针对特定交易、其他事项或状况的明确规定,主体应当根据自身对以下的判断来制定和应用会计政策:(1)有助于提供对使用者制定经济决策有关的信息;(2)有助于保证财务报表中的信息可靠。

(三)会计政策的一致性

按照一致性的要求,在编制合并财务报表时所有纳入合并范围的企业(包括母公司和所有的子公司)应当采取一致的会计政策。通常采取的是采取与母公司一致的会计政策。如果子公司采取的会计政策与母公司不符,应当予以调整。

但母公司编制单独财务报表所采取的会计政策也许与编制合并财务报表采取的会计政策不一致。例如,按照欧盟的要求,法国 VINCI 集团需要依据 IFRS 的规定编制合并财务报表;但需要依据法国会计理事会(ANC 法规 2014 - 03 的规定,按照法国《通用会计计划》)①中的通用惯例编制单独财务报表②。与此相类似,西班牙阿伯蒂斯基础设施股份有限公司(ABERTIS)编制合并财务报表,执行的是 IFRS 的规定;编制单独财务报表,需要依据的是西班牙商务法、有限责任公司法等法律的规定③。

(四)会计政策披露

会计政策划分为重要的会计政策和不具有重要性的会计政策。CAS 30 要求企业对采取的重要会计政策作出说明,包括财务报表项目的计量基础和会计政策的确定依据等。

不具有重要性的会计政策可以不予披露。

重要的会计政策一般包括:

---

① 法国会计理事会是隶属于法国财政部下的一个政府机构;法国《通用会计计划》(General Accounting Plan)适用于法国各类型的企业,类似于中国由财政部制定出台的全国统一的企业会计核算制度。

② VINCI:2016 年度报告 PDF 版第 306 页[R/OL],www. vinci. com/publi/vinci/2016 - vinci - annual - report. pdf

③ ABERTIS:2016 年财务报表 PDF 版第 11 页[R/OL],www. abertis. com/media/annual_reports/2016

1. 发出存货计量的方法

依据 CAS 1 的规定,企业可供选择的发出存货计量方法包括:先进先出法、加权平均法和个别计价法。企业可在 CAS 1 规定范围内选择发出存货的具体计量方法,并在财务报表附注中披露。

2. 长期股权投资后续计量的方法

企业应当依据 CAS 2 的规定,分别采用成本法和权益法对不同的长期股权投资进行后续计量。其中,对子公司的股权投资采用成本法进行后续计量;对合营企业和联营企业的股权投资采用权益法进行后续计量。

3. 固定资产初始计量的方法

企业应当依据 CAS 4 以及其他相关原则的规定,对采取外购、自行建造、投资者投入、非货币性资产交换、债务重组、租入等不同方式取得固定资产的初始计量方法进行必要说明。

4. 无形资产的确认方法

企业内部研究开发项目开发阶段的支出,是予以资本化,还是在发生时计入当期损益,这取决于开发阶段的支出。是否符合资本化的条件。

5. 收入的确认、合同收入与费用的确认方法

(1)收入确认方法。会计准则中规定了商品销售收入、劳务收入和使用费收入确认的一般要求。但针对一些特殊经营业务收入的确认,例如不同情况下房地产销售业务收入的确认、采取预售商务借记卡方式销售商品收入的确认、运输业务收入的确认、联网收费方式下车辆通行费收入的确认等,有必要在财务报表附注中予以明确。

(2)合同收入和合同费用确认方法。针对建造合同收入和费用的确认,CAS 14(2018)要求企业应选择采用投入法或产出法来科学衡量其履约进度。但针对不同的建造合同业务,有必要结合其具体情况选择适当的收入与费用确认方法,并在财务报表附注中予以披露。

二、会计政策变更及其披露

(一)会计政策变更的原因

会计政策变更是指企业对相同的交易或事项由原来采用的会计政策改用另一会计政策的行为。

1. 国际会计准则的相关规定

IAS 8 提出,如果出现以下变化,主体需要变更相应的会计政策:

(1)一项 IFRS 提出了变更会计政策的要求。例如,按照 IFRS 10 的规定,执

行 IFRS 的主体应当从编制 2013 年 1 月 1 日开始的会计年度的财务报表时,取消采用比例合并法对合营企业的合并。

(2)变更会计政策将导致财务报表能够提供更可靠、更具有关联性的有关交易和其他事项、状况的信息,这些交易、其他事项和状况涉及主体的财务状况、财务业绩或现金流量。

IASB 于 2014 年修订 IAS 27 后,允许主体在编制单独财务报表时可自主选择采用权益法或者成本法核算对子公司、联营企业和合营企业的股权投资。但如果没有所在国法律的明确规定,IASB 似乎更倾向于建议选择成本法。

2. 中国会计准则的相关规定

CAS 28 中提出,企业采取的会计政策,在每一会计期间和前后各期应当保持一致,不得随意变更。但是,满足以下条件之一的,可以变更会计政策。

(1)法律、行政法规或者国家统一的会计制度等要求变更。例如,由于 CAS 1 不允许企业采用后进先出的方法核算发出存货的成本,从 2007 年初开始执行 CAS 体系的新长征实业股份有限公司决定从 2007 年初开始变更本公司发出存货的计价政策,将后进先出法变更为先进先出法。

CAS 2(2014)要求将原确认为一项长期股权投资的其他股权投资重新确认为一项可供出售金融资产,这将涉及到对该项资产后续计量会计政策的变更。

(2)会计政策变更能够提供更可靠、更相关的会计信息。按照 CAS 1 的规定,企业可自主选择先进先出法、加权平均法等不同的存货发出计量方法计算发出存货的成本。

在这种状况下,存在着企业在准则规定的范围内自主选择的会计政策发生变更的可能性。

可见,CAS 体系和 IFRS 体系中有关会计政策变更的规定基本上是一致的。

(二)追溯调整

追溯调整法是指对某项交易或事项变更会计政策,视同该项交易或事项初次发生时即采用变更后的会计政策,并以此对财务报表相关项目进行调整的方法。

追溯调整是一致性会计信息质量要求在会计政策实施中的重要体现。通过对前期列报项目的追溯调整,使得前期项目能够按照调整后的会计政策进行重新列报,以保证财务报表前期与后期之间的一致性。

IAS 8 设定了有关追溯调整的条款。按此要求,一家主体对其会计政策进行变更,需要相应调整最早前期列报的相关项目,就像该项新会计政策一直在得以实施。

财政部也提出了追溯调整的要求。CAS 28 规定,会计政策变更能够提供更可靠、更相关的会计信息的,应当采用追溯调整法处理,将会计政策变更累积影响数调整列报前期最早期初留存收益,其他相关项目的期初余额和列报前期披露的其他比较数据也应当一并调整。

【案例10－1】现代投资股份有限公司在编制2008年年报中做出以下会计政策变更说明:本公司购买的京珠高速部分路段的公路收费权在无形资产核算,历年均将摊销额计入管理费用。2007年执行新企业会计准则时,考虑一贯性原则,公司仍将摊销额计入管理费用。根据新准则及讲解的要求,无形资产的摊销一般应计入当期损益,但如果某项无形资产是专门用于生产某种产品的,其所包含的经济利益是通过转入到所生产的产品中体现的,无形资产的摊销费用应构成产品成本的一部分。考虑收费权所含的经济利益是通过通行费收入体现,公司将该部分摊销转列营业成本。该项会计政策变更采用追溯调整法,2007年的比较财务报表已作相应调整。

2008年年初运用新会计政策追溯计算的会计政策变更累积影响数为0,本次调增上年营业成本234 032 252.08元,调减上年管理费用234 032 252.08元,对2007年度合并报表各科目的具体影响如表10－1所示①:

表10－1　会计政策变更影响分析表

科目	变更前金额	调整金额	变更后金额
营业成本	276 193 991.78	234 032 252.08	510 226 243.86
管理费用	267 812 054.63	－ 234 032 252.08	33 779 802.55

会计政策的追溯调整应当追溯到哪一会计期间,取决于比较财务报表编制的需要。如果进行比较的会计期间是当年和上一年度,则利润表项目应当追溯到上一年度;资产负债表项目应当追溯到上一年度的年初。

追溯调整的金额应当体现在比较财务报表中的追溯调整年份,无须调整追溯调整年度的财务报表。

(三)会计政策变更的披露

IAS 8中对会计政策及其变更的披露做出了规定。

1. 主体开始在当期或者任何前期采纳一项新的IFRS涉及的会计政策及其变动的披露。

2. 主体自愿在当期或任何前期进行的会计政策变更的披露。

---

① 现代投资股份有限公司:2008年年度报告PDF版第85页[R/OL],www.cninfo.com.cn

【案例 10 - 2】资产确认属于一项会计政策。2006 年 11 月 30 日,IASB 发布了 IFRIC 12,要求从 2008 年 1 月 1 日开始的会计年度生效。按其要求,主体采取特许经营方式建造的基础设施,应当确认为主体的一项无形资产或金融资产,不能确认为一项不动产、厂房和设备。

1928 年 11 月 28 日设立的 ASTM 公司是意大利一家著名的公路经营企业和公路上市公司,主要负责意大利北部地区高速公路的建设、经营与管理工作。设立后,ASTM 公司开始着手投资建设米兰至都灵高速公路的事项。1929 年 11 月 30 日,政府授予 ASTM 公司建设与经营该项目的权利。经过 30 个月的建设,全长 127 公里的都灵至米兰高速公路于 1932 年 10 月 25 日建成通车。ASTM 公司发行的股票分别于 1969 年 6 月 19 日和 1970 年 2 月 25 日在都灵证券交易所和米兰证券交易所上市交易。

ASTM 属于一家控股股公司。2016 年底,ASTM 分别通过其控股的子公司,从事意大利西北部地区和国外一些高速公路特许经营项目、工程施工、工程设计、技术服务、汽车停车场等经营业务。

2016 年底,该公司的普通股在意大利证券交易所股份有限公司经营的 MTA (电子股票市场)的蓝筹板块挂牌交易。

该公司编制 2009～2016 年年报采取的相关会计政策和会计估计及其变更如下。

1. 依据欧盟 2005 年 2 月 28 日发布第 38 号法令第三条第一款中的相关条款,ASTM 公司从 2005 年开始,按照 IASB 发布并经欧盟专门委员会批准使用的 IFRS 编制合并财务报表。

2. 公司的合并财务报表包括合并资产负债表、合并利润表、合并综合收益表、合并现金流量表、合并股东权益变动表和报表附注。资产负债表需要区分流动资产和非流动资产,流动负债和非流动负债;利润表中的成本需要按照其性质进行分类和列报;现金流量表采用间接法编制。

3. 2013 年以前 ASTM 公司编制合并财务报表的方法包括逐行合并法和比例合并法。对子公司的合并采用逐行合并法;对与少数股东共同实施控制的企业合并采取比例合并法。

(1)采用逐行合并法,要求合并被合并公司的资产、负债、收入和费用,并需要将第三方股东拥有的份额用“少数股权”标注。

(2)采用比例合并法,要求按照合营协议约定的比例,逐行将母公司享有被投资公司各项资产、负债、收入和费用的份额,计入合并财务报表的相关栏目。

从编制 2013 年财务报表开始,ASTM 公司执行 IFRS 10 的规定,取消了比例合并法。按其解释,公司编制合并财务报表时,采用权益法核算对合营企业和联营企业的股权投资。

4. 根据欧盟 2009 年 3 月 25 日发布的第 254 号法令,欧盟的上市公司应当从 2010 年 1 月 1 日开始的会计年度采纳 IFRIC 12。ASTM 公司通过评估认为,在编制 2009 年年报时提前采纳对公司更为有利,并应对 2008 年财务报表进行了追溯调整。

采纳 IFRIC 12 后的相关调整有:(1)将原确认为"有形资产"的路桥基础设施调整确认为"无形资产";(2)根据公司提供的建造服务重新确认了建造合同收入和建造合同成本;(3)将原来的有形资产折旧调整为基于未来通行费收入的工作量法的无形资产价值摊销。

采纳 IFRIC 12 后,2009 年底 ASTM 公司集团的总资产 44.45 亿欧元,其中确认为无形资产的收费公路资产 30.84 亿欧元,占 69.38%。收费公路资产中,已建成投入使用的 27.12 亿欧元,在建的 3.72 亿欧元。

2016 年底 ASTM 公司集团的总资产 62.77 亿欧元,其中,确认为无形资产的收费公路资产 32.72 亿欧元,占 54.88%。收费公路资产中,已建成投入使用的 27.85 亿欧元,在建的 7.75 亿欧元。

5. 现金包括库存现金和银行活期存款;现金等价物是指可迅速转变为现金、价值变动风险不大的金融资产,一般包括从购买至到期为三个月或以内的金融资产。

6. ASTM 公司确认的其他无形资产,主要是商誉,以及其他资产。在资产负债表附注中,其他无形资产分别按照在用和在研进行列报。

7. 确认为有形资产的资产,包括土地和建筑物,厂房与设备,融资租入资产、在建工程等。

第三节　会计估计

一、会计估计概述

(一)会计估计

会计估计是指企业对结果不确定的交易或者事项以最近可利用的信息为基础所做出的判断。例如,对坏账的估计;对固定资产使用寿命和预期消耗方式的估计;对担保债务的估计;等等。

IAS 8 中没有对会计估计进行定义。IAS 8 认为,会计估计是由于营业活动的不确定性所导致的。许多项目在财务报表中无法准确地予以计量,只能进行估计。英国财务报告准则、CAS 28 等准则中也没有定义会计估计。可通过相关准则中对会计估计变更的定义来理解会计估计。

（二）会计估计涉及的内容

会计估计一般涉及:(1)对坏账和其他资产减值损失的估计;(2)对过期存货的估计;(3)对金融资产和金融负债公允价值的估计;(4)对应计提折旧或摊销的资产的使用寿命、未来经济利益耗用方式的估计;(5)对担保义务的估计;等等。

（三）会计估计披露

按照 CAS 30 的规定,企业应当披露重要的会计估计。有关重要会计估计的说明包括下一会计期间内很有可能导致资产、负债账面价值重大调整的会计估计的确定依据等。

重要的会计估计一般有以下内容。

1. 存货可变现净值的确定

按照 CAS 1 的规定,可变现净值是指在日常活动中,存货的估计售价减去至完工时估计将要发生的成本、估计的销售费用以及相关税费后的金额。

当存货的可变现净值低于存货成本时,不仅需要计提存货跌价准备,还需要将确定存货的可变现价值在附注中披露。

2. 采用公允价值模式下的投资性房地产公允价值的确定

投资性房地产的公允价值可通过活跃市场获得,或者按照公允价值准则中的相关规定采取一定的程序或方法计算确定。

采用公允价值进行投资性房地产的后续计量,其公允价值变动将对当期损益造成影响。

3. 固定资产预计使用寿命和折旧方法

（1）固定资产的预期使用寿命。由于固定资产成本需要在其预期使用寿命期间内进行摊销,故固定资产预期使用寿命对计提的固定资产折旧具有非常重要的影响。

（2）固定资产折旧方法。按照固定资产折旧理论,折旧体现的是对固定资产使用过程中价值磨损的估计。

IAS 16 中没有规定固定资产的折旧方法;英国、美国、澳大利亚、新西兰等国家的会计准则中也没有规定企业计提固定资产折旧必须采用的折旧方法。这样,折旧方法的选择,就成为西方企业会计估计的一项重要内容。

西方国家的企业最常选择采用的会计折旧方法,仍然是年限平均法(或直线法）和工作量法。也有一些企业选择了余额递减法。在香港,一些企业还选择采用了偿债基金折旧法。

CAS 4 中规定的固定资产的折旧方法是年限平均法、工作量法、双倍余额递减法和年数总和法。

在实务中,中国的公司制企业基本选择使用的是年限平均法和工作量法。

4. 使用寿命有限的无形资产的预计使用寿命、价值摊销方法

（1）无形资产的预期使用寿命。商标权、专利权、特许经营权等无形资产的预期使用寿命一般受到有关法律的影响。例如在中国,由于《收费公路管理条例》规定东部地区和中西部地区公路经营的最长期限分别为 25 年和 30 年,这就必然会影响和制约着公路经营权这一无形资产价值摊销的最长期限。

（2）无形资产价值摊销方法。按照无形资产摊销理论,价值摊销体现的是对无形资产使用过程中价值减少的估计。对此,无形资产摊销的方法,可以选择年限平均法,也可以选择工作量法或者其他方法。

IAS 38 和 CAS 6 均没有具体规定无形资产的摊销方法。

5. 金融资产中权益工具公允价值的确定

由于符合准则规定条件的权益工具需要按照公允价值进行后续计量,对此需要对资产负债表日这些权益工具的公允价值做出估计。

6. 金融资产中债务工具公允价值的确定

由于符合准则规定条件的债务工具需要按照公允价值进行后续计量,对此需要对资产负债表日这些债务工具的公允价值做出估计。

7. 承租人对未确认融资费用的分摊

承租人对未确认融资费用分摊的主要依据,是对实际利率做出的估计。一般来说,实际利率应当反映市场利率,但具体采用的实际利率,需要取决于会计师的职业判断。

8. 其他重要的会计估计

除了以上会计估计以外,还存在企业采用权责发生制确认计量会计要素所需做出的其他会计估计。这些会计估计也需要在财务报表中披露。

（四）会计折旧估计探讨

在企业选择采用的各种会计估计中,会计折旧估计很具有代表性。对此本书认为很有必要以此为例来进行会计估计的研究。

针对一些文献研究中的局限性,本书认为,区别计税折旧和会计折旧对于研究会计估计具有重要的研究价值。

对于会计估计中选择的折旧方法,传统的方法是直线法或年限平均法。从 20

世纪60年代开始,为适应科技水平不断进步与发展的新形势下计量固定资产价值损耗的需要,在会计理论中提出了加速折旧的理论与方法,并体现在随后大多数财务会计学著作中。

但有资料表明,加速折旧政策是有关国家在1954年首先在企业所得税法中明确的。英美等西方国家在税法中允许采取加速折旧的方法进行税前扣除,是为了通过推迟纳税的时间鼓励企业进行固定资产更新改造。

例如,美国1986年修订后的国内税收法规,对快速成本补偿制度(ACRS)进行了修订。修订加速成本补偿制度(MACRS)规定的计税折旧方法是类似于余额递减的方法。美国国内税务署(IRS)将资产按照折旧年限(ADR)划分为八类,其中动产六类,分别为3年、5年、7年、10年、15年和20年计提折旧;不动产分别按照27.5年和31.5年计提折旧。

使用MACRS折旧率,不考虑资产的余值,并假设所有的固定资产在年度中间投入使用或者停止使用。对此五年折旧期限的固定资产(一般包括小客车和轻型货车)需要在6年的期间进行折旧。MACRS折旧率如表10-2所示。

表10-2 MACRS折旧率分析表

年数	五年级别的折旧率	年数	五年级别的折旧率
1	20.0%	5	11.5%
2	32.0%	6	5.8%
3	19.2%	合计	100%
4	11.5%		

需要关注会计折旧方法与计税折旧方法的区别。卡尔.S. 沃伦(Carl. S. Warren)先生等认为,将纳税折旧率用于财务报表对企业是有害的。因为较低的固定资产账面价值有可能导致银行认为不适合对该企业贷款,从而使得该企业丧失获取生产订单赚取利润的机会①。对此,用于财务会计报表列报的折旧方法,一般采用的是直线法或年限平均法。

在英国,公司所得税法中规定的计税折旧方法是余额递减法。

在中国,改革开放以后开始涉及有关加速折旧理论的研究;从1993年开始允许在财务会计中得以应用。不过中国会计准则、制度中仅仅将加速折旧方法局限为双倍余额递减和年数总和两种方法。

---

① 卡尔·S. 沃伦等. 会计学(第21版)[M]. 北京:中国人民大学出版社,2007:172-173

与西方国家不同,虽然财政部、国家税务总局分别在 2014 年 10 月 20 日和 2015 年 9 月 27 日通过印发《关于完善固定资产企业加速折旧所得税政策的通知》(财税[2014]75 号)和《关于进一步完善固定资产加速折旧企业所得税政策的通知》(财税[2015]106 号)允许相关行业和领域的企业可采取缩短折旧年限或加速折旧的方法进行税前扣除,但总体来看,税法上仍然对加速折旧扣税有严格的限制。

现代财务会计理论似乎不再鼓励或支持加速折旧。这是因为,会计折旧影响的只是会计利润,并不会对企业的现金流量产生任何影响。而现代企业的可持续发展更为重视的是现金流量,而不是会计利润。如果企业的某项固定资产确实会由于科技进步而出现比预期更快的贬值,采取缩短固定资产预期折旧年限或者计提固定资产减值准备的方式似乎比加速折旧更为行之有效。

总体来看,选择加速折旧方法的国内外企业凤毛麟角,在一定程度上印证了这一思路。

二、会计估计变更及其披露

(一)对会计估计变更的界定

当会计师继续会计估计所依赖的各种环境条件发生明显变化时,需要对会计估计做出相应变更。

IAS 8 中对会计估计变更的定义是:会计估计变更是指由于对预期的未来效益和义务以及相关的资产和负债进行重估而引发的对资产或负债的账面价值以及相关费用进行的调整。

FRS 100 中对会计估计变更的定义是:会计估计变更是指由于对资产和负债的当前状况以及这些资产或负债的预期未来利益和义务的评估而对资产或负债的账面价值或者资产的定期消耗金额的调整。

CAS 28 中指出:会计估计变更,是指由于资产和负债的当前状况及预期经济利益和义务发生了变化,从而对资产和负债的账面价值或者资产的定期消耗金额进行调整。

可以看出,相关定义基本上是一致的,但 CAS 28 的定义更容易被理解。

(二)会计估计变更的应用

1. 会计估计变更的方法

按照 CAS 28 的规定,企业对会计估计变更应当采用未来适用法处理。

会计估计变更仅影响变更当期的,其影响数应当在变更当期予以确认;既影响变更当期又影响未来期间的,其影响数应当在变更当期和未来期间予以确认。

2. 会计估计变更对损益的影响

IAS 8 中对会计估计变更的要求是:会计估计变更的效果,应当分别在其影响的会计期间损益中予以确认。如果其影响只局限于当期,其影响计入当期损益;如果其影响涉及当期和未来会计期间,需要分别在各期损益中确认。

3. 会计估计变更对资产、负债和权益的影响

IAS 8 中对会计估计变更的要求是:如果会计估计变更影响的是资产、负债和相关的权益,则需要调整变更会计期间相关资产、负债或权益项目的账面金额。

这意味着,对会计估计变更的处理,采取的是未来适用法。

假设佩斯山隧道有限公司将投资 60 000 万元取得的全长 18 公里的佩斯山公路隧道收费权按照 IFRS 的规定确认为一项无形资产,转让协议约定的收费期限为 20 年;佩斯公司采取车流量法摊销其价值。经营 5 年后佩斯公司认为年限平均法能够更好地反映无形资产价值的减少,故决定变更摊销方法为年限平均法。如果在 5 年的经营中该公司共摊销了 13 200 万元,则在变更摊销方法后每年的摊销额可计算如下:

年摊销额 = (60 000 − 13 200) ÷ 15 = 3120(万元)

月摊销额 = 3120 ÷ 12 = 260(万元)

该公司应当在会计估计变更的当期和以后期间,将按照年限平均法摊销的无形资产价值计入损益。

假设兴安交通实业有限公司将投资 25 亿元建造取得的四车道长兴高速公路 25 年收费权确认为固定资产,并采取年限平均法计提固定资产折旧。由于交通量的持续增长,在经营 9 年后公司决定对长兴高速公路进行"四扩八"扩建改造,总投资 33 亿元。扩建改造工期为一年。经所在地省级人民政府批准,延长收费年限 5 年。兴安公司在扩建改造工程完工交付使用的会计年度变更了该项固定资产折旧年限,调整后折旧额计算如下:

年折旧额 = [250 000 − (250 000 ÷ 25 × 10) + 330 000] ÷ (25 − 10 + 5) = 24 000(万元)

月折旧额 = 24 000 ÷ 12 = 2 000(万元)

计提的折旧费用应计入主营业务成本。

如果企业难以对某项变更区分为会计政策变更或会计估计变更的,应当将其作为会计估计变更处理。

(三)会计估计及其变更的披露

IAS 8 要求企业披露会计估计变更的性质和影响的金额,包括对当期影响的效果以及有可能对未来期间影响的效果。如果对未来影响的效果的估计不可行

除外。

本章小结

　　本章主要讨论了会计政策、会计估计及其变更以及相关信息披露事项。会计政策是指企业在会计确认、计量和报告中所采用的原则、基础和会计处理方法;会计估计是指企业对结果不确定的交易或者事项以最近可利用的信息为基础所做出的判断。会计师对交易或事项做出的职业判断,主要体现为对会计政策和会计估计的选择。伴随着会计师职业判断范围的扩大,需要会计师做出会计师职业判断交易或事项的增多,在财务报告中披露会计政策和会计估计显得越来越重要。

　　由于财务报告准则规定等各方面原因,会导致会计政策和会计估计变更事项的发生。会计政策变更需要采用追溯调整法,使得企业提供的比较财务报表具有前后期之间的一致性;会计估计变更则应当采取未来适用法,即会计估计变更只对当期和以后的会计期间产生影响。

主要参考文献

1. 陈少华. 财务会计研究[M]. 北京:中国金融出版社,2007

2. 常勋. 国际会计研究[M]. 北京:中国金融出版社,2005

3. 沈颖玲等. 国际财务报告准则——阐释与应用[M]. 上海:立信会计出版社,2007

4. 汪祥耀,邵毅平. 美国会计准则研究——从经济大萧条到全球金融危机[M]. 上海:立信会计出版社,2010

5. 财政部. 企业会计准则2006[M]. 北京:经济科学出版社,2006

6. 财政部. 企业会计准则——应用指南[M]. 北京:中国财政经济出版社,2006

7. 财政部会计司编写组. 企业会计准则讲解2010[M]. 北京:人民出版社,2010

8. 耿建新,杜美杰,续芹. 高级会计学[M]. 北京:北京大学出版社,2009

9. 常勋. 高级财务会计[M]. 沈阳:辽宁人民出版社,1995

10. 杜兴强. 高级财务会计[M]. 厦门:厦门大学出版社,2007(2)

11. 刘永泽,傅荣. 高级财务会计[M]. 大连:东北财经大学出版社,2012(3)

12. 耿建新,戴德明. 高级会计学[M]. 北京:中国人民大学出版社,2016(7)

13. 中国会计准则委员会翻译. 国际财务报告准则2015[M]. 中国财政经济出版社,2015

14. 冀锋昌等. 财务会计理论研究[M]. 北京:中国财政经济出版社,2016

15. 周华. 法律制度与会计规则——关于会计理论的反思[M]. 中国人民大学出版社,2016

16. 天职国际会计师税务所(特殊普通合伙)专业技术委员会. 会计准则内在逻辑[M]. 北京:中国财经出版传媒集团、中国财政经济出版社,2016